社会工作
流派译库
（第三期）

上海文化发展基金会图书出版专项基金资助项目
"十三五"上海重点出版物出版规划项目

社会工作政治学

The Politics of Social Work

弗雷德·鲍威尔(Fred Powell)　著
徐选国　施佳宁　译
陈　涛　审校

華東理工大學出版社
EAST CHINA UNIVERSITY OF SCIENCE AND TECHNOLOGY PRESS
·上海·

图书在版编目(CIP)数据

社会工作政治学/(英)弗雷德·鲍威尔(Fred Powell)著;徐选国,施佳宁译. —上海:华东理工大学出版社,2018.12
(社会工作流派译库.第三期)
书名原文:the politics of social work
ISBN 978-7-5628-5662-7

Ⅰ.①社… Ⅱ.①弗… ②徐… ③施… Ⅲ.①社会工作—政治学 Ⅳ.①C916.2

中国版本图书馆CIP数据核字(2018)第268990号

著作权合同登记号:“图字:09-2018-001号”

内容提要

本书带着我们周游一番有关社会工作的政治学理论与实践,站在社会历史发展的特殊时期,尤其是在后现代社会对社会工作的诸多挑战和批评的背景下,提出了“后现代社会:社会工作会终结吗”的疑问,通过建构“历史—当代”的分析范式,分别检视了社会工作在历史和当代发展脉络下的特征和实践,以回应或应对后现代社会对社会工作的质疑和挑战,进而重构和指明了21世纪社会工作的本质和使命。

策划编辑 / 刘 军
责任编辑 / 孟媛利 刘 军
装帧设计 / 袁银昌设计工作室
出版发行 / 华东理工大学出版社有限公司
地址:上海市梅陇路130号,200237
电话:021-64250306
网址:www.ecustpress.cn
邮箱:zongbianban@ecustpress.cn
印 刷 / 上海中华商务联合印刷有限公司
开 本 / 710 mm×1000 mm 1/16
印 张 / 17.5
字 数 / 287千字
版 次 / 2018年12月第1版
印 次 / 2018年12月第1次
定 价 / 98.00元

译库学术顾问委员会

社会工作流派译库

总序

这是我们与华东理工大学出版社合作的第二套译著丛书。21 世纪初，我们所推出的 18 种一套上海市重点图书“社会工作名著译丛”获得了学术界的热烈反响和高度认同。本套译库与以往不同的是，更加聚焦于介绍西方社会工作的理论流派，但又不局限于理论流派的译介。西方的社会工作历经一百多年的发展，已经形成了诸多视角、理论、模式与方法。知识转移与全球共享是当代社会工作发展的一个重要特点。熟知并批判性地借鉴西方社会工作理论，对于建构兼具国际规范与中国特色的社会工作理论、制度、实务模式，无不具有重要的理论意义和实践意义。唯其如此，中国社会工作学界方有可能参与全球专业知识库的建构，以推动国际社会的公平与正义。

需要强调的是，中国社会工作的制度设计与发展经验具有本土的特点，不能简单地照搬西方的理论框架去加以解释。这就要求我们，在学习借鉴西方社会工作专业知识的同时，应警惕本国专业共同体因理论的“不自觉”“不自信”而在全球知识界处于失语状态。因此，必须立足和扎根于我国社会体制改革、新社会组织、新社会服务和现代社会工作制度建构的实践，积极进行中国社会工作的理论建构与知识创新。唯其如此，中国的社会工作学界才有能力提升在全球的话语权，从而为全球社会工作贡献中国的力量。

衷心希望本套译库能为中国社会工作的发展提供新的知识支持，以进一步推动国内的社会工作理论研究与知识建构。须知，没有系统强劲的社会工作理论的科学支撑，就不可能有系统强劲的社会工作发展实践。

本套译库的出版得到了相关出版基金的大力资助，为此我的感谢与感激之情难以言表！ 这里，我要向所有参与翻译本套译库的同仁表示感谢，因为他们的奉献体现了社工学人的专业精神！ 感谢华东理工大学出版社，因为他们始终对我们充分信任及对社会工作学科建设鼎力支持！ 我还要特别感谢何雪松教授，因为他持之以恒的追求、坚持和奉献，我们才有了本套译库的中文版！

是为序。

华东理工大学中国社会工作研究中心

徐永祥

中文版序

“我听说在纽约，寒冬的每一个夜晚，
有个男人站在第 26 号大街，
和百老汇大街的那拐角上，
向过路行人乞求，
为那些成群的无家可归者讨个归宿。

这举动改变不了世界，
也不会改善人们的关系，
不会缩短剥削的日子。
不过是有几个男人得到了一个栖身之所，
这一夜他们可以避开寒风，
而飘向他们的雪花落在了街上。

别为此扔下这本书，先生，
因为几个人在夜里有了一处宿营地。
这个晚上他们避开了寒风，
飘向他们的雪花落在了街头。
虽然这改变不了世界，

也不会改善人们的关系，

不会缩短剥削的日子。”

——贝尔托·布莱希特（1931）《宿营地》

全球化使得我们所生活的世界瞬息万变。世界有时候像一个小村庄，但问题和挑战却又是普遍存在的。社会工作作为人类回应问题和挑战的一个部分，力求触及并帮助弱势和困境中的人们应对复杂而快速变化的世界所带来的压力与紧张。最好的社会工作一是扎根于社会的利他精神，二是将为穷人增权作为自己的历史使命。伴随着所有黑暗的奥秘、不确定性和多文化的人口，它（社会工作）从城市萌芽。在我们所生活的时代，人口正在从不太繁荣和（或）被战争蹂躏的地区转移到更加和平和繁荣的地方。每年有数百万人迁徙，为的是给自己和家人寻找更好的生活。他们经常遭受艰辛、拒斥和剥夺。这是对社会构成体的一个挑战。它（这一挑战）提醒我们，社会总是处在流变中，我们要积极地应对变化。

有几千年历史的中国社会极具魅力——她拥有这个世界上最古老的文明！随着中国的现代化，社会工作成为其公共政策体系的一部分。近几十年来，中国有超过400所大学开设了社会工作专业。随着中国福利体系的发展，社会工作人才队伍也日益壮大。这是一个极其重要的发展成就。希望中文版《社会工作政治学》的出版，能有助于推动关于中国社会工作的本质特征和使命及其对社会包容的可能贡献之讨论。这本书最早是以英文出版，但这个世界已经发生了太多的变化。西方的社会工作已经被“历史性的”儿童虐待所带来的影响蒙上了一层阴影。在机构、体育俱乐部和学校中发生的虐待儿童的事件已经成为媒体的主要焦点①。这些虐待儿童的丑闻严重冲击了儿童保护领域的社会工作。（社会工作）实践已经变得更加程序性和防御性了，这导致社会工作对预防、反贫困战略和社区发展等方面的关注愈显不足。

几年前，我访问中国并在上海一个关于贫穷与慈善的会议上发言，我也借机探访了中国的一所社会工作学校。中国社会工作教育课程的开阔视野和对社区的重视令我印象极其深刻。在我自己所在的欧洲的社会工作学院，我们将自己的使命与社区参与和促进以社区为本的参与式研究模式（CBPR）联系起来。我们有一个叫社区行动研究链（CARL）的培训计划，学生们能够在这个培训计划中

① 鲍威尔、斯卡依：《童年的黑暗秘密：媒体权力、儿童虐待与公共丑闻》，英国政策出版社2015年版。

与社会弱势群体共同开展研究。我们希望公民能够明确自己的问题，并成为解决方案的一部分。在欧盟，这被称为“科学商店模式”（Science Shop Model），因为它基于当地的知识和社区授权来促进“公民科学”（citizen science）。科学商店使学生能够与当地社区（而不仅仅只是为了当地社区）共同进行研究项目，在这当中，当地的人们成为研究的共同生产者和创作者。这对所有人来说都是一种增权的经验。我们还通过自己的研究机构——21 世纪社会科学研究所，积极与政府机构合作，解决青年疏离化（youth alienation）、儿童肥胖、正向亲职（positive parenting）、教育不足、老年人的孤独感和疏离感等重大社会问题。

两千多年前的孔子给生活在快速变迁时代的人们提出了有关风险的警告。他那充满智慧的话语在全球化的今天显示出历久弥新的重要性。我们要保持经济发展与社会和谐之间的平衡。有时，在一个越来越繁荣的世界里，人类共同体、个人福利和福祉的重要性却失落了。这需要引起当代人的重视。

正如诺伯特·埃利亚斯（Norbert Elias）在他那部重要的社会学文本中所声称的那样，社会工作是人类试图驾驭变化和维护“文明的进程”的一种重要的文化回应。希望《社会工作政治学》的中文版能够为中国社会工作事业的大厦添砖加瓦，为巨变时代下人类的可能性做出应有的贡献。

本书中文版的面世得益于华东理工大学社会工作系徐选国博士等人的辛劳，也得益于中国社科院大学陈涛教授的耐心审校，如果没有他们的辛勤付出，本书中文版的顺利付梓恐怕还是不确定的。

Fred Powell

2017 年 1 月 19 日

于爱尔兰国立大学，科克

目录

导　言

厘清社会工作政治学是一项具有挑战性的任务。以往关于社会工作的讨论有一种明显的趋向于还原主义和过度简化论的意识形态立场。大多数争论主要围绕社会工作和国家的关系展开。激进的批评家将社会工作看作国家极权主义影响下的牺牲品（Bailey and Brake，1975；Corrigan and Leonard，1978；Galper，1980；Jones，1983，1997，1998）。具有讽刺意味的是，英国和其他西方国家中许多批评国家控制的马克思主义者，与东欧的马克思主义政权的反对者有着共同的立场。在东欧，异见者提出公民社会的概念来反对国家暴政/专制（Gellner，1994；Powell，1998）。斯塔卜斯（Stubbs，1999：57）针对这种明显的反常评论道："跟英国的争论奇怪地相似，'公民社会'的理论和实践也倾向于将国家本质化，而不能区分不同国家形态的性质。"

全球化拓宽了知识的视域，它将昔日围绕社会工作在民族国家中所扮演的角色之争议，重塑为国家—公民社会之争的国际性关注（Lorenz，1999：10）。正如斯塔卜斯所言，"也可以这么说，当一个民族国家和其公民社会不再是存在于真空中的世界上时，有关国家—公民社会之争的全球化，就成为目前诸多议题中缺失的一块关键'拼图'"。毋庸置疑，我们是"全球社会"中的一部分，但是如果我们低估了我们所栖身世界的复杂性、多样性和文化特定性（culturally specific nature），那我们就太天真了。斯塔卜斯（1999：58）由此进一步指出："要处理这些复杂性，需要新的参照系和方法，它应超越'外部'行动者对'内部'社会过程之作用的简单化处理。"

近几十年来，社会科学日益关注社会建构的意义和进程（Hughes，1998）。因此，在论及社会工作时，本书致力于探究这样一些问题：社会工作"象征"和"意味"着什么？社会工作在历史上如何被呈现，以及今天如何被再现？社会工作与福利国家、公民及公民社会之间是何关系？要回答这些问题，可能涉及对曾经形塑社会工作的那些政策、论述与实务进行解构。最终，本书提出当代社会工作面临的三种选择：（1）市场化；（2）激进的抵制；（3）社会包容。

从一开始界定好术语是重要的。《牛津英语词典》（1989：912）将社会工作定义为"一种造福于那些需要帮助的人的工作，尤其是专业的和具有特定性质的志愿性服务，涉及社区福利与家庭，或主要源于贫穷、身心残障、适应不良、行为偏差等造成的社会问题"。它将社会服务定义为"对社会或对某些人的服务，特别表现为代表穷人、处境不利者等的利益而开展的工作”。尽管有些措辞可能已经过时，但是这些定义本身却是经得起推敲的。本书即基于这样的概念，即社会工作具有专业的、志愿的和社区的形态。本书贯穿这样一种社会工作的愿景，将它看作直抵符合伦理的公民社会之内核的活动。战后福利国家中，社会工作的国有化使得这一愿景变得复杂起来。而且，近年来公共部门内准市场的出现，再加上治疗和辅导活动中私人执业的兴起，也增加了社会工作转型的复杂性。

社会工作在政治领域的脉络中之形塑，直接与公民的理念相连。专业形态的社会工作传统上是以案主化(clientisation)的语言来表达的。布朗(Brown，1997：102)评论道：“‘案主化即指向官僚化过程’，它重视所谓专家和对信息、资源的控制，而将公民置于依附和需要国家的位置上。”本书的一个基本观点是，案主作为一个公民，是制造他/她自己历史的行动者。而本书更倾向于使用“服务使用者”这个说法，虽然从一开始我们就意识到“服务使用者”常常可能是社会排斥的牺牲品(这一点也是重要的)。换言之，穷人和受压迫者体验到的公民身份是一种被贬低的存在。社会工作的政治任务就是回应排斥的现实和隐含的不公正。这意味着一种良知的政治。瓦茨拉夫·哈维尔(Vaclav Havel，1999：54)在波兰接受第一个十年奖(First Decade Prize)时说道：

> “这是绝对基本的历史经验，从长远来看，唯一能真正成功和在政治上有意义的事情，首要的且始终是——在它采取任何政治形式之前——对时代的基本道德困境做出恰当和适切的回应，或表达对我们所处文化的道德秩序前提的尊重。我们应当非常清楚地认识到，唯有受良知引导的政治才是真正有意义的政治。”

由此，哈维尔将政治和道德相连，认为社会的善提供了一种超越性的目的：

> “我不是说作为一个道德家他想要正确合理地为普通大众和政客布道，或者将他自身摆放在与他们完全平等的地位。绝对不是这样的。我仅仅是从一个观察者的立场坚信，从长远来看，符合伦理的行为终将获得回报。诚然，这样的行为往往会导致某些遭遇，并不总能预期带来立即的和

明显的积极后果。在这样一个整代人都愿意为自由付出痛苦乃至生命的国度里，我对此不需要多加赘述。符合伦理的行为不仅会回报个人，因他们虽可能受苦，但内心获得了自由，因而是幸运的；更主要是社会将获得回报，成千上万的生命活着并因此能够共同创造可称为积极的道德环境，一种标准或一种具有持续生机的道德传统或遗产，最终它们将成为普遍的善的力量。”

支撑社会工作的主题与哈维尔的良知政治前提是契合的：对穷人和受压迫者的关怀，对社会公正的希望，以及相信人类的行动能为所有公民创造一个包容性社会的不可磨灭的信念。

本书的第一章从提出问题“后现代：社会工作终结了吗？”开始。接下来的各章检视了社会工作的历史与当代范式。其中有三章主要讨论社会工作的历史范式：第二章回顾了维多利亚时代社会工作在志愿组织和积极的公民运动中的源起，第三章梳理了福利国家改良主义实践的发展，第四章聚焦于激进社会工作。其余三章则审视了社会工作的当代范式，包括对社会排斥的回应（第五章）、公民社会的复兴（第六章），以及多元文化主义、女性主义和反压迫实践（第七章）。结论部分（第八章）考察了 21 世纪社会工作所面临的选择，主张在一个包容的社会中追求社会公正公民模式的社会工作。

我想要感谢科克社会研究所（Social Studies Research Unit of Cork）的两位研究员 Donal Guerin 和 Rendan Hennessy，在过去的五年里，他们和我一起从事了一系列研究项目。这些项目涵盖了公民社会、社区发展和公民宪章。与他们共事，帮助我形成了对当代社会工作的愿景，虽然在一个快速变迁的世界里它可能还会改变。我还要感谢 Norma Griffin 以极大的耐心和良好的幽默感帮我排印本书。最后，我要感谢我八岁的儿子 Caleb，他是我所有灵感和支持的美妙来源。

第一章

后现代：社会工作终结了吗？

福利国家的批评者指出，后现代社会发生了一个结构性转变，强调国家干预的费边主义社会民主模式已经不再受到人们的欢迎。人们不再认为社会民主在实践中具有不证自明的解放性。正如基恩(Keane，1998：2)针对英国的情况所指出的："先前人们认为，民主是限制总体化权力滥用的主要程序，而如今民主却成为他治(heteronomy)的盟友，民主社会主义实际上成了遍存于国家和社会领域的官僚体系。"马斯兰(Marsland，1996：17)从一个新保守主义的视角疾呼福利改革是一项紧迫的任务：

> "国家福利(State welfare)正在对英国、美国乃至在整个自由世界的其他国家造成严重的破坏。它阻碍了全球经济竞争动力，从而减缓了世界经济增长。福利国家制度在心理上造成的官僚集权和底层阶级的依赖性，对自由和稳固的民主造成了严重且长久的威胁。"

而基于民族、性别、性(取向)、残障和年龄的社会运动及身份政治的出现，对再分配社会政策的传统普遍主义假设提出了怀疑，这种政策颂扬公民美德，认为它为一个道德共同体创立了基石。同时，这也挑战了将阶级视为不平等基础的观点。在后现代社会，传统社会政治学的单维度性质也受到身份政治的挑战，后者对不平等持有特定性的或碎裂式的界定。这些造成了对福利国家的挑战和质问，进而也给社会工作带来了危机。本章开篇呈现的就是一场在全球化时代背景下的福利改革，以及这一改革是如何影响社会工作的后现代主义式辩论的。

一、变迁中的福利政治学

战后世界试图平息20世纪30年代那次特有的大规模失业、饥饿与贫穷危机。凯恩斯主义提供了支撑福利国家的经济战略。德国著名社会科学家克劳斯·奥菲(Claus Offe，1984：147)这样描绘福利国家，是"第二次世界大战后，先进资本主义民主体制的最主要的和平方案"。福利国家不仅保证了少量的社会权利，而且还确保了工会对政策制定的影响力，进而形成了一种有纪律的、协同合作的经济管理方法。这就是广受新民主主义者欢迎的合作主义(其在两次世界大战间歇期与法西斯主义颇有渊源)。尽管人们普遍认为福利国家是社会民主价值的完美典范和费边社会主义者梦想的实现，但马克思主义者却倾向于将福利国家视为背信弃义的约定，它将穷人牢牢地束缚在资本主义制度里，而根本的社会不平等却不被触碰。然而，即使是马克思主义者也不得不承认，福利国家虽有其局限性，但它确实在很大程度上改善了大多数人的生活水平。从选举的情况来看，福利国家的改良主义被证明是非常受欢迎的，这吸引了保守政党更多地采纳这种具有广泛基础的政治共识，更进一步促进了福利国家的发展。

直到主张恢复维多利亚时期社会、经济思想的新右派在 20 世纪 70 年代中期出现，福利国家一直享有不同政治派别的广泛支持。实际上，新右派由两个不同的部分组成：自由主义者和保守主义者。自由主义者致力于恢复 19 世纪自由市场的自由放任状态。但保守主义者更担心这种“过分纵容的社会”的肆虐，主张恢复维多利亚时期的社会道德。但两者在支持资本主义发展、抛弃福利国家方面却是一致的。这一政治观点(即新右派思想)长期处于政治话语的边缘，但在 20 世纪 80 年代却迅速进入主流市场，成为主导性的意识形态。诺瓦克(Novak，1988：179)认为，这种政治观点掀起了“对劳动人民的期望和成就的根本攻击”。诺瓦克的言辞也许过于悲观。然而，事实无疑如此，如新右派评论家吉尔德(Gilder，1981)、穆雷(Murray，1984)和马斯兰(1995，1996)都呼吁废除社会权利，恢复不受约束的自由企业和奉行达尔文主义的自助原则。

具有讽刺意味的是，不少颇具代表性的马克思主义理论家在很多重要方面也赞同新右派对福利国家的批评，这些人包括高夫(Gough，1979)、奥康纳(O'Connor，1973)、奥菲(1984)及哈贝马斯(Habermas，1989)。不过，他们的预言中有一种警告的成分，即依照马克思主义的分析逻辑，不可避免会得出的结论是：从长远来看，资本主义制度内在固有的危机倾向(源于冲突的期望)必将造成福利国家的解体。例如，美国颇有影响力的马克思主义者奥康纳(1973)就很可能是从新右派的视角出发做出以下评论的：

“任何一个经济和社会阶级群体都希望政府花尽可能多的钱在尽可能多的东西上。但是，没有人愿意在原来税率的基础上支付新税或者提高税率。实际上，几乎每个人都想要更低的税率。”

然而，当新右派最终支持废除福利国家制度时，马克思主义者们却把它看作这个社会必不可少的部分。奥菲既强调了新右派和马克思主义理论家的相似性，也指出了它们之间的不同之处。他说："福利国家处境窘迫的内情是，尽管其对资本主义积累的影响可能具有破坏性（正如在保守分析中所强调的那样），废除福利国家制度显然也将会有破坏性（但保守主义批评家们系统性地无视这一事实）。"他总结道："矛盾的是，资本主义既不能与福利国家共存，亦不能没有它而独存。"（Offe，1984：153）

事实上，无论是新右派还是马克思主义左派的危机理论家们的悲观预测都已经被证明是不成熟的。尽管受到朝政内外反对者们的不懈攻击，福利国家仍旧未被撼动。一系列国际性和国家性的研究表明，人们对福利国家的支持仍然未经消减（Coughlin，1980；Taylor Gooby，1985）。从这些研究中得知，公众只支持和认同某些特定的边缘群体有资格享受福利，如失业者、领取入息审查津贴者、单亲家庭以及申请避难者等。虽一直以来就是这样做的，但它也指向了福利国家制度的根本缺陷。福利国家的失败不在于无法满足大多数人的期望（正如危机理论家们所指出的），而在于将少数的"下层阶级"纳入了一种社会秩序中，该社会秩序被断言是在强调合作的集体责任和强调占有的个人所有制之间维持脆弱的平衡。令人伤心的是，"下层阶级"不断提醒我们，福利国家既没有消除贫困，也没有消灭不平等："下层阶级"毫无疑问属于二等公民。然而，福利国家确实通过促进社会和经济发展缓解了两次世界大战间歇期的萧条和绝望。

不过，关于福利改革的必要性，左右两派之间达成了一个共识，即福利改革需要在自主的个人和有能力的国家之间制定一种更为新型而宽松的契约。这种看法与维多利亚时期的社会观念颇具相似之处，这一点十分鲜明。在1999年9月6日的《卫报》中，一篇关于英国首相布莱尔（Blair）的社论这样评价道："不道德对他来说就如同19世纪80年代奥克塔维亚·希尔（Octavia Hill）所认为的那样——'穷人私通是一种邪恶！'"于是，后现代社会开始逐渐定义了一种新的道德经济。

二、后现代、全球化和国家的消退

随着费边主义者所主张的旧的确定性的不断瓦解，新的观点也在不断涌现。很多新的观点是在全球化的背景下应运而生的。但也有一些关于福利的观点传递了一种永恒感，即认为福利根植于古代。一些概念如公民美德、公民社会和公民身份均源自古典文明。而在后现代文明中，古典价值得以再现并恢复了其重要性和活力。这部分归咎于人们日益感受到后现代带来的碎裂感和社会解体感。

全球化是界定后现代的一个范式。阿尔布劳(Albrow，1996：4)指出："从根本上来说，全球化时代涉及的是全球性对现代性的取代，这意味着其在个人和群体的行动与社会组织的基础上发生了彻底改变。"他列举了全球化影响人类生活的五个主要方面：环境、经济、战争、经济与反身性。阿尔布劳(1996：5)总结道："总的后果是一种社会转变，其对民族国家的威胁比 19 世纪国际工人运动还要广泛深远。"同样，齐格蒙特·鲍曼(Zygmunt Bauman，1992：65)也认为，后现代性已经侵蚀了我们对民族国家概念的理解。鲍曼对 20 世纪末期社会所经历的变迁做了一个总体评论，他指出："后现代的标志是人类世界被视为不可简化和不可逆转的多样存在这一观点，它分裂为众多的自治单位和权威场所，而没有水平或垂直的秩序。"(1992：32)还有一些评论家也特别指出这种碎裂化对社会不平等的影响，及其与后现代社会日益增长的极端化趋势的密切关系(Bradley，1996；Jordan，1996)。

全球化已成为公众辩论的一个主要焦点。伦敦经济学院院长安东尼·吉登斯教授(Anthony Giddens)在 1999 年英国广播公司一个题为"失控的世界"系列讲座中将全球化列为"主要主题"。吉登斯确定了两种思想流派，即"激进派"和"怀疑派"。在吉登斯(1999：2)看来，激进派认为：

> "全球化不仅非常真实，而且人们可以无处不在地感受到其所带来的后果。他们认为，全球市场不仅远比二三十年以前更发达，而且它不受国家边界的限制。国家已经失去了曾经拥有的大部分主权，政客们也丧失了一大部分对事情的影响力。因此，毫不奇怪，没有人再尊重政治领袖或对他们所说的话感兴趣。民族国家的时代已经结束。正如日本商业作家大前研一所说的那样，国家已经沦为'虚构'。"

吉登斯响应阿尔布劳和鲍曼的观点，断言由于受到全球化的驱使，我们的文明正在发生一个历史性转变。

另一方面，怀疑派反驳道：全球化实质上只是一个神话。政治家们始终有权力干预经济，只是不愿意那样做而已。正如吉登斯所承认的那样，他们指向一个将福利国家维持在适当位置的强有力的普遍共识(Giddens，1999)。怀疑派把全球化看作一种西方化或者仅仅是美国化的进程。全球世界主义可以归结为美国流行文化的象征：好莱坞、可口可乐、麦当劳等。

法国著名社会学家皮埃尔·布迪厄(Pierre Bourdieu)在其1998年出版的名为《抵抗行动》(*Acts of Resistance*)一书中，质疑了后现代不过是“我们时代的新神话”之一。他论述道：

> “我曾用过‘全球化’这个词。这是一个有强烈词语感和强有力话语意识且有着固有力量的神话，一个有着社会力并获得信仰的观念。它是反对福利国家成就战斗中的主要武器。我们被告知，欧洲工人必须与世界其他地区处境最不利的工人竞争。欧洲的工人因此为那些国家提供了模板：在那些国家没有最低工资；那里的工厂工人每天工作12小时只挣得欧洲工资的1/5到1/4；那里没有工会；那里有童工，以及被美其名曰的弹性工作制——新自由主义创造的又一个魔法词语——下的种种，意味着上夜班、周末工作、工作时间不固定等，而这一直就是雇主们的梦想。总而言之，新自由主义是对旧资本家所持有的旧观念的一个非常精明且非常现代的重新包装。”(Bourdieu，1998：34)

布迪厄将全球化看作反革命或者是前社会主义社会的复归。政治家们丢失了他们的道德勇气和社会愿景，并向以强大的国际货币基金组织(IMF)为代表的全球资本主义秩序投降。布迪厄认为，全球化除了是一个新自由主义神话之外什么也不是，它把经济置于社会之上，永远的不平等成为生活中不可避免的一部分。布迪厄视国家为抵制全球市场暴政的堡垒，并呼唤一个强大的欧洲社会国家的到来。布迪厄的批判声音在米什拉(Mishra)于1999年主持的一项关于“全球化与福利国家”的研究中得到了共鸣，后者也认为，全球化是一个受到美国、世界市场、国际货币基金组织和经济与合作发展组织(OECD)共同支持的新自由主义神话。

毫无疑问，怀疑派正确地指出了全球资本主义实质上是连续一体的。他们引用卡尔·马克思(Karl Marx)和弗里德里希·恩格斯(Friedrich Engels)在1848年发表的《共产党宣言》(*Communist Manifesto*)来支持他们的立场(Leonard，1997：1)。在这一开创性的革命声明中，马克思和恩格斯将全球资本视为平等与和谐的敌人。在《共产党宣言》中，他们写道：

“生产的不断变革，一切社会状况的不停动荡，永远的不安定和变动，这就是资产阶级时代不同于过去一切时代的地方。固定僵化的关系以及与之相适应的一切素来被尊崇的观念和见解都被消除了，一切新形成的关系等不到固定下来就陈旧了。一切等级的和固定的东西都烟消云散了，一切神圣的东西都被亵渎了。”(Marx，1994：161—162)

这段强有力的文字深刻预见了全球化的前景。实际上，贯穿于《共产党宣言》的论点是：任何一个历史时期的经济和社会结构都决定了其有关的历史和知识观点。全球化议题从根本上来说是对资产阶级霸权的重申。

蒂普尔(Teeple，1995：56)认为出现了一场迈向全球经济的演变，它允许市场不断扩张，但相互之间的依赖性也将会更强，同时民族资本主义制度仍旧维持不变。他认为：“资本国际化的首要影响之一就是指引工业国家的政府治理实践的关键或核心经济政策从凯恩斯主义转变为货币主义。”凯恩斯主义主张国家是管理经济的支配性伙伴。但它在19世纪被重新回归的自由放任经济学所取代，这在当时被普遍称为“货币主义”，但也以里根经济学(Reaganomics)、撒切尔主义(Thatcherism)或新自由主义(Neo-liberalism)等叫法而为人所知。这种经济自由化产生了带有极权与保守性的强有力的政治合成体，通常被称为新右派或新保守主义。公共政策的这种经济和政治转向所造成的社会后果对福利国家而言是灾难性的。因为它动摇了支撑福利国家对“分配正义”和“社会公民”承诺的价值基础。

据说，卡尔·马克思曾经说过：“社会改革从来不会由强者的弱点造就，而总是由弱者的力量所催生。”(Social reforms are never carried out by the weakness of the strong but always by the strength of the weak.)(《卫报》，1999年10月9日)20世纪允许有组织的劳工在政治上有发言权。然而，当我们进入新世纪时，这种声音却变得很微弱了。后现代目睹了有组织的工人运动的衰弱和苏联的解体，这就等于把资本主义重新定义为全球性的力量。而其中，人本主义日益处于不安稳的位置，市场无政府主义和去价值化在生活的每个方面大行其道。通过扁平化和精简化的程序，工人阶级已成为一项工程中的双重无产者，这一工程拆除了抵御自由市场的社会(Gray，1998)。

支配后现代社会的全球市场开始于1870年至1914年的“美好时期”。伴随着社会和经济紧张的加剧，我们无法预测会不会有相似的后果，是否会同样出现战争与革命的前景。然而，很清楚的是，支撑福利国家的“社会市场”正被“自由市场”所破坏，前者的社会投入不断减少。我们正目睹“国家消退”这一现象(Crook et al.，1992：79—105)。莱昂纳德(Leonard，1997：1)就此指出：“遍及西方国家，现在似乎不证自明的是，国家作为广泛的公共服务提供者的角色即将结束，这种角色根植于一种承诺，就是极大地去平衡个人和群体的生活机遇。”他认为，对这种国家角色和权威深刻变化的解释不能仅仅置于经济领域。相反，有必要去看文化生产的结构、个人主义本质的变化以及日益增长的价值多样性。这一觉察提出了深刻的知识论问题(Leonard，1997：1—2)。

三、后现代和社会理论

后现代作为一个分析性建构已经转变了社会科学的语义，使其从一种对社会结构的分析转向对社会意义及其在文化中的表现方式的考察。人类进步的“宏大叙事”，包括人本主义、基督教和马克思主义，都被后现代主义者拒斥为宗教激进主义的、本质主义的或总体化的理论。受法国结构主义者如德里达(Derrida)、福柯(Foucault)和拉康(Lacan)思想的影响，人们将注意力主要聚焦在话语或社会建构上。在这种重构的世界观中，马克思主义和费边主义因其内在的权威主义而变得过时了。从德国著名社会学家乌尔里希·贝克(Ulrich Beck，1993：87)的说法来看——“我们日益面临的资本主义现象无关阶级，而更多的是个体化的社会不平等，以及所有其他相关的社会和政治问题”——这似乎在暗示集体主义的灭亡。“对工人的所有权力”已被“对个人的所有权力”所取代。然而，这或许只是一种幻象。后现代社会理论的一个基本问题是“主体的解构”。在后现代主义的智识过程中，个人主体被消解为社会建构。塞利曼(Seligman，1998)谈道，伴随着个人道德和社会主体的失落，信任也正在衰退。现代个人主义源自文艺复兴并基于道德自知。塞利曼看到，衰落的信任是现代主体生涯中的一个片段，而在后现代社会秩序中，个人与社会的责任已不再具有合法性。若他的分析正确，则几乎没有给解放行动留下空间。人本主义已丧失了其对文明的影响力。

莱昂纳德在其《后现代福利》（*Postmodern Welfare*）一书中反对这种视角。他将自己的任务定为“重建解放工程”。他运用批判理论，将其作为一种“多样性的联盟”做出论证(Leonard，1997：177)。然而，莱昂纳德并没有低估在这样一种社会里完成该任务的复杂性，即公民信任已受到无政府主义、无处不在的市场以及消退的国家的挑战。从根本上来说，福利事业的最终要旨可归结为：在一个更良性的社会中，对人类共同需要的体认和对更大社会公正的渴望。

四、传统价值、福利改革与工作福利国家

近年来的政党，不论是右派还是左派，都开始聚焦福利改革的话题。许多焦点都放在传统的家庭责任上，而反对依赖国家福利。这种“新共识”代表了一种信条，即必须对长期存在的福利依赖做点什么。摆在主张福利改革者面前的问题(正如英国布莱尔政府所了解到的那样)，则是这种共识的程度是非常有限的。事实上，这种“新共识”意味着左派半推半就地接受了新保守主义对福利国家的批评——典型地概括为第三条道路的政治。

“新共识”思想的核心是对这样一种信念的拥护，即向领受者提供福利津贴却不施加义务的做法是错误的，因为别的公民都必须努力通过教育、工作和对家庭负责的行为实现自食其力。实质上，这种观点认为政府应创建一种“道德气候”——适当引导，就能鼓励全体公民自力更生，端正道德操守。英国财政大臣戈登·布朗(Gordon Brown)的发言其实是一个很好的关于行为的道德经济学的例子，他认为失业者其实拥有很多机会，尽管好机会很少，但他们还是应该抓住。(《卫报》，2000 年 2 月 29 日)

工作福利(或从福利到工作)是“新共识”的核心部分。左右两派政府联合起来，一致要求福利接受者应当去工作(或者参加工作培训安排)，以此作为其获得福利授权的条件。大多数的焦点集中在单亲母亲身上，她们是美国主要的福利项目，即“对拥有未成年人家庭的救助”(AFDC)的唯一受益者。道德改革者要求年轻的母亲必须完成学业，并为进入劳动力市

场做好准备；年长的母亲(有工作经验者)则被期待在急速扩张的次级劳动力市场找到工作——突出的如在志愿部门。

美国保守派社会理论家查尔斯·穆雷(Charles Murray)处于福利改革争论的中心。他在其1984年出版的《失落的大地》(*Losing Ground*)一书中表示，那些未婚先孕的妇女正制造一个新的依赖福利的底层阶级。穆雷坚持福利国家要为这种所谓的道德衰退负责。保守的右派政治家抓住穆雷的分析诋毁福利国家的道德基础，攻击单亲父母。但这种攻击没有任何新意。20年前，前保守党社会服务秘书长基斯·约瑟夫(Keith Joseph)就曾说过，出身贫寒的妇女养育出的是教育感化院未来的少年犯。(《卫报》，1993年7月9日)近来，穆雷严厉警示英国社会正处在自我毁灭的危机之中。(《周日泰晤士报》，2000年2月13日)单亲父母再次被认为是英国这一问题(malaise)的罪魁祸首，而这不过是试图为诋毁穷人提供道德依据的老调重弹。

1994年，共和党40年来第一次赢得了对美国国会的控制权。他们公布了一个"十点计划"(ten-point programme)，并将福利改革列为政治议程的核心。这一计划又被称为《美利坚合约》(*Contract with America*)。这份宣言宣示"我们所知福利的终结"(Gingrich，1994：65)。福利受益者(主要是单亲父母)被要求去参加工作。国家基金也不再用来支持未婚妈妈。反之，《美利坚合约》宣布："国家将把基金用在以下项目中，即减少未婚先孕，提高收养率；建立和运作儿童集体之家；为未婚妈妈建造和运作集体住宿之家，或用于国家认为合情合理的任何地方。"(Gingrich，1994：70)这些新政策清楚表明了其向《济贫法》的道德经济学的回归。

1996年8月，《个人责任和工作机会调和法》(*The Personal Responsibility and Work Opportunity Reconciliation*)取消了对有未成年人家庭的救助，取而代之的是贫困家庭临时援助计划(TANF)，该计划中不再包含先前的权利和利益。对福利的控制权下放到各州。联邦经费被削减，以确保享受福利的名单在2002年减少一半。未婚妈妈无法享受贫困家庭临时援助，除非她们住在家里并仍在上学。福利改革方案中新增的内容并不多。十多年来，许多州都在实行工作福利制度，包括加利福尼亚州、西弗吉尼亚州和威斯康星州等。新的地方就是，联邦政府决定立马清除新政中的有关内容。这就是所谓的"我们所知福利的终结"。

英国的福利到工作计划旨在模仿美国的福利改革议程。取消申请避难者的福利，代之以优惠券和不断贬值的零用钱(demeaning pocket money)，这一政策标志着其转向污名化和贫困化的边缘社群。(《卫报》，1999年11月9日)对工作福利的批评者还嗅到了其背后某种歧视女性的意味。美国国家反饥饿联盟联合主席克里斯汀·普拉特·马斯顿(Christine Pratt-Marston)对此说道：

"工作福利是'大棒'而不是'胡萝卜'，大棒往往会产生敌意、愤怒乃至消极抵抗。人们或机构被迫使用大棒，而穷人——通常是女人——她们被大棒攻击，双方都处在一种无胜的局面。而如果用胡萝卜——教育、职业训练、安全且能够负担的日间照料，以及可负担的医疗保险——就没有必要使用大棒，而且将取得双赢的局面。"(NASW News，1984年11月)

雷曼(Lemann，1936：34)认为，福利改革是在委婉地要求我们为黑人下层阶级做点什么。但现实情况却是，福利改革的争论实质上导向了受排斥的少数群体的生活方式，并提出关于照顾有需要人群的伦理基础的根本疑问。

志愿机构参与的工作福利计划中也出现了一些伦理问题。加拿大工作福利监察组认为，工作福利"威胁到了志愿主义的整个伦理"。他们这样解释：

"工作福利制是志愿机构有史以来所面临的最有分歧的议题之一。志愿机构不得不考虑与工作福利制有关的诸多问题。我们必须承认，要想得到社会救助，就必须走出家门，这体现了社会方案的性质和宗旨最根本性的转变。工作福利制把救助的对象从有需求且有资格的人群，转变为可以用工作来证明自己是理所应得的人群。"(Workfare Watch，1996：1)

工作福利制作为宣扬传统家庭价值的改革者，挑战的似乎是公民社会的伦理基石。它使人想起从前奴隶制的暴政和强制性贫困救助策略。因而，工作福利制与其声称所要倡导的价值正好相反。而后现代社会似乎忽略了这个事实，即福利国家的普遍主义原则中所包含的人道主义仅仅只实现了一小部分，隐藏的真相恰与其空洞地宣称"社会是内在公正的"形成了鲜明对比。美国著名社会评论家诺姆·乔姆斯基(Noam Chomsky)在其回滚理论(rollback theory)中尖锐地指出，无论是西欧还是东欧的合作主义宣传运动，都只是想通过恢复《济贫法》来取代国家福利：

“长久以来，它的目的就是抵制和限制人权、民主和福利国家的整个框架，以及形塑社会契约。他们(即新保守派)企图控制并限制它。现在他们感觉到，就现阶段而言，他们是能够真正击退它的。他们正径直走回撒旦山，谋杀穷人，从根本上说，他们就是想回到19世纪初的社会结构。”(Chomsky，1996：17)

乔姆斯基的观点很可能是对的，其对福利国家回滚理论的关注触及了当代对未来的核心焦虑。他提出了消除社会公民权这一核心的民主问题。这是支持新保守派回滚理论的基石。另一方面，《美利坚合约》(Gingrich，1994：125)认为“政府的回滚”对工业的繁荣和现代化是至关重要的。代价则是作为法定公民权的福利之终结，社会工作也成为合理化(rationalisation)的首要目标，理想来说就是取消它(ideally abolition)。作为一个专业，社会工作用放弃其支持穷人和被压迫者的历史使命，而不是对抗福利改革的幽灵来做出回应——这与其包容的民主社会的理念完全相反。

五、社会工作、后现代与不确定性

伊芙(Ife，1997：92)在讨论后现代主义对社会工作实践的含义时指出：

“我们目前的需要足以表明，后现代主义未能提供一个更好社会的愿景，或是对社会公正与人类权利的普遍理解。但这种理解对社会工作来说恰恰是至关重要的，因此，尽管后现代主义对于寻求社会工作的更多可能性做出了重要的贡献，它也不足以构成实践的基石。”

豪(Howe，1994：158)将社会工作看作现代性的产物，认为现代性形塑了社会工作的目的和特性：“社会工作运用社会服务的洞见以求带来令人满意的生活质量和一个公正的社会，从而以自己的方式追求真（科学）、善（伦理学）、美（美学）。”后现代因而动摇了社会工作的基石，即如费边主义所主张的“照顾、控制和疗愈”，福利国家正与其相匹配。拿掉了福利国家这套“贝壳体制”，社会工作就不得不奋力对付后现代世界的不确定性、碎裂化和两极化。这昭示着未来的前景不会太乐观。

斯佩奇和柯尼（Specht and Courtney，1994）在其《背叛的天使》（*Unfaithful Angels*）一书中指出：社会工作已经抛弃了其为穷人和被压迫者（服务）的历史使命，而去追寻个人主义治疗、私人执业、独立于官僚福利机构的自治以及增强地位和收入。同样地，哈德卡索等人（Hardcastle，1997：7）指出：“问题还不只是社会工作者个人放弃了其专业/职业的传统使命，从某种意义上来说，甚至连这个专业/职业本身也抛弃了自己的历史使命，抛弃了社群和社群中最有需要、最脆弱的公民。”他们认为，美国的全美社会工作者协会（NASW）在过去 20 年里调整了其政治游说的焦点，不再致力于推动社会立法，而是转向职业认可问题和国家批准为治疗师的私人执业付款问题。很多这种治疗“没有科学根据，而社会工作者却争相拥抱基于灵性说和神秘主义的各种干预措施”（Hardcastle et al.，1997：7—9）。该评论认为，社会工作专业将“社会工作”中的“社会”拿掉了，而导向一种企业式的个人主义治疗之路。由于社会工作允许市场来决定其议程，“社会工作已经抛弃了其专业化的宣称”（Hardcastle et al.，1997：7—9）。

美国不同于欧洲和大多数其他英语国家，它采取的是一种最低限度性质的福利国家模式，但在全球资本主义时代，它却是引领潮流的。如果社会工作断开了其与福利国家的联系而走向市场，这必然代表着一种范式的转变。在英国，消费主义的出现和个人社会服务传送的私有化，证实了这种朝向市场价值的转变。消费主义已成为福利改革中的关键范式，它反过来按照市场所赞同的经济合理性的方式，重构着福利国家和社会工作的角色与任务。而人本主义和民主价值观在这一框架中则几乎没有立足之地。

布迪厄认为，国家中的各种社会计划和专业人员（例如教师、社会工作者、护士）正在被包括社会主义政府在内的政府边缘化。他说：

“我认为，国家的左手有着右手不知道的感觉，或者，更糟糕的是，右手也不再真的想知道左手在干什么。不管怎样，它都不想为之付出代价。让所有人绝望的一大原因是：国家在退缩，或从先前其所负责的很多社会生活部门中退出……所有这一切都有些令人震惊，特别是对那些被派到一线去执行所谓的‘社会工作’以弥补市场逻辑的严重不足的人来说，他们没有获得相应的手段去真正从事自己的工作。他们怎能没有一种被不断削弱或背叛的感觉呢？”（Bourdieu，1998：2—3）

在布迪厄看来，专业人员陷入了一张矛盾之网，让他们在缺乏必要手段和国家支持的情况下对“社会苦难”做出回应。这使得一线工作者的处境变得很艰难。

六、后现代、社会和个体主义

我们生活的社会可以被定义为：充满风险、两极分化、全球市场、长期变迁和碎片化。正如斯托克斯和奈特（Stokes and Knight，1997）所言，“今天我们似乎正被抛入一个混乱和私人化的未来，重新拥有了中古时代极端的财富和极端的道德败坏”。后现代主义排空了社会生活的意义。它似乎在庆贺社会的碎片化。它没有什么宏伟的愿景，仅仅是在鼓励一种目标上的无意义感。

按照后现代理论家，包括安东尼·吉登斯和乌尔利希·贝克所见，我们的生活不再受自然或传统的支配。相反，有一种社会—符号性秩序［拉康称之为“巨大的他者”（Big Other）——一种遍布于全社会中的超我］调控着后现代世界中的人类行为。反身性“殖民化了”日常生活方式的方方面面（包括照顾孩子、父母教育、饮食和闲暇生活），它们作为惯习要随流行时尚的要求来学习和改变。即使是“社会”本身也要反身性地建构。通俗点说，后现代主义的反身性社会观就是“我们自己告诉自己是什么”。这使我们对自己的生活方式和身份有了一种“选择”的感觉，因为我们最终“是”我们选择想“成为”的人——我们是自己的叙事想象的产物。

表面上，我们的文明既是原子化的也是破碎的，但这样的结论却充满吊诡之处。虽然独立公民形式的自我或可因拥有生活方式的选择权而变得自主，但团结却要靠基于共识的诸种社会联系来维持，比如爱情、友谊、信任、同情与怜悯、慈善、利他主义与互利主义及为他人牺牲的意愿。总之，正如贝京所说，“这些认知的、规范性和情感性的能力，绝非将对他人的兴趣仅仅归为一种纯粹的策略性交往模式”（Berking，1996：192）。爱情和友谊很明显属于私人领域，慈善、利他主义和互利主义则存在于被“志愿或第三部门”占据的政府和市场之间的空间，后者（志愿或第三部门）越来越多地被称为公民社会。这些美德均指向以参与为标志的“积极公民”（active citizenship）之存在，和以为他人承担义务为标志的“负责公民”（dutiful citizenship）之存在。信任、同情和怜悯是超越功利性的个人主义，是形成社会团结的共同要素。这是当代西方社会的根本矛盾之处，它为日益碎片化和分化的社会秩序提供了公民信任的基础。

贝京指出：“如今，功利主义价值观在消解传统和个体化的影响下高歌猛进，看来似乎在迫使个人获得并扩大自身的优势，而所有这一切均是文明现代化进程的累积效应。”（Berking，1996：191）这种认为现代个体相较于传统个体更少融入社会是值得怀疑的。卡门认为情况恰恰相反：

“传统社会本质上是一种非参与式社会。它通过亲属关系将社区内的人相互隔离，也将他们和社会中心隔离。相反，现代性在本质上就是一种沟通和参与模式。读写能力的获得让沟通成为可能，是社会中人与人心灵的交流互通得以发生的枢纽。随着识字率的提高，同理的能力也随之提高，这种因素也渗透进自我支持的成长和大众消费制度。这就是现代性的制高点和发展的意味……同理是使传统向现代方式转换成为可能的桥梁。”（Carmen，1990：4）

其他试图检视信任的本质和质量及其与合作和繁荣的联系的评论家同样也发现了现代化和公民社会之间存在一种正相关关系（Fukuyama，1995；Putnam，1993）。福山发现，与低信任的欠发达社会相比，如中国和拉丁美洲的天主教国家，发达社会的信任程度更高。同样地，普特南发现，在意大利较发达的北部地区，其公民信任程度比欠发达的南部地区高。因而，我们必须承认，尽管后现代有着碎片化和两极化的趋势，但它却生成了社会参与以及人与人之间更为复杂、高级的交往形式，进而促进了人与人之间的同情和信任。这就是当代文明的悖论。

从表面上看，这是一种两个世界的理论，其中经济世界由功利主义价值所界定，社会世界由团结价值所界定。然而，福山（1995）和普特南

(1993)在他们的论文中却坚持认为，社会领域的信任和团结价值观与经济领域的繁荣创造具有正相关关系。实际上，他们声称在利他主义与自我利益之间发现了一种文明的结晶(civilisational configuration)。然而，应该指出的是，战后发展最快的三个经济体分别是日本、法国和意大利——按福山的估计，一个是高信任度社会，另外两个是低信任度社会。如果更现实地去评估福山和普特南的立场，在新保守派和全球资本主义占主导地位，而"社会"越来越私有化的时代，其代表了一种重构"社会"的主张。他们使用"社会资本"这一术语来形容一个信任的社会秩序，这就包括了他们对资本主义与社会团结的重新组合。很显然，这是一种后社会主义的分析。

对于新保守派而言，社会并不存在，只有个体企业和自力更生者(self-reliance)。哈耶克曾认为"社会的"只不过是"某种在社会进化过程中发展起来的个人行动实践"(Hayek，1976：78)。对于哈耶克来说，"社会的"是一个令人厌恶的概念，它使我们联想到极权主义。在《社会公正的幻景》(*The Mirage of Social Justice*，1976)一书中，他将对平等的追求等同于暴政。新保守主义的社会理论家们挑战了社会团结的规范基础，他们认为它创造了一个依赖的下层阶级(Gilder，1981；Murray，1984；Marsland，1995，1996)。马斯兰(1995：4)将福利比作"政治机体内的癌症"，并补充道，"它也把病毒蔓延到越来越多的社会器官"。他认为，"只有市场能够有效地为人类的欲望和需要提供领域和抱负"(Marsland，1996：140)。

新保守主义政治家们已经将辩论带入公共领域。他们攻击社会团结就是社会主义的化身。在他们竭力摧毁社会主义的热情努力中，他们试图否认"社会"的存在。玛格丽特·撒切尔(Margaret Thatcher)的名言是"没有社会这样的东西"(《星期日泰晤士报》，1988年9月9日)。撒切尔夫人曾在苏格兰教会集会上发表了一场颇有争议的演讲，她声称唯有家庭才是"公民美德的养育所"。她主张将家庭作为政府建立其有关"福利、教育和照顾"政策的基石(Thatcher，摘自 Squires，1990：5)。因此，新保守主义试图写下"社会"的讣告，并怀旧式地回忆着托克维尔式的小型社会责任单位，尤其是家庭和社区。因此，拒斥"社会的"并不是对社会责任的否定，它只是意味着福利国家法定公民的社会权利被重构秩序下的责任公民的社会责任所替代，在这个秩序下，市场取代社会成为道德价值的仲裁者。新保守主义立场的问题是，市场是无政府主义和去律法的(比如它拒绝社会公认的道德)。

蒂普尔(1995：150—151)把新保守主义和全球市场的胜利行军刻画为即将到来的暴政。他写道：

"资本主义必须面对它所创造的世界，面对它自身扩张所导致的后果：严重退化的大自然，日益贫困的工人阶级，独裁政体日益扩大和合法性的日益衰退，以及新形式的抵抗……这是一场几乎不受政治约束的暴政——一个没有责任规则的经济世界，一种经济的而非政治的极权主义。"

其他评论者的看法则较为乐观，他们发现了一种新的复杂性，在这种复杂性中，可能出现一种更为民主的公民权。瓦泽尔(Walzer，1983)提出切断与旧有规范理想主义的联系，这一联系蕴含在"社会的"一词原先所意味着的集体主义和普遍主义含义中，而主张一种新思维，其围绕复杂平等性的多元框架，意味着将民主权利置于比传统的公民概念更高的位置。

瓦泽尔的看法背后是这样一种假定，即文化和社会塑造了政府的性质。这个观点在某种程度上是对的。托克维尔看法的实质也是如此，即认为中间机构作为社会中的生产性力量是至关重要的。不过，从亚里士多德到孟德斯鸠，再到马克思，这种更悠久的思想传统则认为，根本上是国家塑造了社会，而非相反。如果我们接受此种看法，我们考虑的将不再是关于托克维尔设想的包罗一切的公民社会，而是关于罗马式的公民美德(Roman virtue of civitas)，即公共精神、为社会牺牲的精神，当然还有积极的公民意识。这听起来很像是社会工作存在的理由。有证据表明，社会工作正致力于在后现代社会中保持其公民精神。然而，它的权威正在被消解，合法性正受到冲击。

七、社会工作的终结?

后现代主义对社会工作有着深远影响。在新自由主义者们的添油加醋下，社会工作被看作一种过度的福利国家的象征。社会工作的调控性权力机制被反身性地范畴化为"权威性的"，虽然这种所谓的"权威主义"的出现，被认为试图通过主要的社会象征性秩序来管理那些“非法”的行为，例如虐待儿童。这种反身性损毁了公众对后现代社会工作者的看法，因为该专业合法性所依赖的符号权威的模式（符号霸权）已经在文化上遭到拒斥。具有讽刺意义的是，后现代社会秩序也运用同样的符号权威模式来调控大量的人类行为领域，特别是对一些生活方式进行限制，如吸烟、饮食、性欲等。深深沉浸在消费价值中的后现代社会欢迎将“选择”作为符号法则的指导者。在后现代文明结构中，社会工作被视作“选择”的对立面，因为它是强制性的国家机器——拉康所谓的“巨大他者”的一部分。

在美国，许多社会工作者发现自己正在执行的工作福利方案是强迫穷人在“工作”和“挨饿”中选择其一。批评家把这种福利称作“奴隶福利”（slavefare）。社会工作者不仅要做辅导，还要开展培训，并最终确保穷人找到工作。这种政治上的转变，已经把工作福利制度变成了一个《新济贫法》。很难看到社会工作价值观与这种新的社会现实之间的调和，仿佛退回维多利亚时代《济贫法》的道德世界中。而社会工作的四大传统基石——义愤（indignation）、探寻（inquiry）、同情（compassion）与关爱（caring）——在这片道德图景中几乎已失去了位置（Saleeby，1990：37）。

马斯兰得出的结论是：“在一个改革了的（福利）体制中，我们最好完全不再用到社会工作。”他主张用那些较少受到训练的一线福利工作者代替社会工作者（开展工作），但却容许“受过高级训练的专门型”的社会工作者（开展工作）。但是，他补充道：

> “他们的训练（作为主流部门的社会工作者）要按照前民主德国和捷克斯洛伐克的共产主义体制中训练教师的方法一样彻底改变过来，从目前强调‘权利’转为培养、帮助人们实现自助和灌输符合自由社会的价值观所需的那些实务技巧。”

马斯兰赞同将训练的重点转到“胜任力”上，反对“反民主地将案主从压迫中解放出来”，他认为这是“真正福利的一大成就”。

类似地，布鲁尔（Brewer）和莱特（Lait）也认为：“如果不做出巨大而痛苦的改变，社会工作或许将不得不为了资金乃至生存本身而挣扎。”这在本质上是新右派的观点，但也深受政治左派的关切。

伊芙(1997：10)就曾说道：

……………………………

“生活在矛盾之中，常常不得不做出艰难的道德抉择，对于社会工作者来说，这早已不是什么新鲜事。但经济理性主义的政治背景和管理主义的组织背景确实使这份职业变得更加艰难了，它迫使社会工作者去重新评估自己的立场和社会工作任务的本质。”

……………………………

从人的角度，伊芙(1997：2)悲观地认为：

……………………………

“对许多人来说，社会工作已经不再能体现出专业价值的实现感，而变成了一个简单的生存问题。许多社会工作者报告说压力激增，存在职业倦怠的也不在少数，而很多社会机构的士气看起来也极端低落。”

……………………………

《卫报》2000年2月9日报道，英国社会工作者的短缺正在进一步加剧：

……………………………

“1999—2000年，社会工作者的数量持续下降，社会工作的职位空缺越来越多，人们开始担心儿童保护以及老年人的需求是否还能得到有效满足。”

……………………………

作者指出有三个基本因素挑战着社会工作任务的完整性，这些因素形成了专业和个人的无权感，并导致进入和留在专业中的人数剧减，其原因都在于公共服务的价值已经受损。

第一，福利国家受到市场回归的冲击而陷入危机，人本主义的社会政策和专业难以生存。实际上，福利思想正在被与人本主义社会价值观相深刻抵触的市场价值所取代。经济理性主义是由撒切尔主义和里根经济学所代表的，但被美国的克林顿政府、英国新工党和大多数欧洲社会民主党所接受，他们坚持好的公共政策是对市场经济有利的，而健康的经济对每个人都有裨益。事实上，财富的再分配在继续，但它更像是在“向上流动”而不是“向下流动”。而由于各个国家频发的政治丑闻凸显了市场不受管制所造成的道德后果，政府官员和市场走得太过亲近也成了害群之马，以致产生了一系列政治后果。公众被激怒了，赞同人本主义价值取向的公共服务者（如社会工作者）反而感到了深深的沮丧。但是自由市场资本主义的无情逻辑却没受到检视，只要全球经济持续繁荣，这种现象还将继续存在。

第二，市场化导致了公共部门中准市场的出现。这就是所谓的“新管理主义”，它相信好的管理能解决所有问题，并且将使公共服务更有效率和效果。“新管理主义”确实为社会工作者创造了很多新岗位，不可否认，一个受欢迎的职业结构向社会工作者张开了双臂。但伴随“新管理主义”潮流的发展，社会工作者传统的专业角色在公共部门中开始贬值。一些社会工作者开始在志愿部门中寻求另一种未来，在那里，人本主义价值找到了一种更适宜和更受尊重的环境。这种向志愿部门的转变随着公共部门中持续的再组织化不断加剧，因为最近的“管理修补”明摆着仍不能“传递好产品”。但问题是人类并不能与“产品”等同。社会工作者不断重新结构化和组织化“发展”的后果是造成一种长久的不确定和不安全的环境。这种持续的不稳定性也削弱了专业人员的士气。而其对案主的影响更是甚少得到考虑，因为管理是（由）自上而下的行政合理性（所主宰），而非由自下而上的民主所主宰。

怀特（White，1999：116）指出，新管理主义基于三种相互联系的控制策略存在：

1. 通过对执行单位去中心化而获得策略与政策上的更高程度的集中控制；

2. 建立可管理的竞争原则；

3. 发展绩效管理和监控（审计、检查、质量评估、审查）的程序，其大部分针对的是分散运作的单位。

在英国，这三种控制策略通过 1990 年的《国家健康服务和社区照顾法》和 1989 年的《儿童法案》对社会工作产生了很大的影响。尽管后者的管理竞争是最小的，但依然出现了有关儿童照顾服务私营化的争论。

集中管理的权力增大了，而代价是牺牲专业性。这是通过劳动市场的灵活性实现的，它造成了一种临时和部分时间工作的“合约文化”。缪兰德和佩罗特（Mullander and Perrot，1998：70）提到，在 1988—1992 年，部分时间就业在总的社会服务中的比例增长了 50%，“妇女成为这种灵活就业的主体”。

20 世纪 90 年代的社区照顾改革，其重点是“使权威当局有能力”和

“(实现)混合经济的照顾”，这同时也影响到了志愿部门，使之“在许多情况下被要求成为一种替代选择的而非补充性或补足性的服务提供者”(Lewis，1996：108)。受资金驱动的议题越来越多地影响到政策和实践。一些在志愿部门工作的专业人员发现自己正从实务工作者变为国家签订合同的行政人员。由于合约中所要求的“专业”标准，志愿者有时不得不在“受训成为专业人员”和“退休”中选择其一(Billis and Harris，1996)。还有一些非传统组织也面临着压力，不得不遵守“新管理主义”为公共部门制定的组织与效能标准。缪兰德和佩罗特(1998：71)认为，“越来越多的志愿机构担心竞争合同仅维持其资金基础将使他们失去开拓性的根基并降低他们的倡导能力”。实际上，管理主义思潮中的实用主义对专业社会工作的人本主义和志愿与社区部门的充分独立性和完整性都构成了很大的威胁。(人们)很难不将这样一种事态发展视为有严重破坏性影响的事件，因为它造成了对实务的敌意环境。

第三，强调经济和行政理性导致了一种以胜任力为导向的训练方法，这对专业的完整性造成了挑战。胜任力运动(正如在英国所见到的)所受到的逻辑指引就是职业角色要按照他们的能力要求去执行他们的技能，而且这种技巧必须是可以随机应变的。人力资源服务委员会和培训部门都致力于以胜任力为导向的培训，从而使英国的劳动力更有效率。社会工作教育与培训中央理事会(The Central Council for Education and Training in Social Work，CCETSW)也采用了胜任力为本的方法(CCETSW，1989，1995)。

胜任力运动的意图是打破专业的垄断权力，促进劳动力市场的灵活性。招募社会照顾职业经理人代表了一种胜任力导向的劳动力趋势。其带来的正面影响是，以胜任力为导向的劳动力市场为社会工作者开辟了更宽广的就业领域，也为很多公共服务人员提供了选择与机会，同时还促进了专业的多样性。但是也产生了一种过度技术化的培训观，并可能引起学术标准的“急剧下降”。社会工作教育一直被定义为一种人文知识、价值观与技巧的集合体。胜任力为本的训练方法可能会以牺牲专业权力为代价来扩张管理权。从一个更根本的层面来说，胜任力运动可能被视作对社会工作作为一种专业活动的核心认同与未来完整性的威胁，因其受劳动力市场理性的指引，包含了使专业具有“灵活性”的基本目标。灵活性意味着要履行雇主分配的任何任务，而不顾专业性。胜任力出现在政治环境中，因此会导致政治性的后果。胜任力运动的政治后果之一就是社会工作的去激进化，它将遵循实用主义精神而非人本主义精神。

毫无疑问，在后现代文化中，福利危机、资产阶级管理主义和向胜任力为本的训练的转变，都彻底地改变了社会工作。这种个人社会服务的合理化，带来了效能和资金方面的优势，但与此同时，理性制度也产生了一种非人性化的趋势，实践也开始变得非人性，马克斯·韦伯(Max Weber)将其称为官僚制的“铁笼”。具有市场导向的后现代主义看似在编织一个完整的理性之网，实则是为了实用主义而将人边缘化。乔治·瑞泽尔(George Ritzer，1993)在其《社会的麦当劳化》(*The McDonaldisation of Society*)一书中指出，我们正在见证福利国家的“麦当劳化”，其对社会工作具有潜在的破坏性。伊芙(1997)指出：“传统所理解的社会工作实践的许多意识形态的和组织的基础似乎正在崩溃，目前还不清楚的是，将要取而代之的东西能否支撑起社会工作专业并保持其当前的形态。”事实上，我们有理由去询问社会工作专业是否还能生存，与它的服务对象又是谁。

福利国家的“麦当劳化”旨在将案主变成一个消费者，将福利变成一种产品。休斯等人(Hughes et al.，1988)将这种公共领域的再造视作新自由派消费主义论述的必然结果。从理论上来说，其积极面是，“案主/服务消费者”所处的地位将更优，他们可以有所选择，而不是被官僚和专业人员们呼来喝去。这或许意味着新的空间被打开，赋予案主权利去挑战“爸爸最知道(Daddy knows best)”的权威主义。但不利的方面是，此种消费者的观念将公共领域的概念缩窄为个体的服务使用者。社会工作服务的案主很可能是最脆弱的人群，他们已经高度失权，而新的符号“拿掉了公共性的集体含义”，这甚至可能使他们变得更加脆弱和无助。事实上，这里呈现的不是一个以选择和多样性为特征的制度，而是一个受合理性和等级制支配的制度。这也给社会工作带来了一种转变，动摇了它的人本主义价值基础。强调胜任力则导致按审计方式开展实务以满足管理要求。伊芙(1997)称之为“等级制实践”，认为它不过是一种为经理们提供更大权力与控制力的策略。而这些是否代表着专业社会工作的消亡呢?

贾尔奇和兰克谢(Giarchi and Lankshear，1988)认为，在欧洲，社会工作作为一种专业的活动正处于消亡中：

“在过去的五十年中，社会工作一直渴望一种专业的地位。而在英国和欧洲大陆，社会工作的地位也都遭到质疑。自从后现代到来，社会工作者的身份同一性已在多元社会照顾的复杂性中被侵蚀。”

他们还说，全欧洲（欧洲的丹麦可能是例外）的志愿性健康照顾机构都正在把社会工作移出照顾服务的领域。他们最根本的观点是：社会工作的核心专业任务正在被“欧洲后现代的多元主义”瓦解，这种解构的力量改变了欧洲社会及社会照顾结构的型构，而引入一系列经过重构的可替代服务（1988：26）。他们认为，社会工作缺乏专业定义（例如，有叫“社会工作者”或“社会教师”的，又有称“青年及/或社区工作者”的，还有叫“专门教育者”的），反映出代表后现代福利特征的“合约国家”正在于具有敌意的环境中被碎片化。

在美国，也存在类似的悲观主义与不确定性。拉富尔（Raffoul，1996：293）在评论美国社会工作的未来时指出，这些悲观主义与不确定性的存在预示着未来情况将变得严峻，同时他也提出一个问题：社会工作有未来吗？他认为，如果美国的下一任总统是一个忠实的保守派，在社会服务与参与计划方面严格限制预算的话，那这个问题也就没有实际意义了。在乔治·布什时代，美国社会工作和欧洲社会工作面临着同样的问题。

克拉克（Clarke，1996）甚至质疑是否有过“社会工作”。与其他诸如医学、法律及神学等专业相比，社会工作在古典和中世纪文明中没有专业根基，它主要是现代社会大众文化需求的产物。而后现代社会中“社会的”的重新概念化和对战后福利设置的重构（其在20世纪既给予了社会工作存在的理由，也赋予了其合法性）已将社会工作去中心化。拉富尔（1996：294）认为，尽管有这些变化，社会工作仍须坚守其对社会公正、平等和社会变革的历史承诺，因为也没有其他可以替代的存在理由。

莫尼戴尔（1998）从法国的经验出发，其将社会工作（社会福利）地位的衰落归因于社会工作的专业使命尚未界定清晰，也未能有效影响公共政策过程。他指出：“纵观过去二十年的所有变迁，社会工作者似乎没有能力界定专业策略，并使他们的声音被决策者听到，或者采取全面的措施呈现问题或提出解决方案，而这通常是他们的专业地位要求他们必须做到的。”（Monediaire，1998：20）

莫尼戴尔认为过去二十年来主导社会工作话语的理论范式和技术范式都失败了，“这个假设并不是那么让人愉快：考虑到在全球体系的动态与社会工作者被赋予和掌握的手段之间的不相称，大幅减少当下贫穷的使命看来是不可能的”（Monediaire，1998：20）。针对这种“西西弗斯式的任务”（Sisyphean task），莫尼戴尔提出一个新范式：基于国际人权公约和国家社会权与公民权模式，采取“可持续发展”的概念。他将此策略视为“全球社会保护”。

莫氏分析是激进的，它意味着专业文化的根本性改变，即要向其他专业文化和合理化程序开放，并且应对专业训练和专业教育做彻底改革。这么做的理论基础是，受过高级训练的社会工作者应当参与政策制定过程与社区发展，而摒弃仅仅为不太合格的人们如“家庭帮工者”“环境代理人”“倒下的兄弟”等提供社会照顾（Monediaire，1998：21）。

鉴于社会工作的历史多样性和兼收并蓄，莫氏的主张恐怕并不受青睐，即使是可取的——但它也是令人怀疑的。社会工作更可能在后现代社会中瓦解为多种多样的形态（比如等级制的法定服务、专注治疗的私人执业及公民社会中的社区实践等），在那里，市场决定了不断变化的现实，而《济贫法》已经回来。在新自由主义者的眼中，专业是自我逐利的，它使用限制性的方法来维持自己的权力与声望。他们主张服务使用者和案主应被视为准市场中的客户，由经理管理。他们还认为，在某些情况下，专业将被取缔（Burden，1998：120—121）。社会工作是废除专业的首选对象。由于社会工作高度认同福利国家的费边主义改良传统，这在新右派眼里是尤为令人讨厌的事物。取缔主义者很可能会主张剥夺其法定授权，而胜任力的出现已经开辟了朝此发展的道路。法定社会工作的专业性的衰落，是受市场影响的必然结果。因此，后现代性对社会工作专业性的挑战是相当大的，而这专业是否在消亡抑或是蜕变还有待观察。

备受敬仰的后现代理论家齐格蒙特·鲍曼在阿姆斯特丹社会工作学院100周年纪念时发表的一篇文章评论了社会工作的未来（2000：5）。他注意到市场价值的影响已经改变了社会工作格局，他写道：

> “正如我们被告知的，社会工作应当像任何其他人类行动一样按其成本与效果的资产负债表来接受评判，它目前的形态‘在经济上是不合算的’。它若想使自己的继续存在具有正当性，就必须使依赖的人们自立，让瘸腿的人自己走路。”

这种奇迹式的成就显然已超出了社会工作的能力范畴。但它的道德目标或许是界定其合理性之所在。正如鲍曼所指出的："困扰社会工作的不确定性恰恰就是围绕在道德责任上的不确定性。"他进而说道：

> "社会工作的未来，以及更一般地被称为福利国家的未来，不在于（专业/学科）划分，不在于程序，同样也不在于把人类需要和问题的变异性和复杂性简化，而在于我们栖身于其中的社会伦理标准。正是那些伦理标准而不是社会工作者的理性和勤勉，（社会工作）今天才处于危机中并受到威胁。"（2000：10—11）

社会工作生存在由市场复苏和福利国家的空洞化所统治的寒冷环境下。但它的伦理追求和道德目标比以往任何时候都更为紧迫。当然，我们必须承认变化了的环境和后现代性对其历史使命的影响。过去界定社会工作角色与任务的旧范式已受到质疑——即使不说它已经消亡的话，但新的范式也已经出现，它对社会工作提出了挑战——面对市场的解构性力量，要么适应，要么消亡。

八、结论

本章力求探讨后现代对社会工作的影响。在界定后现代范式的时候引入了全球化的概念。怀疑论者认为，现在所谓的全球化只不过是150年前马克思就已分析过的世界资本主义现象。本章讨论了这一观点，也回顾了新右派的兴起。无疑，范式的转变已经发生，但它是否应被视为如吉登斯所说的一种积极的未来发展还有待讨论。福利国家和支撑它的人本主义思想遭到了极大的意识形态攻击。福利国家的制度正被按照市场的意象来重新设计。新管理主义已将企业资本主义理性施加到社会服务中。等级制的实践方式重塑了专业，这给社会工作者带来了难以承受的压力。作为公共领域一种新发明的"合约文化"也渗透到志愿部门，用市场的话语改变着人们生活的各个方面。在这种改变了的图景下，"案主"变成了一个消费者，而忽视了其地位的脆弱性。社会工作出现于19世纪的维多利亚社会，并引起了强烈的共鸣。然而现在出现了同样强有力的迹象，转向一个更民主和更开放的社会是基于其对公民、参与和赋权的一种新的关切。社会工作的未来在很大程度上取决于它如何回应这些新的动力，它们（新动力）挑战着其构建的新的实践范式。然而，首先我们必须去看看那些旧有的范式，因为它们是构成建立于19世纪、繁荣于20世纪的社会工作的基础。

第二章

维多利亚起源、积极的公民与志愿主义

社会工作起源于维多利亚时代的志愿行动。这是资本主义蓬勃发展的时期。此时在志愿与法定服务之间有一种关系(a voluntary-statutory relationship),其中国家针对那些被认为“不值得”帮助的穷人颁布了一部具有威慑力的《济贫法》。而另一方面,地方志愿组织则寻求将他们重新道德化为“值得”救助的穷人,以使他们能更自立。在这个道德经济的荒漠中,社会达尔文主义(如适者生存法则)为优生学观念的出现提供了灵感——那些在社会和经济上的无用者被定义为“不值得帮助(者)”。然而,许多志愿者质疑这种社会与道德秩序的伦理依据。根据刘易斯(Lewis,1999:258)的说法,这一时期是志愿—法定关系产生的关键初期。许多志愿组织都将其工作视为对国家的一种补充,但社会工作者却持不同看法。他们认为社会工作的历史使命是帮助贫困者,以及通过社会改革将他们从被压迫中解放出来。本章对19世纪与20世纪初期公民社会背景下形成的社会工作的概念和历史基础进行分析。这是社会政策演进中一个极其复杂的时期(Harris,1993)。在此,国家与公民社会的角色将在新社会政策和伴随着城市生活而产生的“人造风险”的脉络中加以探讨。

一、历史使命:“做好事”与“做好人”

维多利亚时代的人们崇尚以自食其力与勤俭节约为特征的“好人”,而社会工作表现出对此观点不敢苟同的态度。塞姆耳(Samuel Smiles)的《自救》(*Self-Help*)一书出版于1859年,这本书可以看作那个时代的社会思潮的一个缩影,它把占支配地位的中产阶级的道德准则纳入社会,确保对国家干预制定严格的限制。社会工作和社会改革中的积极公民代表了市民参与的两条线,两者都反对维多利亚式的道德虚伪与社会冷漠。作为英国费边社会改良主义的发言人,比阿特丽丝(Beatrice Webb)也在1884年所写的日记中谈及社会工作:“当今(社会)最重要的话题就是社会话题,它俨然已经取代了宗教问题的地位。”(引自Skidelsky,1999:13)费边主义的另一奠基人物,爱尔兰戏剧作家乔治·伯纳德·肖(George Bernard Shaw)在剧本《你决不能说》(*You Never Can Tell*,1899)中写道:“让我来告诉你吧,瓦伦丁(Valentine)先生,那是一种致力于人类事业的生活,是怀揣着激情与热情去奉献和给予,是远远超出那些自私、自恋以及自怜自惜的感情的。”（引自 Skidelsky，1999：12）社会改革者们与志愿服务组织们共同承诺，通过创造一个充满活力的公民社会，实现积极的公民身份。不过，社会改革派更进一步坚持为了全民福利改变国家角色的必要。对于他们而言，一个健康的公共领域需要积极的国家政府，也需要积极的公民参与其中。

改革主义者致力于呼吁国家对社会边缘人群的责任并寻求集体主义的解决方案，而志愿组织们则热心去关注遭受贫困的个人和家庭。他们两者都共同反对当时的“主流观点”，寻求应对“社会问题”而反对“自由放任”的意识形态，挑战政治经济生活中流行的个人主义正统观念。当时的政治经济学家们反对“社会”的概念，反对超出威慑性的《济贫法》体制之外的国家干预。这是社会工作和社会改革要面对的舆论上的挑战。

在维多利亚时代的社会大背景下，积极的公民出现在慈善舞台上有其必然性。以现代世界中资本主义的兴起为特征的城市化，在各大城市的阶级之间制造了一个社会分歧。人们相信农村生活中原本的传统等级制度和社会纽带已经受到了根本性的破坏，造成了社会危机。同时在政治上，人们也感到了深刻的危机。因为从 19 世纪 40 年代到 80 年代，社会革命的幽灵一直在欧洲上空盘旋。社会主义激发了对资本主义不平等的挑战，并要求从占统治地位的资产阶级那里，为被剥夺权利的无产阶级讨回充分的公民权利。

在这样一片充满不确定性的图景中，反乌托邦者期望的现代城市开始形成。而繁荣的伦敦西区与穷困的东区之间形成的鲜明对比，在维多利亚时代的社会评论中描述了一个关于城市的隐喻。穆尼（Mooney，1998：56）指出：

> “这种东—西的隐喻，出现在该时代中众多的图景之中，它被用来‘隔离’特殊人群，将他们视为‘社会问题’。这种对穷人的刻画，在维多利亚时代的人们心中形成了一个印象，即城市中的贫穷地带是‘黑暗的’和‘充满敌意的’地方。穷人成了维多利亚时代社会的‘他者’。”（Mooney，1998：59）

有人认为，无所作为的维多利亚式的社会学和慈善家式的积极公民形成了一种国内殖民主义。这些积极的公民穿梭于猖獗的资本主义的牺牲品所居的社会领地，形成了一类被遗弃的人群，这挑战了维多利亚社会的道德观念(McLintock，1995)。

女性社会工作者成了这个话题的关键人物。“她”的出现犹如跨越社会边界的先锋，“归化”和“教化”着那些穷人的家庭生活，同步地改变着公共与私人生活领域之间的平衡。穆尼(1998：83)总结道：

“维多利亚时期，国内的意识形态其实并不像我们经常认为的那般普遍和深入。公共领域的区隔并不总是清晰的，事实上，在这段备受争议的时期，公共和私人之间的界限经常大幅转换。”

男性领导认为女性志愿者为社会工作带来了毒害并对此做出了反应，他们认为是她们的理想主义使得她们过度介入了工人阶级(Jones，1983：96)。维多利亚时代社会工作中一个重要的男性人物伯纳德(Bernard Basanquet)曾指出，上述的社会工作者成了“她们自身感觉的受害者”，“纵容自己”被“貌似合理的怜悯的第一印象牵着鼻子走”(引自Jones，1983：96)。社会工作者越来越认识到需要对现存政治秩序进行彻底的改革，这对正在兴起的维多利亚公民社会的领导层所倡导的社会达尔文主义构成了巨大的挑战。甚至威胁到了“自由放任”的国家与志愿部门之间的舒适关系，此种关系于两者来说都轻视了那些被边缘化了的穷人。因此，政治从一开始就是影响社会工作的重要因素，从社会工作的萌芽期到其形成自己对穷人与被压迫者的关怀的历史使命，都密切相关。

二、公民社会和政治思想

从政治上来解释社会工作的部分原因是没有把社会工作置于有着丰富意涵的历史范式之内。最近，一些社会工作的评论家试图在东欧的新背景中来界定社会工作，他们将社会工作与公民社会的观念关联起来(Zavirsek，1999；Stubbs，1999)。公民社会作为一个概念给予了多样化的社会工作以统一性，它是社会世界中的活动，既区分于市场也区分于政府：公民社会占据了一个空间——第三域，它在社会秩序中是介于前两者之间的。但是它又必须被描述为与国家共享的“公共空间”，它与国家的关系既是一种对抗也是一种共生。社会工作的起源深深植根于现代文明中公民社会的产生，这创造出了一个能被称为“社会的”公共空间。公民社会的理念以公民对社区的参与和一种鼓励普通人关心公众福祉的文化为基础。阐述有关公民社会的所有关键术语——市民/平民的、社会、政治、共同体——都源自古代世界。不过，出于我们的目的，现代世界相关的争论最好追溯到约翰·洛克(John Locke)和托马斯·霍布斯(Thomas Hobbes)著作中出现的有关公民权的概念。苏格兰的启蒙思想家亚当·弗格森(Adam Ferguson)在1767年发表的文章《论公民社会的历史》(*An Essay on the History of Civil Society*)是明确使用这一术语的第一个例证。在这篇文章中，弗格森探究了公民社会这个概念所固有的张力与悖论。

类似地，德国哲学家黑格尔(Hegel)在他1821年出版的《权利哲学》(*Philosophy of Right*)一书中考察了有关市民社会的概念，这本著作是黑格尔在政治与社会哲学方面不朽体系的清晰呈现。对黑格尔来说，市民社会囊括了经济关系、阶级形成，以及福利和宗教制度的领域，还包括国家的司法与行政结构。但他并没有把前国家的关系，例如家庭、社区包括进来。

在现代社会与政治思想中，有关公民社会的争论始于旧世界，但很快就跨越大西洋到了美洲殖民地。托马斯·潘恩(Thomas Paine)是使这场辩论扩大化的重要人物，他是个既健谈又善于辩论的平民。在18世纪后期反对绝对专制暴政的革命斗争中，他的思想主导了英、法和美国的进步主义政治主张。1776年，潘恩发表了一篇极具影响力的小短文《常识》(*Common Sense*)，在这篇短文中，他引入了“市民化社会”(civilised society)这个术语，它作为一种天生并具有自我管理潜质的联结形式与“政府”相对立，而在他看来，政府充其量只是一个不可避免的人造恶魔。不过，潘恩对于他所言的公民社会确切指的是什么也是含糊不清的。

法国贵族阿利西斯·托克维尔(Alexis De Tocqueville)曾在19世纪30年代游访过美国，他对公民社会的意涵表述得更加精确。作为一名具有政治说服力的自由主义者，托克维尔有时候被认为把“公民社会”非政治化了。他在1835年首次出版的《美国的民主》(*Democracy in America*)一书中推崇，为了自身利益可以采取任何形式的结社活动。事实上，他非常重视地方民主的参与，他认为这是确保和巩固公民结社、保护民主政治、反抗暴政的最佳途径。然而，他认为公民社会观念的核心是健全的中间机构，通常指家庭、社区与教会。正如托克维尔(1956：202)所言：

“在支配人类社会的规律当中，有一条规律比其他所有规律都更为明晰。如果人们要保持文明，或欲变得文明，那么其共同结社的技艺，务必与其生活条件保持平等程度的增长，即同步得到成长与改进。”

当托克维尔从自由派个人主义的视角来评论的时候，其他当代思想家则站在了一个完全不同的意识形态立场上来界定这个概念。乌托邦社会主义者，包括圣西门(Saint-Simon)、欧文(Owen)、傅立叶(Fourier)以及卡贝(Cabet)等人，认为社会中罪恶的最大根源是残酷的竞争、诈欺、贪婪、非人性，而最好的补救措施就是联合与合作，以恢复人类生活的和谐。傅立叶主义者在美国新泽西州、威斯康星州、马萨诸塞州建立的几个社区都是基于联合与合作(而形成的)。19 世纪初，罗伯特·欧文(Robert Owen)也在苏格兰的新拉纳克(New Lanark)建立了一个乌托邦社会主义社区。

另一方面，19 世纪 30 年代，卡尔·马克思和一群年轻的德国流亡者在巴黎建立起了正义团(即后来的共产主义团)，并将其作为抵抗资本主义的堡垒，他们拒斥公民社会。马克思认为：“公民社会只是个幻想，必须要揭下它的假面具。”(Hann and Dunne，1996：4)根据马克思的观点，现代资产阶级社会是独一无二的，因为它把政治和市民生活分开了，而这在以往的封建社会中都不曾有过。对马克思来说，资产阶级社会和公民社会是一体的，是同一个东西。值得注意的是，在德文中，两者的意思是相同的。

马克思对公民社会的批判是非常重要的，因为他认为这是一个“历史的存在而非普遍状况”(Tonkiss，1998：255)。然而他的分析也由于不恰当地将“社会的”简化等同于“经济的”而备受争议。正因为此，马克思的理论往往低估了公民结社、志愿组织、社会运动、抗议团体以及社区发展的重要性。这是一个很严重的缺陷，因为它排除了作为民主政治基石的公民实践，并将其归为一个抽象的范畴。而事实上，在持续的可能还是不断变动的与实行福利的混合经济学的国家关系中，公民社会在界定社会政策中扮演了一个至关重要的角色。

公民社会对于概念化社会工作在社会中的意义以及社会工作的历史形成，还有我们现在必须面对的任务来说，也是必不可少的。这一任务涉及重归 19 世纪与 20 世纪初慈善组织和社会改革中社会工作的志愿主义根基。但是，首先我们要审视作为“贝壳制度”的国家角色，而它需要在不断变化着的社会与政治现实的脉络中来诠释和再诠释。

三、贫困、政治经济学和济贫法

何塞·哈里斯(José Harris)曾说过，19 世纪下半叶的社会政策的演变是异常复杂的，不能进行简单的归类——因为政策本身实在是太过多元化了(Harris，1993)。历史学家普遍认为，尽管在维多利亚时代社会个人主义的倾向下国家表现为一个“守夜人”，但它仍然倡导社会政策的制定需要志愿性和法定性的社会供给形式间的密切合作(Lewis，1999)。社会政策中，国家的角色是不断发展变化的。雷伯恩(Layburn，1995：148)对此评论道：“19 世纪晚期，多元主义社会背景下奉行最低纲领主义的国家正逐步扩展，此时的社会政策也沿着不同的方向前行。”作为长期发展进程的一部分，它标志着一种从前现代性到现代性的转向。在 17 世纪之前，法律是致力于阻止贫困的，它通过公开体罚的形式惩戒那些有越轨失范行为的人，例如乞丐等。鲁舍与基希海默尔(Rusche and Kirchheimer，1939：21)认为，“这整个制度根本就是一种残忍的虐待，而且这种公开示众根本谈不上有什么威慑作用”。前现代化社会秉持着劳动者价值不高的观点，在重商主义时代被充分利用穷人作用的学说取代。在利斯和索利(Lis and Soly，1979：117)看来，该学说宣称“国家利益要求……大众被置于长久的贫困状态”。关于这种学说的总的调控性效果，利斯和索利以跟当代经济学家对劳动力的观点相似的口吻写道：

“一般来说，他们认为劳动是所有财富的来源，甚至是财富本身。因此，他们主张不仅要进行人口统计，还必须迫使这些劳动大众服从于国家的民族主义利益。劳工被认为是粗鲁的、无知的、堕落的和叛逆的……最重要的是，他们被认为是懒惰的，下层阶级的工资必须尽可能低，这样，贫苦者能始终保持勤勉的状态，从而保证国家在国际贸易中具有更好的竞争优势。”

福柯(1967：46)将这一政策变化的特征作为“对贫困的新感知……对

失业和无所事事的经济问题的新的反应方式，一种新的工作伦理以及城市的梦想：在强制独裁主义下，把道德义务加入民法”的证据。这在英国的《济贫法》改革争论中是很明显的，这一争论随着1815年之后法国大革命对联合王国的政治稳定所带来的威胁有所下降，现在则变得活跃。英国旧的《济贫法》颁布于1601年，皮文和克洛尔德（Piven and Cloward，1971：130）提道：“它基于这样几个重要的原则：救济应该是当地的责任；救济津贴必须低于实际工资报酬（‘较低给付’的原则），而当地社区的自行‘安置’是救济的先决条件。”18世纪晚期的政治环境已经发生了变化。为了应对四处兴起的革命意识形态和群众不安，18世纪70年代中期，在地方（政府）的积极倡导下，旧《济贫法》发展出了一套更自由的行政管理体制。这就是所谓的斯宾汉姆兰体系（Speenhamland system）。通过施加一定比例的劳动参与以获得资金支持，它允许向身体上有能力的穷人提供大规模的院外救济。比奇诺（Bicheno，1830：232）认为，根据英国的斯宾汉姆兰体系的基本原理，“是一种救济全体穷苦人民的原则，这种原则具有全面的包容性，它一直被沿用下来，直到上个世纪末由邻国蔓延而来的革命之势使国家也处于内战的悬崖边缘”。他所指的是法国大革命对英国社会的影响。

斯宾汉姆兰体系实质上只是一种用来应对对于统治秩序之霸权的暂时性政治威胁的权宜之计。它赋予穷人在社区生活中维持生计的基本权利。从长远来看，它并没有为资本提供一种切实可行的方案，因为如果要满足对城市工业劳动力的不断增长的需求，就必须改变重商主义对殖民地的重视。《济贫法》体系旨在抑制在工业革命时代已日益变得异常的劳动力流动。此外，斯宾汉姆兰体系还被相信可以促进人口增长。这对那时的政治经济学家来说简直是一场噩梦，他们主张慎重控制人口数量，反对给穷人法定的支持，即获得贫穷救济的权利。甚至在法国大革命造成的政治挑战之前，他们就已经减少了围绕英国《济贫法》所依据的根本原则的争论。在这场争论中，悲观的理论家马尔萨斯（Malthus，1796）认为，人口的增长总是远远超出食物的生产。马尔萨斯的悲观主义得到了亚当·斯密（Adam Smith，1776）的补充，他的“工资基金”理论认为，国家收入中只能有一个固定的百分比用于工资。李嘉图（Ricardo，1819）也支持说，“在‘工资的铁律’下，如果工资支付长期以来都高于市场水平，将会损害穷人的利益，因为较高的工资会鼓励过多的人口增长，从而造成更大的不幸”。

尽管马尔萨斯和李嘉图都将废除《济贫法》视为改革的最终目标，不过另一个古典经济理论家杰里米·边沁(Jeremy Bentham)却相信，这一派的意识形态立场可以与救济的概念相调和。他在其最早发表于1797年的《贫民管理之改进》(*Pauper Management Improved*)一书中主张一种计划，即把英国250多所工业住房通过一个集中控制的系统向外出售，且购买者须服从合理管理的原则。这些为穷人建立收容教养所的建议，被证明在影响政府有关英国《济贫法》改革的争议做出反应方面具有决定性的作用。

1832年，英国建立《济贫法》委员会以回应对《济贫法》改革的呼吁，在这之中，政治经济学家查德威克(Chadwick)等起到了至关重要的作用。他们在1834年发表了报告。委员会对现行的救济条款进行了激烈的批评，指出斯宾汉姆兰体系与伊丽莎白济贫法的精神背道而驰：

“现在我们有责任报告说——尽管有些痛苦，在我们能够审查的大部分地区，按照伊丽莎白一世的本意，基金是用于安置童工和有劳动能力的人而不是用于日常交易的，还应用于对虚弱者的必要救济，但它在执行中却被用在了与条文相反，甚而与法律精神相反的目的上，这对大多数阶级的道德以及全体人的福利是破坏性的。”(《济贫法报告》，1834：8)

他们建议彻底改革英国《济贫法》，消除对劳动力动员的限制。《新济贫法》(按其后来的称谓)是由英国济贫委员会基于威慑的概念来设计的。这一目标要通过严厉施行“较低给付”的条规来实现，即接受救济的人要忍受更低的条件，甚至比那些在痛苦的就业环境中工作的最下层劳工还要差。从此以后，英国有劳动能力的穷人只有在监狱式的济贫所中才能领到救济。贫穷救济被置于中央理事会的管控之下，它拥有权力去“制定和实施对政府济贫院的管制(措施)”(《济贫法报告》，1834：167)。

济贫所的监狱式味道和整个系统的集中控制，这两者都明显地归功于边沁。而在1834年后的英国，贯穿经济政策的自由放任意识形态与支撑社会政策的集中控制之间暴露了一个根本的悖论：企业家阶级的经济自由与国家对穷人的管控互相强化。穷人已被归结为一种乞丐的地位，成了一个没有权利的受排斥阶级。

正如19世纪所昭示的那样，一般的社会政策和对待贫穷的态度都经历了改变。雷伯恩(1995：148)总结道：

"19世纪30年代人们关注乞丐问题，而到了19世纪80年代则转而关注贫穷问题。到了20世纪早期，对国家效率的关注将贫困问题提高到一个新的水平，迫使国家与慈善事业两者的角色达成妥协。"

在19世纪和20世纪早期的英国，社会政策的多元性借贫穷这一共同议题而被联系在了一起。

英国的《济贫法》成了其他英语国家的学习范本。福瑞兰德和艾普特(Friendlander and Apte，1980：62)对美国做出了相关评论：

"英国《济贫法》的精神主导了绝大多数殖民地的法律，不管如何，他们都用了侮辱性的术语来形容穷人。除少数人外，大多数公众都不满征收穷困税所造成的负担，他们鄙视那些无法很好地照顾自己的人，他们把经济上的繁荣与成就等同于效率与美德。虽然一些对穷人极其残酷的方式逐渐被废除，但是人们依旧不愿意承认帮助穷人对社会是必要的且合理的。"

而对穷人的志愿救助则被认为足够了。

四、公民社会、志愿主义和社会改革

社会工作作为一种志愿活动的产生，所要回应的是工业革命所带来的社会转型问题。公民社会经常被认为象征着"社会"，而与政治领域中的"国家"相对立。从社会工作的角度来看，公民社会是由志愿部门和社区部门所组成的，它提供了一种不同于国家官僚机器的关注焦点。在18世纪和19世纪，"极简主义国家"(minimalist state)使公民社会成了一股重要力量。在理解志愿服务模式的内涵与外延时，我们有必要认识到公民社会的概念是随着历史而嬗变的。正如伍德罗夫(Woodroofe，1962：18)所指出的，公民社会的基本目标是缓解长久以来的社会压力，"随着社会背景的改变，慈善行动的对象、范围、方法和内容也随之发生变化"。

在这种伴随着早期工业化的志愿行动的环境中，慈善组织的数量和种类都不断增长，从而产生了对组织与管理新技术的需要。普鲁士的爱尔伯福制(The Prussian Elberfeld system)是慈善事业为了适应新的社会条件的最早尝试之一。爱尔伯福是一个拥有10万人口的城镇。1852年，他们在慈善救助中发展了一个救助体系，他们让该城镇26个地区的施赈人员走访申请救济的申请者，并将他们的情况上报给地方救济决策例会。尽管这些施赈人员是没有薪水的，但他们必须服务三年。19世纪上半叶，英国和爱尔兰有一些组织慈善救助的尝试，典型代表有1812年建立的爱丁堡化缘会社(Edinburgh Mendicity Society)以及1818年伦敦和都柏林化缘会社(London and Dublin Mendicity Society)。但直到1869年慈善组织会社在伦敦成立，这一尝试才取得了实质性的进展。

五、伦敦慈善组织会社和对穷人的重新道德化

伦敦慈善组织会社，后来简称为COS，一般将它视为社会工作在英语国家的奠基。澳大利亚的历史学家凯瑟琳·伍德罗佛(Kathleen Woodroofe)将慈善组织会社的成就恰当地总结为：

> “正是在会社的框架内而不是其他地方，社会个案工作发展起来，并成为社会工作三大方法中的第一种和最高度发展的方法。不仅仅是因为慈善组织会社锤炼出了一种哲学和一种技术，去引导它的友好访问员和社工处理日常事务，同时也是因为它较早地建立起培训学校，成为伦敦经济学院的社会科学与行政系的前身。慈善组织会社对社会工作的发展产生了巨大的影响。”(1962：24)

在充满激情的管理层的领导下，伦敦慈善组织会社迅速成熟起来，在意识形态上主导了英国的志愿部门将近半个世纪，尽管从本质上来说它只是一个地方性组织。伦敦慈善组织会社旨在对穷人进行再教化，通过与国家合作来管理贫困救助。雷伯恩(1995：139)断言伦敦慈善组织会社“关注某些工人阶级的道德退化以及对慈善肆无忌惮的滥用，但它更关注实现慈善与《济贫法》之间的合作以及慈善机构内部的合作”。他还总结道：

“这些目标几乎是被（其领导者）查尔斯（Charles）和海伦·博桑吉特（Helen Bosanquet）、爱德华·丹尼逊（Edward Denison）、奥克塔维亚·希尔以及洛赫（C. S. Loch）带着宗教般的热忱去运用和宣传的。”

1870年，伦敦第一次年度会议报告首次提出并阐述了慈善组织会社最初的组织模型。会议由德比勋爵（Lord Derby）主持，他强调要在国家和地方两个层面上运用科层制管理方法。该方案建议在实行《济贫法》的每个区域，在地方委员会的管理下下设一个地方慈善办事处。地方委员会由主席、秘书和会计（司库）主持，其成员来自有产阶级。为了实现管理，许多地方建立了具有各种功能的小组委员会（例如财政方面）。每个当地办事处都会委任一名慈善专员，他负责与《济贫法》救济办事员、当地神职人员以及辖区内的所有志愿组织联络。这个专员还负责将所有接受慈善救助的个案登记入册。另外还要对救助申请人“进行询问和调查”，甄选出那些超出现有机构规定范围的人，并且“在最后关头”协助他们得到当地委员会的许可。

因此，当地的慈善组织会社办事处是当地公认的“慈善组织的中心”。穷人得到的不是救济金，而是印出来的票券。这些票券将通过地方的慈善组织会社办事处发放给受助者。该组织的计划很快被付诸实践，到1872年，已经成立了36个地方办事处。地方办事处的一部分工作交由志愿者来承担——通常是女性——协助专员开展工作。一些地方办事处也会雇用一到两个雇员有偿协助专员，这些雇员通常来自工人阶级，她们被称为收集者、调查者或调查代理员。

在实践中可以发现，志愿组织（的方案）在一些地方（尤其是特别贫穷的地方）并不完全是符合实际的做法。结果，对个案的帮助取代慈善组织会社提供的“最后的救助”成了其主要功能，慈善组织会社进而也转变成个案工作服务机构。慈善组织会社理事会发布了各项指导方针和文件，例如登记簿、地方委员会说明书等。1890年出版的《慈善组织与救济：慈善组织会社建议书》（*Charity Organisation and Relief，A Paper of Suggestions for Charity Organisation Societies*）为救助管理建立了一系列原则：必须单独对待每一个个案，必须考虑整个家庭的福祉；必须对不幸的根源、需求、资源以及人品进行充分的调查；只有在有可能产生永久利益的情况下才能提供临时性帮助，不能仅仅因为申请者是诚实的和“值得”（帮助）的就向其提供帮助；鼓励节俭，如果可能的话，也要求回报其所接受的帮助；而亲属和邻里网络的支持作用也应被激发和增进。

做文件记录、调查和访问观察是慈善组织会社的核心方法。其在世界观上实质是实证主义的，相信慈善能够成为一门科学。委员会建议将申请人登记在“探访记录”上，将其相关的个人资料和参考编号记在“记录册”中。经过案例调查再进入“确定名单”。在每个地区接受慈善救济的注册登记都要保留。根据不同的需求，这些无数的表格、名单等都要留存。对申请者的探视(visitation)是调查程序的核心。慈善组织会社的记录留下了不少见证，表明承担这些任务的工作员是如何品行端正、坚持不懈的。

在评估慈善组织会社对减轻贫困的贡献时，有很大一部分没有得到救助的申请者的评价(这个数量在1871年约有三分之一)和那些得到了建议或物质帮助的申请者的评价是一样重要的。而那些被归于“不值得”(救助)的案例，一直以来都是争论的根源，并且使慈善组织会社陷入巨大的窘境。人们认为志愿服务扮演的只是《济贫法》的补缺者角色，而非增益者角色，只是为“懒惰的、不节俭的、无药可救的”以及长期依赖者提供服务。尽管慈善组织会社尝试从语义上来规避这个问题，而实际上问题依旧存在，正如莫厄特(Mowat，1961：37)所指出的那样：“那些‘未受到帮助的’可能是一些虽然最需要帮助但又最不值得被帮助的人，而那些帮助了别人的、值得尊敬而且也节俭的，应该也是最不可能需要帮助的。”慈善组织会社政策的矛盾之处在于，它的领导层顽固地坚守着社会达尔文主义原则。在他们看来，慈善组织会社的功能在于通过协调合作与科学的方法，使过渡期的救济更加有效，但就长期而言，则必须通过个人改变来促进自食其力。只有那些强大的并且更能自力更生的穷人才能够生存下来——而剩下的就会灭亡。体现在洛赫身上的慈善组织会社领导层的论述，固执地强调社会达尔文主义，由此使自己与其他那些热衷于贫困救助的人隔绝开来，还使慈善组织会社成为蓬勃发展的劳工运动的噩梦，因其也同样激烈地反对后者。这也开始引发慈善组织会社内部的裂痕。1895年7月15日，汤因比会馆(Toynbee Hall Settlement)的卡农·巴涅特(Canon Barnett)和洛赫在慈善组织会社的理事会上的交锋，使得内部矛盾走向了公开化。从本质上来说，这是实证主义和人本主义之间的冲突，前者主张科学，而后者则把推动社会改革作为应对贫困的合理回应。

巴涅特(1895：338)向“对慈善组织会社的友好批评”会议提交了一份

报告，他认为慈善组织会社已经与时代脱节："不断解体的慈善团体以及普遍的贫困就像我们每年的社会财政一样。"他深信，如果想要有效解决失业与老年贫困问题，国家行动势在必行。洛赫却对此无动于衷，仍强硬坚守慈善组织会社的社会达尔文主义原则。他通过《济贫法》皇家委员会(1905)来贯彻这样的原则，以确保《多数报告》(*Majority Report*)提出建议，(至少在精神上)延续《济贫法》，以及在比阿特丽斯·韦伯(Beatrice Webb)领导的费边反对派的对抗下继续维持志愿部门。而比阿特丽斯·韦伯的生涯正是从一名慈善组织会社的访问员开始的(Friendland and Apte，1980：35)。

虽然洛赫在慈善组织会社的个人霸权方面经受住了巴涅特的警告，但是关于如何解决贫困问题出现了两种分歧。慈善组织会社的个案工作继续"在现有的社会框架内倡导改变，这样对个人造成的破坏性影响较小"(Woodroofe，1962：60)。而通过这些社会改革的初期尝试，慈善组织会社理事会的杰出成员奥克塔维亚·希尔则鼓励慈善组织会社组织社区资源来改善居住条件。这种对于住房议题的参与也延伸到了其他社会议题，包括卫生设施、移民以及残疾人。相似的人物还有伊丽莎白·弗赖伊(Elizabeth Fry)，她是监狱改革的先驱人物，她的思想主要受到基督教关怀组织的启发。她反对实证主义，主张在人本主义的框架内定义社会工作。两者在界定社会工作上的斗争由此开始，并贯穿整个历史一直起起落落。

19世纪的社会工作受到慈善组织会社科层制度的拥护，其是对1834年的英国《新济贫法》的补充，它认同古典经济学家对"最低的资格"这一概念的阐释，否认了贫困(poverty)的存在，只承认存在贫穷问题。慈善组织会社没有持这种相类似的悲观主义的观点，即认为穷人都是同质性的寄生阶层(homogeneous dependent class)。他们认为，最终大多数人都能共享工业化的繁荣，只需对那些少数的，只是需要临时性帮助并"值得(帮助)"的健全的穷人给予一些慷慨的救助。通过暗示"不值得救济"的穷人只应该得到"他们应该得到的甜点"和残疾人应该由他们的家人照料，打消对法定(救济)的奢望。自然法则将会照顾到剩余的人，这与达尔文主义的观点是一致的。奥克塔维亚·希尔(1901：309)曾向1901年5月在剑桥举行的一年一度的慈善组织会社的研讨会递交了一篇名为《对穷人的压迫：富人和穷人的关系》(*The Relations between Rich and Poor as Bearing on*

Pauperism）的论文，在该论文中，她简要地表达了对慈善组织会社的地位的看法：

“我期望告诉在座的各位，我深信这些每天工作的男人和女人并不应该贫困、绝望，他们并不是我们愚蠢的施舍或广义的社会主义理论所假设的寄生虫。如果我们给予他们尝试的机会，他们就可能有思想、资源、权力，以及有能力去争取公平的工资，并能有足够的常识去花费它(指工资)。”

六、新慈善与英国的公民参与

希尔的论述总结了被“新慈善”所代替的“旧慈善”的哲学本质。“旧慈善”被实证主义和等级制度的话语所统治，“新慈善”寻求的是更为集体主义、民主主义的方式。正如伦敦慈善组织会社象征的是“旧慈善”，而根植于英国北部的行业救助协会(基尔特)体现的是“新慈善”的精神。雷伯恩(1995：155)对这种情境的诠释是“慈善组织会社视贫困为个人的失败，而不是一个社会的沦丧……相反，行业救助协会(Guild of Help)更关注承认整个英国社会的衰退问题”。布拉福德的行业救助协会(Bardford Guild of Help)的新闻处总结了如下不同之处：

“行业救助协会不仅是公民意识的实践表达，更包含了新慈善精神。与慈善相关的那套旧想法显然是狭隘的，而在施与者与接受者之间有着不可逾越的鸿沟；‘女慈善家’(the lady bountiful，或称慈善家夫人)的态度遭到了致命的打击，而行会/同行里的工作者不是一个从另一个世界来的贵宾，而是一个很有裨益的同伴角色。”(引自 Layburn，1995：155)

最终，在解决贫穷问题上，“新慈善”并没有比“旧慈善”更成功。雷伯恩(1995：158—159)发现有三个根本问题削弱了行业救助协会的功能发挥：

1. 当地的公民意识被异议和紧张的情绪弄得支离破碎；
2. 缺乏具有广泛基础的社区支持；

3. 行业救助协会一直未能以有效方式和国家建立联系。

社会主义者们批判了行业救助协会，认为它哪怕“用上十亿年的时间”，也没希望解决贫穷问题。行业救助协会所显现的问题，是整个20世纪的慈善组织都具有的：缺少资源和影响力去自主解决贫困问题。如果不和国家建立起合作伙伴关系，志愿主义是没有前途的。考虑到社区存在竞争，宗教主义和政见存在分歧，以及公民意识缺乏，对国家而言，公民社会与国家关系的裨益还很不清晰。尽管在某种程度上，在通往集体社会责任的道路上，英国的“新慈善”还是迈出了关键性的一步，即它对穷人表现出了更加积极的态度。这些发展在美国也同样得到了回应。

七、慈善与新世界的社会工作

汉弗莱斯·格廷（S. Humphreys Gurteen）曾经游访过伦敦，因而对慈善组织会社有很深的了解。1877年，他在纽约西部的布法罗建立了美国的第一所慈善组织会社。很多富裕的资助者积极地采纳英国版的社会达尔文主义哲学：“他们期望通过给予有用的建议帮助他们获得工作，有时通过提供借贷来加强穷人的道德骨气，并鼓励他们能够自食其力。”（Friendland and Apte，1980：74）

尽管这些价值受到了委员会的银行家和商人的签署认可，但当这些访问员对“他们的家庭”有了更熟悉的了解时，他们才意识到其实还有其他因素造成了贫困，包括生活在不健康的邻里关系中、糟糕的居住条件和极低的工资。这样的实践经验“表明这种将问题归于个人的失败在诚实的分析中是站不住脚的”。于是这些访问员“开始去探寻能够从根本上改变这些社会环境的措施，进而成了社会改革的倡导者”（Friendland and Apte，1980：74—75）。

工作人员们领悟到贫困不能被简单地归于个人的失败，因而美国的慈善组织会社致力于推动社会立法，包括改善住房、清除贫民窟、管制雇佣童工、刑罚改革并解决肺结核传染。有时候，当地的慈善组织会社建立了职业咨询办公室、信用合作社、贮木场、诊疗所、庇护所以及法律援助办公室，致力于解决贫穷问题（Friendland and Apte，1980：75）。

● ● ● 八、社会工作的教育与培训

在对慈善组织运动的讨论下结论之前，我们有必要先来回顾其中的一个不朽的成就——为社会工作者建立培训计划。在慈善组织会社尝试应用"科学的"观察、实验、推理和检验的方法来完成贫困救济的任务时，培训就是最合适的选择。有趣的是，培训的发展在美国和欧洲几乎是同时起步的。1898 年，纽约的慈善组织会社组织了一个为期六周的研讨会课程，之后又变成了每年一次的活动。1904 年，纽约慈善学院(后来的纽约社会工作学院)设立了一个一年制的培训课程。1908 年，芝加哥公民与慈善学校建立——随后在 1920 年被纳入大学。欧洲第一所社会工作学校于 1899 年在阿姆斯特丹建立(Midgley，1997)。在沃尔维克(E.J.Urwike)的指导下，慈善组织会社建立了独立的伦敦社会学院。并在 1912 年被并入伦敦经济学院，象征了费边主义的一种"历史性和解"(Lorenz，1994：43)。随后，曼彻斯特、布里斯托尔、伯明翰、利兹、利物浦、爱丁堡和格拉斯哥这些地方也很快开展了对社会工作者的培训计划，紧接着这些又全都被吸纳进了高校。1917 年，玛丽・里士满(Mary Richmond)出版了《社会诊断》(*Social Diagnosis*)一书，标志着社会工作作为一个专业化的活动奠定了知识基础。在这本书中，里士满尝试整理个案工作方法，将其呈现为一门科学专业。该书的成就是巨大的，因其在教育和科学上为社会工作奠定了基石。但是，正如福瑞兰德和艾普特(1980：485)所言："直到一战结束，社会工作才开始被认为是一个专业。"

琼斯(Jones，1983：98)质疑慈善组织运动领导人建立社工教育与培训的政治动机，他认为这是他们试图解决政治污染的一种尝试(address political contamination)：

"对慈善组织会社来说，主要的污染源是由国家赞助的大规模社会改革所引起的吸引力，她承诺采取比个案工作更为巨大的改善……该计划的主要思路和主题就是，国家完全不能鉴别和提供这种个体化的再教化，而这是'值得'(帮助)的工人阶级穷人理应需要的。更重要的是，它可能比不分青红皂白的施舍更危险，因为它不仅会削弱工人阶级的自助和自力更

生意识，而且会给穷人带来在现有社会框架中无法实现的期望。”

……………………………

慈善组织运动深刻地意识到了社会主义和激进的自由主义所带来的挑战。他们的目标是依照达尔文主义原则来塑造那些满怀改善人类的希望并即将迈入社会工作行业的理想主义的年轻人的思想。它通过结合实习安置与理论培训，既提供实用的“在职”技能，又提供旨在提升个性化解决社会问题能力的理论训练。但这个设置本身就是有问题的，人文主义教育的大学传统和以社会同化原则为基础的、学徒式的实践培训很难相互兼容。社会科学旨在为社会工作培训提供认识论的基础，但由于实证主义和人文主义的争论而变得四分五裂。即使情况是令人满意的（慈善组织会社显然认为它是的），也是为了保护学生们免受批判的社会理论的残害，但这在大学环境里几乎是不可能的。显然，这种教育方法无异于宣传罢了。尽管如此，这也没有阻止专业的认证机构设置个性化的社会工作培训，但这种个性化的背景否认了贫困的结构性现实和对政治的回应。

此外，职业化的教育从一开始就与身份建构密切相关。与此相类似的比较传统的专业，比如医学，就要求一种超然和“客观性”。学生们是以专业“匹配性/适应性”为基础被选拔出来的。因此，专业化提供了一种筛选和个人发展的程序，它成功地使社会工作去激进化（deradicalise）。从这个层面上来看，慈善组织运动是相当成功的。但从长远来看，它能否符合社会工作的最大利益还是个未知数。

九、睦邻运动和社会改革

或许是因为个案工作方法在同时代中的社会工作里占据了主导地位，慈善组织会社也被看作它的先驱代表。然而，社会工作的起源其实要复杂得多。我们已经讨论过英国的“新慈善”。同时，睦邻运动（settlement movement）对社会工作的形塑具有重要意义，至少在美国还是相对完整地幸存下来，而不像慈善组织会社那样很讽刺地被它的宿敌——国家——所替代。尽管如此，慈善组织会社留下的遗产，就像前面所说的，继续对社会工作的本质产生着巨大的影响。

英国的第一个社区睦邻运动是汤因比会馆（Tonybee Hall）。1884 年卡农·巴涅特在贫困的伦敦东区建立了汤因比会馆，随后有许多其他社区睦邻/社区服务中心纷纷效仿，最著名的有贝丝奈尔·格林（Bethnal Green）的牛津屋（Oxford House），还有许多建立在都市内外的。睦邻运动秉持的是基督教的社会主义精神，和慈善组织会社一样，旨在通过积极的公民参与来促进社会和谐，正如奥克塔维亚所呼吁的那样，要在穷人和富人之间形成"一种庄严的关系"。该目标要通过受过高校教育的穷人来实现，让他们通过教育、榜样以及以他们之名的社会改革来实现自我帮助。社区睦邻运动与慈善组织会社之间最本质的不同在于基本的世界观的不同。慈善组织会社是严苛的实证主义，而社区睦邻运动从根本上来说是一种人本主义。人本主义不同意慈善组织会社轻轻松松就说信仰是进步不可阻挡的因素。用巴涅特（1898：12）的话来说，社区睦邻运动的工作者"知道在现代进程之下存在着问题"，但他们还是乐观地呼吁人性。

1887 年，科伊特（Stanton Coit）和查尔斯·斯塔尔（Charles B. Stover）在美国纽约建立了第一个社区睦邻所。两年后，在被称作"几乎是同时代女性中的世界级人物"（Morrison et al.，1969：280）的简·亚当斯（Jane Addams）的资助下，美国最著名的社区睦邻所——赫尔馆（Hull House）在纽约建立起来。赫尔馆成为美国社区服务中心的原型，它提供全日托儿所、男孩俱乐部、健身房、音乐与戏剧、美术学校、手工艺品商店等许多其他的活动。虽然美国的睦邻运动早期受到英国先行者的影响，但很快它就走上了自己的道路。

虽然美国社会工作的基本信念和英国是一致的，但简·亚当斯认为，社会阶层之间是相互依存的，并有着互惠的义务，因此在这一点上，美国更激进一点。这种意识形态上的分歧，至少在某种程度上说明了美国工人运动的相对脆弱性和美国自由主义的两极性。造成后者的根本原因是，它在进步主义运动中获得了独立的政治/身份认同，这种身份认同使得简·亚当斯和同事们的联结更为亲密。

因此，美国的睦邻运动在 1910 年建立了超过 400 所睦邻会馆，不仅直接让贫民窟的大批量移民，也让立法机关对积极的公民（参与）有了更加直观的体验。在后面的这个领域，"社会工作者，被政客和商人视为误入歧途的狂热分子，成为同代人当中最有成效的改革者"（Morrison et al.，1969：280）。简·亚当斯和她的同事们不仅仅为解决童工虐待、改善女工的工作条件和减少工作时间发起运动，她们还帮助组建工会。许多美国的社区服务中心的工作者热烈地支持罢工，还常常被一线纠察队逮捕。由于工人们的信任和赫尔馆的公开支持，包括给罢工委员会提供场所，亚当斯自己成了罢工事件的调停者。这与英国的情况形成了鲜明对比，英国只能小心翼翼地对1989年伦敦码头工人罢工事件表示同情，允许罢工的领导者本·提尔雷特(Ben Tillet)来参观社区服务中心并提出意见。美国的睦邻运动关注各种各样的社会议题，包括工厂条件、住房、健康与教育。赫尔馆最伟大的成就之一就是于1893年制定了《伊利诺伊州的工厂检查法》。居民们都非常认同这项运动，随后，他们还被任命为伊利诺伊州的工厂检察员。大量的社区活动家作为候选人参与到政治中，推动改革事业。许多运动在发起时都只是地方性的，但在20世纪都成了国家运动，在1912年的总统竞选中，西奥多·罗斯福(Theodore Roosevelt)的进步演讲标志着美国睦邻运动的政治影响力达到顶峰。

英国的睦邻运动与美国睦邻运动的明显不同在于他们对“公民社区义务”的诠释，两个国家对慈善组织会社有着共同的理解，共同承诺通过积极的公民(参与)来推动社会和谐。但是从根本上来说，它们(指睦邻运动)与慈善组织会社还是不同的。睦邻运动是人本主义和改革主义的。它的支持者们放弃慈善组织会社的主流观点，即用一种过于舒适的信念相信进步的必然性。他们呼吁人性和理性，他们认为，公众对穷人的社会处境和政治动荡的了解有助于他们接受社会改革。慈善组织会社与社区睦邻运动之间的分歧，有一部分是因为他们的阶级构成不同。慈善组织会社的领导层本质上由有产的上层阶级来担任，他们对穷人带有一种天生的恩赐态度；而社区睦邻运动则是中产阶级的知识分子承诺社会责任的产物。他们知道过低的工资、失业、疾病、不卫生和过于拥挤的居住条件都是造成贫穷的原因。至少在美国，这会变成一种社会运动，有时候甚至是政治行动。对于贫困的复杂性不断发展的意识和对社会条件改善的需求，体现的正是对社会不平等的初步认识。

十、儿童救助运动和风险的浮现

在这一时期，儿童福利与保护成了社会工作主要关心的问题，因而儿童救助运动便发展起来。在英国，儿童救助运动推动了全国防止虐待儿童协会(NSPCC)、国家儿童院(National Children's Home)和巴纳德多博士之家(Dr Barnardo's Homes)的建立。全国防止虐待儿童协会(NSPCC)成立于19世纪80年代，1889年被并入国家总协会，其宗旨与首部儿童保护立法一致。该立法“表达了公众期望在儿童虐待真的发生之前努力进行预防，防止童工过于劳累和过度工作，由于有些(违法行为)并不在《工厂法案》的规定范围内，因而不合理的童工劳动形式依旧存在”(Heywood，1978：102)。全国防止虐待儿童协会迅速发展壮大，到了1914年，每年的调查案例就将近五万五千个。从1884年到1914年，全国防止虐待儿童协会共处理了将近一百万件案子，其中有13 613个儿童死亡的案子。对此，全国防止虐待儿童协会并不认为这是一种失败；相反，“这些儿童死亡的数字恰好是其工作价值的证明”(Ferguson，1996：207)。从早期儿童工作者的观点来看，(一定的)儿童死亡率是有必然性的，对此恐怕只能由社会工作的专业化逐步改变了。弗格森(1996：208)试图解释这一现象：

“20世纪90年代之前，无论在专业意识形态还是实践中，对儿童风险这一概念的理解都不足以使儿童作为预防性干预的可预测主体。对儿童死亡的含义和解释，通常是与犯罪、自然流失、季节性规律和衰退的自然进程相联系在一起的。但是当这些儿童变成了‘案例’，一种全新的风险概念，和一种乐观的专业信念，即相信社会干预可以预防和改善失范的抚育行为便出现了。”

早期的儿童福利运动与基督教联系密切。巴纳德多之家的建立者巴纳德多博士和国家儿童院的建立者托马斯·史蒂芬孙(Thomas Stephenson)都受到了基督教美德的启发。他们的组织关注拯救流浪儿童免受城市贫穷和剥削的风险。(应对)风险成了社会工作的一个关键特征。弗格森(1996：210)总结道：

“一个新的风险概念已经进入了社会实践领域，这意味着(风险的概念)不再仅仅来源于外部的自然和所谓的罪恶。这是一种基于运用专家系统中反思性的、有组织的知识和决策的‘风险制造’。这些可能的情况使得通过社会干预保护儿童成为一种技术性议题。这必然会形成新的发展结果，促进和形成儿童保护中的‘紧急情况’。对儿童保护的有效性和范围的信心的增强源于规训(惩罚)的力量，这是现代性监控和控制的核心。《防止儿童虐待法案》和1908年的《儿童法案》赋予执法者更多的合法权力干预家庭生活。与此同样重要的是，通过这种文化转变的过程，行政权力得以贯彻实践。这些都受到了科学技术发展的深刻影响，它们正改变着我们的文化。”

儿童保护和风险检查把英国的社会工作牢牢地捆绑在了专业化的路径上。

19世纪末，儿童保护运动对美国伊利诺伊州青少年法庭的产生发挥着重要的影响。普拉特(Platt，1969)将儿童救助运动的出现归功于公共领域中女性社工这一新兴角色的出现，因这一角色重新定义了大众的道德观。他认为“救助儿童者”是不相信社会改革的理想主义者。社会工作者的理想主义与实证犯罪学派的出现是一致的，他们认为，儿童的所作所为不能和他的需求区别开来。儿童是受害者而不是犯罪者。1908年，该观点被写进了英国的《儿童宪章》。

在美国，儿童保护运动对于揭露儿童虐待起到了重要作用。1875年，纽约法庭审理了玛丽·艾伦(Marry Ellen)虐待案，这是一个极其残忍的案件。由于那时没有儿童保护法，被带到法院前的玛丽·艾伦(的处境)不得不和一只被虐待的动物一样。在那之后，儿童保护终于取得了里程碑式的进展，法律宣布虐待儿童是犯法的，并通过建立国家亲权主义的合法原则，将国家的管控深入到家庭领域，国家成为儿童的高级或最终父母，直到儿童成年后拥有自己的权利。

十一、社会工作、阶级与从属关系

19世纪是社会工作的形成时期，那时其影响力足以与政治和宗教相提并论。塞德(Seed，1973：39—40)试图总结社会工作在这一时期的成就：

“作为一种社会运动，一方面，社会工作努力将自身与政治运动相区别，另一方面又与宗教运动相区别。社会工作远远不同于政治，它很少关注权力的分配，而关注如何解决社会矛盾。它的目标是一种社会理想，而非政治体系。正因如此，它的倡导者认为它好过那些纯粹的政治活动——用巴涅特的话来说就是'一种用结果证明何种手段是进步的（运动）'。社会工作与宗教运动的分化并不总是很清楚，尤其在睦邻运动中，社会信仰时常卷入宗教的信仰。慈善组织会社通过将自身视为宗教福音传道者的替代品这一方法来解决这个问题。慈善是真正的宗教信仰的果实，就像洛赫所说的那样——'凡是热情的，便是宗教的'。"

在这番论述中，塞德捕捉到了维多利亚时期社会工作的社会和道德基础。这种非常理想主义的运动奠立了专业社会工作的基石。琼斯（1997：120）说道："这种理想主义的观点将性格和道义而不是物质环境视为首要（条件），该观点无论是在实践上，还是在对贫困和穷人的理解认识上，都对英国社会工作的发展起到了决定性的作用。"

穆尼将英国维多利亚时代的慈善事业的任务视为一种对穷人的"再教化"。他认为，这是建立在一个特殊的阶级和种族的视角之上的，即把穷人视为劣等人群：

"重要的是，这种从属的话语（体系）区分了一些特殊的人群，定义（并且隔离）他们，同时让他们的'洗心革面'和'文明化''合法化'。贫民窟的穷人们被认为在道德上、精神上、身体上都是'很劣等'的。使用这种话语体系是为了建构几种方式，这些方式是用于照料和对待特定群体及这里所谈到的这些人的。这是中产阶级方案和世界观的产物。"（Mooney，1998：59）

从社会理想的关注点出发，一个群体要从属于另外一个群体。很多评论家对这个观点进行了反思。约当（Jordan）意识到：

"慈善在意识形态上也是很重要的。它赋予新兴的中产阶级证明自己的特权，同时坚信资本积累和私有财产不会扩大贫富差距。早期社工中最好的例子——尽管他们是一个很小也不具有代表性的组织——只是被看作一种利他主义和同情怜悯阶级的象征。他们也允许一种新的中产阶层的身份认同和自觉，其体现出的新兴资产阶级的很多理想影响了后来每一代受到'社会良知'启发的年轻理想主义者。美国的经历同样也能反映出英国的情况。在这两个社会中，因工业化和城市化催生的新阶级形成了一个积极的、多元的公民社会，反映了中产阶级启迪下的时代的结构感受。”

一些贫困调查结果的出版赤裸裸地揭露了志愿主义国家与简约主义国家(minimalist state)共同努力的局限性。在比阿特丽斯·韦伯的帮助下，查尔斯·布斯(Charles Booth)于 1886 年到 1902 年间在伦敦开展了一系列对贫穷的调查。这些调查显示，伦敦有高达三分之一的人口生活在贫穷之中。朗特利(Seebohm Rowntree)和布斯一样是个商人，他在约克做了一个相似的调查，结果发现有 28%的居民处于贫穷中。很明显，维多利亚时代城市生活的一个主要现实就是贫穷，而《济贫法》和慈善事业对此却并无触及。

社会主义者和福音传道者也出版了一系列大力宣传贫穷的书籍和小册子。1845 年，恩格斯出版了著作《英国工人阶级的状况》(*The Condition of the Working Class in England*)，记录了英国工业化的“黑暗的撒旦磨坊”。另一个对贫穷争论的突出贡献来自救世军的建立者威廉·布斯(William Booth)，他于 1890 年出版了《最黑暗的英国及其出路》(*In Darkest England and the Way Out*)。这两本书的语言尤其能够唤起“一个分裂的世界”，但它们通常因为无法被看到而被忽略。

济贫法改革委员会(1905)进一步揭露了慈善组织会社未能触及(贫穷)问题这一事实是如何产生的。它反对少数进步派的观点(由比阿特丽斯·韦伯领导)，认为这部威慑人的《济贫法》应该被废除，此举使其正式被划入反动阵营中。1906 年，自由党在竞选中获得大胜，同时成立了工党，后者强调改变的需要以及在社会政策决策中需要更进步的观点。紧接着，自由派开始改革，包括引入抚恤金(1908)、国家保险体系(1911)、《儿童法案》(1908)以及学校午餐免费法。尽管《济贫法》直到 1948 年仍一直保持如初，但福利国家的设想已然在孕育中了。

十二、结论

认识了社会工作在该历史阶段的内涵和外延后，我们必须认识到公民社会在不同历史时期呈现出的不同形态。法国结构主义哲学家多泽洛

(Donzelot，1979：55)指出公民社会与19世纪迅速发展的资产阶级资本主义社会的关联性：

“在此点上，慈善事业不应被视为一种天真的政治术语，它标志着：在所谓的社会问题领域的私人干预下，它应有意识地被视作去政治化的策略，并在私人倡导和国家中的敏感点上建立公共服务及设施。”

正如我们所看到的，多泽洛(的话)是对19世纪公民社会的某一方面——旧慈善的责难。然而，因为他把公民社会的属性归结于同质性，也就低估了其人本主义和改良性质。19世纪和20世纪初，社会工作的积极成果之一，正如积极的公民一样，就是通过蓬勃发展的公民社会创造了一个公共领域——但必须说，占主导地位的仍是少数富有群体，其成员也仅限于中上层阶级。然而一部分控制着慈善组织会社委员会的资产利益既得者强烈地抵制这种改变，中产阶级的女性社会工作者把公共领域的问题扩展到了多个层面，包括儿童福利、住房供给、卫生设施和贫民窟拆迁、刑罚改革以及贫困的其他问题。

“社会”被重新定义为公共领域的责任。正如达伦多夫(Dahrendorf，1995：27)指出的那样：“到了20世纪，公共领域进一步扩大，包括卫生保健、疾病保险、(对)失业者和老年人(的服务)等，以保证实现社会、政治以及公民权利。”19世纪，社会工作者积极运用公民权利，形成了对文明社会的期望，也为20世纪的社会改革奠定了基础。

社会工作发展迅速。但第一次世界大战的爆发粗暴地打断了它的进程，粉碎了人本主义的信仰和尊严。社会工作作为一种不亚于政治和宗教的道德力量，其开拓时代就这样结束了。渐渐地，社会工作的角色发生了转变，福利国家在战争和冲突的灰烬中出现了，它为社会工作的发展界定了一个新的公共领域和新的舞台。现在，我们将转向对社会工作、费边改良主义和福利国家之间关系的考察。

第三章

费边主义、福利国家与改良实践

澳大利亚社会工作评论家吉姆·伊芙教授(Jim Ife，1997：68)指出：“社会工作的基础在费边主义的福利国家理想这一脉络中界定了自身。”伊芙的观点强调了福利国家应作为20世纪公共政策的主导范式。仅在20世纪的最后四分之一时期，其主导地位就受到了市场复兴的挑战。本章探讨了作为福利国家巨擘的费边主义对社会工作所产生的深远影响。然而，正如本章所展示的，社会工作和国家之间的关系并不总是和睦的。社会工作较晚出现在福利国家的发展中，其原因在于费边主义对社会工作和处于边缘地位的穷人的态度模棱两可。此外，由于社会工作价值观在很大程度上是在人权的语境下被形塑的，其所强调的个体主义元素与费边主义所强调的集体主义元素并不一致。伦敦慈善组织会社(COS)对个案方法的形塑所造成的建构性影响作为社会工作实践的核心范式被保留了下来。然而，权力的位置已经从志愿部门转移到了国家。

一、费边主义、社会义务与社会工作

费边主义的传统从一开始便关注了有关福利的论述，其代表的是古典的公民美德理念的现代主义表达。产生于1884年的费边主义有许多独特的品质，它们从根本上形塑了福利思想。首先，它是英格兰和爱尔兰具有社会意识的知识分子的产物，其中最著名的就是悉尼·韦伯(Sidney Webb)和比阿特丽丝·波特·韦伯(Beatrice Webb)，赫伯特·乔治·威尔斯(H. G. Wells)和乔治·萧伯纳·肖(George Bernard Shaw)。费边社的发起者之一萧伯纳将他们的目标定义为“收集并出版可信、公正的统计数据小册子”，使“公众意识到现有体制下的社会弊端”(Shaw，1896：7)。费边主义者拒斥马克思主义对欧洲的支配性影响，他们更多地与演化论社会主义(evolutionary socialism)联系在一起，而非马克思主义者所推崇的革命战略。他们以古罗马将军“拖延者”费边(Fabius Cunctator)(又译作法比乌斯)命名自己，因为费边曾在战争中极力避免与迦太基名将汉尼拔(Hannibal)正面激战而获得了最终的胜利。基于社会改良的理念，费边主义者支持采取渐进主义路径进行政治变革。同时，费边主义将自身与社会自由主义相区别，强调集体主义而非个人主义。

互助主义对费边思想产生了巨大的影响。这种社会义务的理念常常与苏格兰学者托马斯·戴维森(Thomas Davidson)联系在一起，他一生的大部分时间都是在美国度过的。尽管欧文主义和罗金主义等乌托邦空想主义都清晰地体现在戴维森的互助理论中，但他认为自己的观点来源于非正统的天主教思想家、曾创建了慈善兄弟会的安东尼奥·罗斯米尼-赛尔巴蒂(Antonio Rosmini-Serbati)。与罗斯米尼的思想一样，戴维森提倡改造人心，主张用公民道德中的合作和兄弟情谊替代个人主义。社会义务的理念是费边运动的意识形态基石。

费边主义创立者对社会义务概念的首要关注，成为引领社会政策之改良传统的哲学灵感。蒂特马斯在他的经典研究《礼物关系》(*The Gift Relationship*，1970)中奠定了该学科的哲学基础。该研究将输血服务作为英国福利国家的缩影，强调利他主义在社会中的关键角色。蒂特马斯认为："社会组织自身和建构社会制度的方式——特别是其健康和福利体制——会鼓励或抑制人们当中的利他主义。"(Titmuss，1970：225)

费边主义主张国家和志愿部门之间的"双杠"状态。他们将国家看作道德共同体，认为它可以抵御灾难，并支持志愿行动。19世纪慈善组织会社提供了定义社会工作的组织基础——那是公民社会最重要的一个方面，如今却受到费边主义的挑战。但是，社会工作也并不与费边主义相悖。它也表现出对社会义务理念的共同承诺和通过社会改革建立道德共同体的需要。克莱门特·艾德礼(Clement Attlee)在1945至1951年担任英国工党首相期间主持了福利国家的建立。从1909年到1910年的这一整年时间，他都在伦敦的汤因比会馆。但费边主义和社会工作最基本的不同在于前者属于政治领域，而后者属于社会领域。由于其信仰国家是社会改良的载体，费边主义将社会工作置于一种两难境地。有证据表明社会工作者已经意识到了这种两难处境，认为它"为将更自由和人性化的福利理论与实践扩展到无组织、无依靠的穷困人们中去提供了思想氛围"(Jones，1983：39)。然而，社会工作涉及一种基于人本价值而非结构变革的、实质上是个人主义式的回应。有时它被认为是一种"治疗的胜利"。

二、社会工作和复原：治疗的胜利

检验社会工作在经济萧条的战争期间对解决贫困和失业问题的贡献

时，假定社会工作应该同等地承担这些责任是相当不恰当的。精神分析理论的提出者西格蒙德·弗洛伊德(Sigmund Freud)逝于1939年，但他的思想却激发了人们在个人主义和复原主义背景下持续对社会问题进行检验和治疗的精力和兴趣(Woodroofe，1962：18—119；Payne，1997：77—78)。但是，弗洛伊德的影响力并非人们所想象的那么大。社会工作者的讨论尤其关注环境在贫困和社会问题的因果关系中扮演何种角色。社会工作理论的先驱玛丽·里士满在她的《社会诊断》(*Social Diagnosis*，1917)和《什么是个案工作?》(*What Is Casework*，1922)这两本关于个案工作的著作中，"把她对社会诊断的概念坚定地建立在社会学基础上"(Woodroofe，1962：106)。1929年在美国召开的关于社会工作的米尔福德会议同样强调了社会脉络。约当(1984：51)认为社会工作实践中存在分歧，这是由于志愿部门采取的是弗洛伊德的方法，而以服务为导向的公共机构却并不受其影响。这种分歧其实是很有帮助的。弗洛伊德对民众的想象力有着广泛的影响，但对公共政治的影响却很小。治疗专家们被他的心灵考古学所吸引，并渗透到社会工作实践和其他许多人文学科中。斯库(Scull，1998：9)这样评价弗洛伊德的持久影响力："吸引了一大群来自人文学科和社会科学领域的崇拜者。"而在非专业医学背景的治疗师眼中，他的"观念和技术保留着诱人的魅力和光彩，尽管有时候是以难以辨认的方式"。弗洛伊德的信徒们(其中有些是社会工作者)将他看作精神界的哥白尼和达尔文。然而，社会工作所关注的(至少在公共服务领域)也只是对贫困的缓和而非人类苦难的内在性。它所关注的是"社会"领域的事务，关注的是那些在资本家和劳动者冲突下被忽视的边缘化的贫困人群。

弗洛伊德的学说对社会工作的有效影响在于重塑了对维多利亚时代无法得到帮助的社会底层穷苦人民的人本主义响应。琼斯(1983：38)指出："鉴于社会工作在两次世界大战间歇期发生的显著变化，在弗洛伊德思想影响日益增长的情况下，人们开始相信对社会底层的积极修复/康复是可能实现的。社会工作能否发展为主要的福利策略的关键，在于能否减少早期的负面和压抑态度的支配。"琼斯还强调了这种复原理想的意义：

"确实，以前多数的社会改革家对'社会底层的情感值得尊重、体谅的'这一观点是非常厌恶的；同样，他们对于'可以通过个案工作的关心

策略和再教育使社会底层恢复为积极主动的公民’的观点也不能容忍。”(1983：39)

不过，琼斯还补充道：“这些重要的优点不应该分散人们对工人阶级在推动国家朝向更自由和广泛的福利政策方面所发挥的至关重要作用的注意力。”事实上，社会改良是当时的主导议程，而社会工作是在更大的政治改革的脉络中来形塑其反应的。

三、社会改良、贫困和社会工作

李(Lees，1970)尝试重新评价社会工作在两次世界大战间歇期(1918—1939)的发展，他认为有一种广泛的考虑构成了社会工作者的核心关切，即把贫穷看作一种社会建构而非心理建构。这些年来召开的三次国际社会工作会议证实了对长期贫困问题的持续关注(由于大萧条变得更加严重)和对社会改革的持续承诺。1928年，第一届国际社会工作会议在巴黎召开，会议吸引了来自42个国家的2 481名参会者。

会议组织者将社会工作的定义表述为：“社会工作”涵盖了为以下几方面做出努力的工作，社会工作运用个案工作、团体工作、社区立法参与，以及通过行政和社会研究的方法减轻贫困所造成的痛苦，帮助个人和家庭赢得更合理的生活标准，预防社会灾难和改善社区整体的生活条件等。英国代表团成员珀西·奥尔登(Percy Alden，1928：599)在关于贫穷这一问题上，将19世纪和20世纪社会工作者的态度做了对比：

“随着知识的进步和经济的增长，原本不成熟的社会哲学也发生了变化。以前我们很少有精确的统计学数据，这种无知导致了我们对所谴责的不幸普遍都有误解。以前，我们普遍认为较弱势的社会阶层应对自己的苦难负责，认为造成贫困的原因在于个人行为的不端或是个人的失败。现在，我们开始普遍承认，尽管有很多人的贫困和不幸确由其不端行为造成，但是有很大一部分的短缺和苦难则来源于更普遍的社会原因，而这些与个人责任基本无关。”

奥尔登(1928：602—603)试图再次界定社会工作的范畴：

> "如果允许我将大不列颠作为一个例证，我想说说社会工作如今在这个国家包括：(1) 缓解和预防贫困；(2) 治疗和预防疾病，包括由于各种原因致残的人群；(3) 处理和改革犯罪问题，解决青少年犯罪问题；(4) 消除所有阻碍工业发展进程和经济生活的威胁情境……通过研究全美社会工作会议报告就能看到这种分类在其他国家也是相似的。"

根据一些发言人隐含的观点，恐怕有些代表已经被具有显著权变特征(apparent omnicompetence)的社会工作影响了。对此，米兰的保利纳·塔鲁吉(Paolina Tarugi)提出了告诫：

> "我认为，国家和公共部门的'社会工作'和'社会职能'应该区分开来。社会工作自身的任务主要是使个人和家庭恢复到正常状态，尽管这种需求非常庞大且经常受到局限。例如，当私人减轻贫穷的家庭负担或支援儿童福利的社会行动，成为以法令形式管制的集体救助行动并通过公共福利机构执行时，我们就超出了'社会工作'的范围而变成了国家的'社会职能'。"(Tarugi，1928：631—632)

塔鲁吉的上述论断区分了社会工作的个人主义取向和国家的结构主义取向。1932 年，第二届国际社会工作会议在法兰克福召开，会议的主题为"家庭和社会工作"。代表们都清楚地知道经济大萧条对家庭生活的影响。在一次有关失业者对家庭生活、健康和公共道德影响的特别会议上，他们认为社会保险、公共福利和公益机构只不过是权宜之计。他们相信，只有对国际经济秩序进行全面重组才是最有效的补救办法。

1936 年，第三届国际社会工作会议在伦敦召开。会议的主题是"社会工作和社区"。这次会议直接关注的就是大环境对穷人的影响，并对社会改革提出建议，即在以不牺牲公民和政治权利为代价的前提下，政府将进一步承认社会权力。在会议开幕式上，美国儿童局局长凯瑟琳·伦鲁特(Katherine Lenroot)在主旨演讲中对两极分化日益严重的社会工作发展困境做出了反思：

“社会工作涉及社会公正、社会保障和对个人的需要和权利的思考。这些目标不能否定政治、公民和宗教自由；不能抑制公众批评；不能鼓励种族和民族偏见，或完全将个人作为社会共同体的附庸。因此，如果经济和政治斗争不可避免地日益加剧，社会工作必须忍受日益紧张化的情况。尤其是觉察到民主制度下自由的局限性将和独裁制度下一样，对于在诸多领域增加集体行动的必要性日益获得认可，这将有可能变得越来越现实。从积极的方面来看，如果努力证明其作为一种专业的发展，社会工作将力求一种积极的发展而非消极的形式；它将帮助（服务对象）实现理想，保障个体及其家庭生活；促进劳动关系的集体谈判；保障全民健康、教育机会和必要时的社会救济；充分参与文化、娱乐和宗教性质的志愿协会。”（Lenroot，1936：22）

国际社会工作者协会的关注，是美国社会工作者对因环境因素引起的贫困和不平等保持关注的有力证据。著名社会工作教育者、心理动力理论的创始人夏洛特（Charlotte）认为，这种争论内在的过度简单化趋势显示社会工作完全被“弗洛伊德的洪水猛兽”所压制住了。托尔（Towle，1939：27）曾受到参议员乔·麦卡锡（Joe McCarthy）领导的反美活动委员会的迫害，因而她谨慎地提出个案社会工作的有效性是有局限的，她在一篇文章中声明：“社会福利工作不可能改变那么多损害人民的不利社会局面，例如失业、社会教育机会缺乏、住房困难、医疗匮乏等。尽管它不可能替代社会运动，但是却能够作为启迪人民争取权利、呼吁运动的手段。”

四、美国的激进社会工作和新政自由主义

美国激进社会工作在两次世界大战间歇期形成了一股积极的力量（Galper，1980：201）。贝莎·雷诺兹（Bertha Reynolds）既是19世纪30年代和40年代美国的马克思主义社会工作者，也是教师和激进主义分子，她声称政治激进主义和良好的社会工作实务是一致的（Wagner，1990）。但她未看到激进社会工作与其专业人本主义伦理本质之间的矛盾（Mullaly，

1997：106)。激进社会工作寻求将社会工作从中立的地位转向一种与萌芽的社会运动开放联合的境地，以确保推翻资本主义。20 世纪 30 年代，激进的社区组织者索尔·阿林斯基(Saul Alinsky)在芝加哥建立了强大的教会联合会、兄弟组织和其他各种团体组织，旨在通过赋权普通公民以取得胜利(Wievel and Gills，1995：128)。

20 世纪 30 年代和 40 年代，草根运动成为美国激进社会工作的代表。它主导着新成立的社会服务联盟，并“发现了社会工作理论发展中具有影响地位的一系列学术团体以及社会服务管理机构”(Wagner，1990：6)。随后，草根运动的成员，包括贝莎·雷诺兹都“遭受了严重迫害，被迫离开他们的工作”(Wagner，1990：6)。但他们所留下的精神在 20 世纪 60 年代重新出现。最终，草根运动坚持维护社会正义，并同 20 世纪初的睦邻运动中的激进分子保持了联系。

还有进一步的证据表明美国社会工作者对贫困人群的持续关注：19 世纪 30 年代经济大萧条时期，社会工作者对新政救济法案的实施提供了必不可少的支持。1929 年 10 月，由于华尔街的证券交易崩溃而导致的经济危机，成了美国社会工作与社会福利发展的分水岭。紧随而来的大萧条暴露了志愿主义作为财富再分配机制的失败，更重要的是宣告了经济放任政策的破产。1932 年 11 月，富兰克林·罗斯福当选为美国总统，以解决失业问题为目标的新凯恩斯主义在公众的高度期盼中风行起来，而当年有超过 1 500 万的劳动力过剩，失业的严重程度达到了顶峰。社会工作者被派往公众救济项目——罗斯福新政的核心机构中。其中最著名的是哈利·霍普金斯(Harry L. Hopkins)，他是联邦紧急救济署(FERA)和随后一系列紧急救助方案的负责人。在 1936 年的大崩溃期间，联邦紧急救济署共计发放了 3 088 670 625 美元。1935 年颁布的《社会保障法案》是新政时期美国福利支出的重要基石。新政将美国社会工作者参与公共行政救济以制度化的形式确定下来，并以美国自由主义的社会关怀将他们联合在一起。

五、贝弗里奇与英国福利国家

英国社会工作者协会于 1935 年成立，旨在促进不同领域社会工作者之间的合作，认为通过公共教育和立法施压来支持社会权利已成为改革至关重要的一方面。英国保守党政府将一系列社会改革推迟到第二次世界大战后。讽刺的是，艾德礼政府（由一个与社会工作有着私人的密切联系的人主导）在 1945 年提出了英国福利国家的概念。他的政府指派社会工作者扮演一个相对次要的角色。费边主义最终在福利国家取代了志愿主义。社会工作被并入国家，儿童福利成为实现社会公民身份、作为民主最终目标的新秩序的重中之重（Marshall，1950）。

无可争议的是，20 世纪 40 年代，一个“经典”的福利国家出现在英国。弗雷泽（Fraser，1973：222）在他颇有影响力的关于福利国家的历史分析中辩驳道：“英国人的福利国家不是天生的，而是进化来的。”就他的观点而言，福利国家代表的是费边主义野心的实现，且这是一个进化性的过程。但在这过程中也有特定的因素影响了其发展。

在 1945 年大选中，工党的决定性胜利为费边主义提供了政治授权。更重要的是，战争改变了人们对贫穷和相关社会问题的态度。研究揭露了英国城市社会的贫困程度；以及在战时，大量的城镇儿童被疏散到寄宿家庭，这对家庭而言是一种赤裸裸的社会剥夺。战争产生的团结意识改变了社会的态度。正如雷伯恩（1995：211）指出的那样：“在全国范围内，许多儿童的心理和生理都处于不良状态，这一现实已经变得越发明显，人们终于意识到有些事情必须执行起来了。”

1942 年发表的《贝弗里奇报告》提出了一幅改变的蓝图。这篇题为“社会保险及有关服务”的报告，其目标是建立一个全国最低生活标准（Novak，1988：151—152；Layburn，1995：214）。这一目标将通过建立一个统一的、全面的和充分的社会保险体系来实现。《贝弗里奇报告》确立了国家责任的重要原则，就是通过家庭补助的方式对儿童进行财政补贴（后来重命名为“儿童福利津贴”）。尽管考虑到战争对人口数量的影响，这一发展背后有着明显的鼓励提高人口出生率的考虑，但其仍然是一种消除儿童贫困的重要举措。正如贝弗里奇（1942：412）所指出的那样：

“对每个人而言，有收入和暂时无收入之间的差距应该尽可能大。但对处于大家庭的人来说，差距不可能非常巨大，除非让他们在失业阶段或者残疾时期没办法得到充分的补贴，或者不管收入水平是否相近，给予他们相同的儿童福利津贴。”

但后来，费边社的盎格鲁中心主义形成了一种错误的信念，这种信念认为，福利国家制度是英国独有的。它假定了英国在社会进步方面的民族优越感，但这是与现实相违背的。新西兰和瑞典都曾采用类似的社会民主原则，并先于英国创造了福利国家制度。在瑞典，就有一套非常详细的福利制度。在现实中，费边主义是欧洲社会民主国家模式的变体，在 20 世纪 70 年代之前，它一直都是社会政策领域的先驱实践(欧盟，1996：30)。

因为费边主义已经将福利集体主义的概念等同于社会义务，国家的本质被假定是温和的。因而与事实相反的迹象却被极大地忽视了。米什拉(1997：10)评述道："俾斯麦(Bismarck)的福利国家的社会意义和政治意义以及之后的希特勒在纳粹德国的人民公社概念，都没有体现在英国任何重大的社会政策研究课程中。"此外，福利国家的发展历史是从野蛮到启蒙的一系列进程(Bruce，1968；Fraser，1973)。这种唯心主义历史观将所有改革归为利他主义和宗教情操的结合，认为这可以逐步改善人类的境况。最近的福利历史学家质疑这一唯心主义社会政策观点(Novak，1988；1990；Layburn，1995)。公民权被认为是个人与国家之间的联结。福利国家创造了超越公民和政治范畴的社会公民权。

六、福利、公民权和个人社会服务

"公民权"这一概念可以在马歇尔(T. H. Marshall)提出的"一张三条腿的凳子"的经典公式中得到界定。首先，它包括基本的公民权利，如言论自由权、思想和宗教信仰自由权；法律面前人人平等，司法公正权，缔结平等契约权——广义的法治。其次，它包含基本的政治权利，包括选举权，组建政党以及参与选举(的权利)——从本质上实现民主多元化。最后，它包括基本的社会权利，"从少量的经济福利和保障的案例，到完全分享社会遗产，并且根据社会主流标准过一种文明生活的权利的所有范围"(Marshall，1973：72)。

根据马歇尔的论著，社会公民权的发展是阶级斗争的产物，(其目标是)逐渐为大众建立一个越来越公平的社会。传统社会不平等的侵蚀性，掩盖了位于收入两端的就业人群之间的差距。它的目的是创造一种更为流行和普遍的文化，并根据精英统治的理想模型来建立教育和职业之间的紧密关联性。社会公民权的普遍地位已经出现在多元民主的社会，覆盖了广大的就业人口。

在这一点上，斯堪的纳维亚的社会科学家艾斯平-安德森（Esping-Andersen，1990：21）根据马歇尔的传统理论分享了他自己的观点。他提出“社会公民权是福利国家的核心思想……但是社会公民权的概念同样也涉及社会分层：一个人的公民身份会和其阶级地位进行竞争甚至会替代其阶级地位”。艾斯平-安德森从根本上赞同社会权利打破了以劳动力市场地位为分化基础的社会阶级的不平等。根据他的去商品化理论，当社会权利加入公民权和政治权，社会不再将人视为商品（或物品），转而开始思考人的本质。艾斯平-安德森（1990：11）开始重新思考过去的议题：“关于福利国家的辩论，不管是在马克思主义时期还是整个当代，其核心问题在于议会民主制能否，以及在何种情况下才能消除阶级分化和资本主义造成的社会不平等。”

令人感到矛盾的是，作为阶级斗争的直接产物，社会公民权的出现却导致了后者（即阶级斗争）的衰退。工人阶级直接影响着国家，并由此产生了福利国家，同时工人阶级确保对于制度的忠诚。对经济控制权的斗争（也就是社会主义所说的“生产工具”）已经减弱，而且工人阶级已经成为福利国家的委托人。在福利国家，社会公民权赋予工人阶级新的地位。

社会公民权的意义在于，民主权利是以公民间的关系为基础的，这种关系是伴随分配方式而非生产方式（出现）的，是福利国家而非市场经济的。正如先前提到的，这基本上是一种新的雇佣关系。社会公民本质上是一个被动的角色。在这样的安排下，政党间通过争取公民的选举支持来进行竞争。在这样的政治秩序下，福利国家通过规定和调整劳资关系，及对税收和社会福利保障的再分配制度实现了霸权。

（其他研究者）对“地位”这一术语的解释很宽泛，本章是从法律权利的角度，根据国家最低社会和经济标准来定义的。在20世纪后期，最低标准指的是生活方式和社会消费，而非工作状况——工人运动的传统优先权。当代西方发达国家在私人和公共领域授予了大部分民众多重且复杂的身份，这已经成为一种共识。在公共领域，这些身份包括业主的权利、国家养老金领取的权力保障、国家补贴的高质量医疗服务以及不断增加的教育机会。在私人领域，民众有权使用私人化交通、享受国外假期，并有权拥有以电子技术为媒介的大众娱乐、休闲一体设备等普通的生活必需品。

然而，保障个体的生活质量对社会而言是一笔巨大的成本。传统的社会权利（例如教育和培训权、医疗服务、公平的就业环境以及获得报酬的权利、失业者最低收入保障和领取退休金的权利）都已被私有化、财政支出削减以及不断降低的公共服务标准削弱了。新一代的社会权利（例如环境保护、资源可持续利用、职业选择和社会融合）却被忽视了。

盖尔·刘易斯（Gail Lewis，1998b：109）断言："社会公民权与其福利制度的直接联系是20世纪民主社会的特征，这使得公民权成为一种深刻的概念，构建了国家和公民关系的特殊版本。"然而，社会公民权所构想的民主文化却将一些公民置于次等地位。马歇尔将健康和教育等普遍权利与个人社会服务（社会工作领域）相关的次级权利区分开来：

"在技术化行政意义上（也就是个性化社会服务）的福利服务个案都是不同的。它不能像说社会需要健康的受教育人口那样去说社会需要快乐的老年人，也不能说如果精神障碍者没有得到帮助（花费大量的时间和金钱）就无法发挥他们有限的能力，他们就该承受巨大的损失。为这些人服务的动机是出于一种同情而非兴趣。虽然同情……可能会由此创造出一种几乎拥有法律效力的权利，比如最低生活保障，但它无法建立一种与一般服务保障相同的权利，因为一般的服务保障可以通过努力不断超越限制，能够以最优的来取代最低的。因此这种特定的福利权利必须与其他的权利区别独立，因为它的驱动力和持续力都来源于它是一种道德权利这一根本事实。此外，需要这些福利服务的人总是少数，他们因为身体或心理上的残疾而不同于拥有健康身体的普通人。作为现代公民社会的特征，这一原则无法被普遍应用，而且这种权利也不应该被加强，尤其是在教育和健康的个案中，不能通过相同的义务去行使。最多只能说，残疾人有道德上的责任去尽可能地克服他们的不幸。"（Hughes，1998：115）

马歇尔曾明确表示，公民的社会权利在很大程度上并不适用于个性化的社会服务。这是为了减少不同类别公民福利主体的地位差别，因为很多人是战后福利解决方案体系外的局外人（Lewis，1998b：116）。对这个公民群体而言，这一文化成就可以说是"来自历史的礼物"，在福利国家和《济贫法》的背景下这是同样难以界定的。这不是鼓励利用公民权，而是希望他们在能力允许的范围内成为一个独立的人。对于个性化社会服务的使用者来说，这是一种公民地位而非社会公民权的体现。

七、社会工作、贫穷与问题化

战后的英国建立了福利国家，同时在1945—1975年形成了其独一无二的政治形式，体现了费边愿景的实现。然而，从布莱恩·阿贝尔-史密斯(Brian Abel-Smith)和彼得·汤森(Peter Townsend)在20世纪60年代做的经典调查《穷人和贫穷》(*The Poor and the Poorest*)中我们发现，英国福利国家的局限性开始逐渐暴露出来。该调查借鉴了米迦勒·哈林顿(Michael Harrington)在美国做的一项名为《另一个美国》(*The Other America*，1962)的平行研究。他揭示了国家福利并没有广泛地触及所谓的“底层阶级”这一群体。尽管国家做出了巨大努力来设计社会改革，但是地方性贫困依旧存在。评论家开始意识到福利国家只不过是一种社会控制手段，而不是工人阶级的解放方案(Piven and Cloward，1971)。

不同类型的家庭和社区行为的问题化以及贫困的病态化印证了评论家对福利国家社会控制的批判。斯皮克(Spicker，1993：74)观察到，这些对贫困的病理学解释颇具个人主义色彩，是从家庭和亚文化维度进行解读的。社会工作位于这一过程的核心。战后的社会工作问题化导向体现在“问题家庭”的概念中，而且得到了人们的广泛认同。相信结构性贫困被消除了，如果能够被暂时消除的话——用加尔布雷斯(Galbraith)的话来说，是“小康社会的神话”。一些错误的假设认为，经济增长能够消除贫困，这种错误的观念主导了战后的政策制定。霍夫曼和施瓦本格(Havemanand and Schwabish，1999：1)指出：“在20世纪50和60年代的大部分时间里，经济增长能够有效反贫困的信念看起来似乎牢牢站稳了脚跟。”

根据美国社区研究联合会(CRA)的研究，有一类边缘群体叫“多重问题家庭”。该组织主要负责研究明尼苏达州圣保罗地区的社区范围内的四种社会需求因素（分别是依存性、病患、失调性以及娱乐需求）的内在相关性。社区研究联合会的结论是：在任何一个社区都具有一群相似的家庭，他们占用了救助机构、卫生机构和社会调节机构的大量的时间、服务和金钱。

英国对“问题家庭”的概念界定是模棱两可的。蒂特马斯(1962)认为这是“一段长期但间断性的关注……全部人口中的一部分家庭，这些家庭被认为具有相似的特征，代表着一种封闭的心理实体——用莱德贝特(Leadbetter)的话说就是‘低能者’”。查尔斯·布斯对蒂特马斯的观点进行了补充，他在1904年的伦敦调查中将此定义为“(全国)最贫穷的人”，在《精神缺陷联合委员会报告》里称其为“社会问题群体”(Wood, 1929)，在《冲销委员会报告》里定义其为“经济剩余群体”(Brock, 1934)。

这些解释所体现的都是一种优生学的思想。优生学通常和以纳粹为代表的极端右翼意识形态联系在一起，有证据表明，费边主义同样受到这一社会生物学理论的影响。诺瓦克(1988：106)指出了优生学家的思想对费边主义的影响：“穷人们被打上了病态的、有传染性的烙印，最好用激烈的社会工程予以经常性的清除，这一观点在社会政策的一些领域中得以存续，并引起了共鸣。”斯皮克(1993：69)这样评论道：“第二次世界大战以后，很多类似的思想是值得怀疑的——尤其是因为优生学和费边主义相结合——虽然‘退化’这一想法确实存在于问题家庭的概念中。”但也并不是所有的评论者都把“问题家庭”的概念与优生学联系在一起。

另一英国学派争论说“问题家庭”是在由第二次世界大战闪电战所引起的从城市的撤离中被“发现”的。例如，佩内洛普·霍尔(Penelope Hall, 1952：159)发现：“住在乡下和郊外的中产阶级和工人阶级第一次近距离接触了一些问题家庭。”汤奇(Tonge, 1973：3)和他的助手将这种发展归因于“将社会问题群体个体化为问题家庭”的战时和平派，即现在的家庭服务小组(FSUs)，因为这种将问题个体化为病态的家庭系统对他们的方法来说是必不可少的。

弗格森(1996：209)将问题家庭视为一种社会建构：

“我们已经有了‘肮脏的’‘功能失调的’‘忽视的’等这些社会建构的概念，问题家庭作为一种边缘化的、危险的‘其他’，可能会成为20世纪大多数儿童保护的一类‘案例’。”

这一重点强调了贫困被认为是社会问题产生的过程，而且在一个特定的时刻，它在政治上和意识形态上的影响将确定它的意义。最终，社会法令的解释者们争辩说：对贫困的理解是以习俗惯例为基础的（Spicker，1993：68）。

斯皮克（1993：76）注意到，在20世纪50年代，社会工作的范式发生了转变，困境家庭被建构成社会病理学的发生地。社会工作研究者们着眼于理解并有效地干预"问题家庭"，研究了其生活的不同方面。科斯廷（Costin，1979：197）从这些研究中发现了两个主要特征。首先，"问题家庭"无法达到普遍公认的社会标准，以下各个领域的各项社会功能都处于比较低的水平：

1. 一般的家庭功能失调，即家庭生活方式无法令人满意地完成必要的任务，例如财务管理、医疗健康、节育、卫生；

2. 婴儿父母的需求抑制了儿童护理实践的满意度的提升；

3. 缺少家庭团结，比如婚姻不和谐、缺少情感维系和信任、持续的家庭纠纷；

4. 与亲属关系、邻里网络以及正式组织如学校、警察局等的关系疏离或者混乱；

5. 儿童行为障碍，比如多动、冲动、孤僻、自尊心低等。

科斯廷将第二个主要特征界定为："问题家庭"无法从社会工作的介入中受益。由于对回应的前后矛盾性和敌意，以及与他们接触的机构人事部门长期积累的分歧，他们的长期需求变得恶化。当事人并不想得到帮助的现实，使社会工作者们面临一个基本的道德困境——为什么要强制帮助不愿意接受帮助的案主？20世纪70年代，西伯姆改革致力于将社会工作建立为"第五次社会服务"，在这之后，该问题开始成为一个重要的议题。

贫困和家庭病理学的结合很明显地与"循环剥夺"或"剥夺的传递"概念存在联系。斯皮克（1993：76）指出："最起码可以得出一个很好的论点就是，贫困家庭的养育不利于儿童的成长和发展，而且这种'循环剥夺'会进一步发展——贫困家庭的养育会形成一种成长不充分的循环，从而造成更贫困的养育家庭。"保守派政治家抓住了这一观点。前社会服务大臣、新右翼社会理论家基斯·约瑟夫声称："在童年时期也曾在一方面或者多个方面受到剥夺的儿童，反过来，当其自身为人父母的时候，也将造成下一代的贫困（儿童缺乏教育）。"（Spicker，1993：76）然而，一个由约瑟夫建立的工人政党报告称，经过十年的调查，没有证据表明"剥夺的传递”这一概念的存在（Spicker，1993：77）。

20 世纪 60 年代，基于家庭对贫困进行解释已经被证实是政策制定者的重要灵感来源。鲍尔比（Bowlby，1952）在世界卫生组织报告中发表的《孕产妇保健与心理健康》，就是一篇关于加强养育父母责任的里程碑式的研究。1965 年，英国朗福德委员会创作并出版了一份关于《儿童、家庭和青少年犯罪》（*The Child，the Family and the Young offender*）的白皮书，这份白皮书直接推动了 1969 年《儿童与青少年法案》的诞生。这项法令消除了青少年罪犯和需要照顾、保护的孩子之间的区别。该“福利模式”比在苏格兰实行的模式更为激进，1968 年《社会工作法案（苏格兰）》废除了儿童法庭，取而代之的是儿童小组工作。在小组讨论中，对家庭抚养的质量和儿童需求的考虑优先于儿童的行为。

未成年人审判福利模式的出现建立在 1908 年《儿童法案》的基础之上，该法案承认儿童与法律之间的独特关系，且儿童没有自由权。在现实中，（我们常常）无法区分哪些是危难中的儿童，哪些是违反法律的儿童。福利模式在苏格兰的实行很快就被证实是明显有效的（Martin，1981）。然而，在南部边境的改革却不是那么容易。1969 年《儿童和青少年法案》在英格兰和威尔士的全面推行遭遇失败。社会工作对未成年犯的处理方式被认为过于强大和纵容。而 1970 年工党的下台使得改革完全丧失了动力。20 世纪 60 年代“贫困的再发现”开始重新将注意力聚焦到社区上，因为社区被认为是问题家庭的集中地。休斯和穆尼（Hughes and Mooney，1998：59）这样断言这一发展：“从这一时期开始，社区的话语作为一种国家合法干预和管制手段被稳固确立起来，在这一进程中，社区被建构成一个干预的场所。”社区作为国家干预的场所有两种形式：社区发展和社区照料。

八、福利权、社区发展和向贫困开战（the war on poverty）

20 世纪 60 年代，福利权的出现和社会发展成为反贫困的新策略，正如休斯和穆尼（1998：59）所说的，这导致了“对一些失范社区（deviant communities）的长期性攻击”。但是，从国家规定的角度来看待这些贫困帮扶项目和社区发展计划是不准确的。这种维度有很明显的赋权特征，并将自身定义为一种激进的社会行动。对奈特(1993：50)而言，他认为“社区发展是一种方法，它包含了由普通人根据地理特性所形成的组织，因此，面对影响他们生活的各种力量，他们的集体身份给予他们更大的话语权”。

扶贫项目反对基于病理学的社会干预模式，赞成控制性融合(controlled inclusion)。20世纪60年代，这些项目的建立是用来回应“贫困的再发现”的，且反对贫困的个体化源于家庭病理学。自由党和社会民主党的支持者假设贫困主要是地方性的问题，只存在于衰败的市中心地区(贫民窟)和偏远的农村社区，在这些地方，种族暴力和社会隔绝已经成为一种地方性问题。他们乐观地相信这些问题能够通过有针对性的社会干预来解决。在发展扶贫项目的过程中，美国和英国都经历过一段由共识到激进的社会变革，以及在这两个国家部分地区幻灭的历史过程。在美国，作为“向贫困开战”一部分的社区行动计划(CAPs)是1964年《经济机会法案》的成果，这一法案也是约翰逊总统的“大社会”政策的基石。“向贫困开战”最初来源于行动研究导向的福特基金的灰色地带项目(Grey Area Projects)以及总统委员会关于少年犯罪的项目。

在实践中，“向贫困开战”以福利权为战略基础，旨在为市中心社区的贫困人口特别是贫困的黑人增权。该战略得到了许多地方性的倡议，产生了多达1 000个项目。皮文和克洛尔德(1971：288)指出，以福利权为基础的服务成为20世纪60年代最盛行的服务类型，这是一种“临街工作中心，雇员是社会工作者、律师、牧师、学生和棚户自己”。这些机构在赋权于穷人和帮助他们申请福利方面是非常有效的，在某些情况下，能在一年之内帮助当地增加超过三分之一的福利。但是这种成功很有可能导致新保守派人士强烈反对这一福利措施。瓦登(Wadden，1997：71)断言：

“尽管有了这些成功的故事，但是在20世纪80年代中期，它不仅已成为新右派的政治赞歌，也是传统观念在贫困之战中失败的体现。最直接的原因是：在20世纪60年代后期，贫困率没有降低。但是，官方贫困率的检查是对这种具体尝试是否有效解决了贫困问题的最佳证据。在1960年，有3 990万公民生活在官方贫困线以下，占总人口的22.2%。到1979年，这一数字分别降低到了2 610万和11.7%。”

回顾过去，“向贫困开战”是“伟大社会”乐观主义理念的产物。它在很多方面都将美国自由主义推向了新的高峰。但从一开始，“向贫困开战”就遭到了新右派的尖锐抨击。皮文和克洛尔德(1971：256)注意到，这些当地的项目“被指控财政管理不善、挪用公款以及鼓励游行示威、反抗甚至暴乱”。查尔斯·穆雷(1984：145)的《失落的大地》被认为是新右派社会政策的试金石，书中预示：“向贫困开战是一种国内的越战。”这种自由意志的丧失，最终为福利改革铺平了道路。20 世纪 60 年代和 70 年代对财富重新分配的成效在 20 世纪 80 年代和 90 年代被共和党以及民主党政府推翻。

“向贫困开战”代表了在西方背景中社会工作改革的顶峰。社会工作和新政自由主义在提升福利权利和赋权于穷人方面形成了强烈的共识，同时与 20 世纪 60 年代致力于废除种族隔离的民权运动也形成了紧密的联系。但在 1968 年，马丁·路德·金被刺杀，黑人运动由黑豹党(Black Panthers)和马尔科姆·艾克斯(Malcom X)领导，追求平等的态度开始变得强硬。复兴的新右派决心毁灭新政自由主义，因此阶级、性别和种族成为他们最痛恨的议题。

无独有偶，英国的扶贫项目最初来源于英国内政部的儿童部提出的社区发展计划(CDPs)。社区发展计划直接效仿美国的“向贫困开战”(Knight，1993：50)，1969 年的“标志性纲要”成为其行动开始的标志(Spicker，1993：86)。该行动的对象是那些“经历过厄运或者遭受过很多相关问题和剥夺的人，一系列分散的组织服务无法形成统一的支持来解决他们的遭遇”(Loney，1980：92)。直到 1971 年，社区发展计划在 12 个指定地点执行，内政部称其将成为一项“国家性行动研究计划”，旨在提升对穷人社会需求的了解并寻求解决这些问题的方法。社区发展计划最初采用的是一种社会共识模型，他将其行动建立在“对话”的路径之上，使得各级政府能够通过“对话”对那些处于不利地位的人的需求有更好的回应和感知，并通过现有的社会服务组织更好地协调，将他们纳入共同决策的过程中。他们宣称，这一计划的核心理念是希望将社区居民的自身需求纳入社区发展计划，并将这些需求转化为地方性的参与行动，并进行研究评估。

1975—1976 年，全国社区发展长期项目前瞻计划反映了 9 个地方性项目的意见，说明“社区发展计划”这一政策从最初的策略到现在已经走了多远。但事实显示，由于无法解决经济和政治力量所导致的目标社区的衰败，这一计划只能对贫困人群的问题产生少量的边际效应。前瞻计划建议推出一个新的策略，即基于调查经济力量来决定被剥夺地区的状况，比如工业转移使得工人被遗弃，或者年轻技术工人被迫迁移到郊外的新工厂，将老年人和低收入人群遗留在原地区。社区发展计划形成的一系列报告都将贫困和社会经济结构联系在一起。他们主张采用激进的倡议重新分配财富和权力。

美国“向贫困开战”中的基于福利权利和社区行动导向的再分配策略都被认为是不利于政府利益的，因此社区发展计划被迫终止。塞恩斯伯里(Sainsbury，1977：104)指出：

“社区发展计划的失败是不可避免的。他们本质上是对现有服务实践进行的有力地方性批判，但是，他们无法提供一种行之有效的替代方案。他们的地理性边界与其他服务的边界不匹配。他们的忠诚从某种程度上调和了中央内政部的政策与当地小型对抗组织的利益关注点。他们被期待既能实现研究的分离又能实现社区行动的统一。”

斯皮格(1993：86)也认为社区发展计划本身是这种激进的分析和无力感的受害者。奈特(1993：51)否认扶贫项目是“虚假的希望”。在我看来，这些批评有些过于苛刻。和“向贫困开战”一样，社区发展计划也致力于解决社会的贫困问题。问题在于，一个日益保守的社会和政治秩序是不希望看到那些致力于解决贫困的举措能够实现更大的平等的。

尽管对贫困产生的原因众说纷纭，但正如我们所看到的那样，解决贫困问题依旧是20世纪下半叶发达国家社会工作的核心命题。值得注意的是，很多西方工业社会的社会工作者将贫困等同于社会财富和资源分配的不平等。有一部分人从复原主义的角度去发掘解决贫困的措施。

奈特(1993：51)看到的社区发展的遗产如下：

“社区发展的确在它那段短暂未竟的历史里取得了一定成果。很多社区发展的话语都留存了下来(比如赋权)……许多社区发展工作转变为追求平等机会和反种族主义，追求地方权力机关通过制度化方式实现少数群体的利益，追求和白人工薪阶层共同工作……实际上这已经将焦点变成了歧视，而不是剥夺。”

社区发展同样也代表了对传统社会工作的批判。它脱离了职业化（虽然依旧有一个官方认证机构——英国国家青年社），而是倾向于从它所服务的社区获取合法性。去专业化已经成为当代社区发展的一项显著特征。这是激进的扶贫计划的产物。

九、社会工作、家庭福利和整体性实践

在福利国家的支持下，社会工作的进步也是非常明显的。琼斯（1983：48）这样评论道：

“这些进步的特征包括：相比其他国家的福利活动，社会工作可以用一种更加全面的方式理解案主所处的环境和面临的问题；还包括对案主的关怀更加人性化，但是这与那些盛行的观点是矛盾的。原始污名化的意识形态和理论依旧流行，他们考虑更多的是案主的其他问题，比如问题家庭和犯罪。”

这种整体实践（holistic practice）的概念强调社会工作者的实践进步能力。社会工作者有可能借鉴各种策略将国家对最边缘人群的回应提升到工具关系之上。不断进步的社会工作参与者致力于通过整体性实践实现社会改革，确立社区的人性本质。琼斯（1983）认为，尽管社会工作者与案主之间的关系有所“变形”，个体社会工作者和国家机构之间存在张力，但整体性实践仍是一个具有进步性的议题。

在英国，用整体性途径发展家庭福利的动力最初来源于志愿部门。20世纪60年代，英国意识到福利国家不能够解决所有社会问题，于是志愿部门开始复兴，成为创新社会工作实践的摇篮。在英国，走在这个发展前沿的是国家儿童局和家庭服务小组（Leissner，1967，1971；Twelvetrees，1973）。

莱斯纳（Aryeh Leissner）在国家儿童局发表的一系列报告开始从整体性思维考察社会工作和家庭关系（Leissner，1967，1971）。艾伦·维夫斯（Alan

Twelvetrees，1973）在佛罗里达大学针对莱斯纳的研究项目发表了一份名为《北布朗斯通社区计划》的报告。

整体性方法有以下几点最突出的特征。第一，将社会工作所关注的范围扩大，超出个体个性化治疗，比如个案。勒盖和艾尔斯（Lagey and Ayres，1962）从这几方面来定义这种方法：（a）在邻里环境中，协调本地服务来满足社会需求；（b）突出个案工作、小组工作和社区发展的组合利用。佛罗里达州立大学（FSU）将第二个突出特征简要概括为"减少社会工作干预，从实践情境中寻找方法和策略"（Laxton，1976）。

整体社会工作实践的基本理念可以概括为以下几点：

1. 必须对导致和延续家庭社会不幸的因素进行区隔，并在其存在的社会环境中进行抗争，例如家庭、同辈群体或邻居；

2. 核心理念是承诺对服务对象和社会工作者之间的关系进行去专业化；

3. 最重要的是强调以社会行动策略和福利权利为中心；

4. 社会服务应当寻求地理上和心理上的可及性，并适合邻里之间的社会氛围；

5. 具体的服务对象只能通过对需求、资源和邻里关系的定位和整合来确定，并且只能通过服务对象的参与得以实现；

6. 促进社区发展而不是将发展个性化的个案服务作为一个明确的目标；

7. 传统的社会工作方法与年轻的工作者和活动领导者的行动关联在一起，这些年轻人组成了一支多学科的专业队伍。

在英国，法定部门也开始参与家庭福利的整体工作。1968 年出台了一份《地方政府和相关个人社会服务委员会的报告（西蒙报告书）》[*The Report of the Committee on Local Authority and Allied Personal Social Services* (*Seebohm Report*)]。该报告称：

"我们建议建立一个新的地方政府部门，提供一种以社区为基础，以家庭为导向，面向所有人的服务。我们相信这个新的部门不仅能够发现和救助社会伤害，它还能够使足够多的个体相互帮助和行动，为社区的福祉提供和接受服务。"（Seebohm，1968：para.2）

哈里斯(1999：919)注意到西蒙报告书这种普救论的基调必须通过强调公民的社会工作服务权利的全面性来补充。西蒙报告书出台后，1970年《地方政府社会服务法》制定了主要建议。苏格兰也有类似的发展。1968年《社会工作法案》(苏格兰)和《Kilbrandon 报告》(1964)相继出台。由于这些立法倡议活动，“社会服务部”出现在英格兰和威尔士，“社会工作部”出现在苏格兰。福利国家的“第五次社会服务”相继建立。费边主义和社会工作最终达到了融合。

整体性方法的出现并不是英国独有的。其他国家也有类似的发展。在美国，盖斯马和克赖斯伯格(Geismar and Kriesberg，1969)在“向贫困开战的前哨战”(an early skirmish in the War of Poverty)中尝试评估该方法在法纳姆法院(Farnham Court)附近的一个纽黑文社区改善项目(NIP)中的运用效果。尽管纽黑文社区改善项目严重依赖家庭个案工作与团体工作和社区工作的结合，我们也很难将这些方法区分开来，因为他们也属于整体性关注。

纽黑文社区改善项目试图衡量整体性方法的效果。当与其他领域的控制组对比时，(我们)发现法纳姆法院附近的居民所有的社会功能都发生了显著的变化，尤其是在卫生健康实践、与社会工作者的关系、社区资源的使用以及家庭关系和团结方面。整体性方法明显地改变了社会工作者与服务使用者之间的动态关系，案主从被动的状态转变为积极主动地解决自身的问题。

1972年，澳大利亚墨尔本家庭中心项目的建立是整体性方法的又一个范例。该项目涵盖60个“多重缺失”的家庭。该项目的一个重点是运用多学科的方法对案主—社会工作者关系去专业化，最有趣的是，该项目为所有家庭提供适度的收入作为其正当权利。该项目通过运用结构性标准(收入、住房、就业、教育等)对三年后家庭福利状况进行评估。有研究发现家庭的社会经济地位，尤其是那些户主是男性的家庭有了持续的进步(Liffman，1978)。

在加拿大，贝尔(Bell)和怀尔德(Wilder)在1969年的温哥华地区发展项目(ADP)是运用整体性方法的又一个例子。ADP项目通过个案、小组和社区工作相结合的模式，为温哥华市中心的92户“多重问题家庭”提供服务。评估结果显示，整体性方法普遍比一般的机构个案工作更有效。

1989年《儿童法案》正式承认家庭综合服务中心的地位，因为随着家庭综合服务中心数量的增加，家庭社会工作整体性方法在英国得到了广泛应用。到20世纪90年代中期，英国大约有750个家庭综合服务中心，而且很多人都是自愿参与的（Pithouse，2000：127）。

家庭综合服务中心志愿部门的高水平无疑体现出了对以人本价值为基础的民主实践的更加积极的承诺。彼特豪斯（Pithouse，2000：127）将家庭综合服务中心分为四种类型。

1. 当地邻里模式，通过各种方式为父母和儿童提供开放可及的服务，旨在寻求家庭活力和社区团结。

2. 社区发展模式，鼓励家庭创造和管理他们自己的服务，该模式相信集体行动可以改善影响家庭生活的社会和环境因素。

3. 案主导向模式，为家庭提供评估和治疗服务，有时也被称为专家转介家庭中心，其范围主要限制在那些福利专家所指定的家庭，而且儿童保护或儿童福利往往是最重要的方面。

4. 类似于家庭综合服务中心局，通常由地方行政机关运行，既有开放服务，也有治疗/评估设施，同时为社区社会工作者提供法定场所。该中心可以为一些福利专家和健康专家提供场地，可供那些希望寻求他们帮助的家庭来访。这类家庭综合服务中心既有行政人员，也有推动法定儿童护理实践所必需的设施。

《巴克利报告书》（*Barclay Report*，1982）希望将社会服务部的权力下放到服务使用者身上。巴克利倡导的以社区为基础的社会工作，本质上反映的也是整体性方法。巴克利（Barclay，1982：13.23—13.25）将社区社会工作定义如下：

"社区社会工作既包括回应个体和家庭现有的社会照料需求，也包括参与减少那些将来可能会出现的问题。它的实际形式因地而异，因时而异，但是基本原理是永恒的……

这一共识使得社会工作关注的焦点扩大。问题个人或问题家庭依旧是社会服务机构的首要关注……但是关注的焦点将落在个人所在的社区或者社会网络，因为他们也是这些社区和网络的一部分。"

琼斯（1983：44）就《巴克利报告书》在整体实践方面的意义发表了评论：

“因此，虽然社会工作实践常常无法形成一种整体性，但其潜在体现的依旧是整体性的内涵。它仍然是社会工作理论和实践的公开原则（在巴克雷委员会被确认下来），同时，践行该原则可以了解案主面临的多重压力，建立一种更具有说服力和准确性的报告，从而给案主带来更直接的服务效果和更广泛的政治影响。”

《巴克利报告书》生不逢时。它出版于英国撒切尔政府的早期。尽管社区自我支持的想法与政府的想法也是一致的，但当时对于这种方法的官方支持还是很少。然而，在改革的浪潮中，公共部门整体社会工作的理念已经不复存在了。

但是从整体性方法中获得的启发却是显而易见的。比如，它使社会工作更富有人情味。根据哈德卡斯特尔等人（Hardcastle et al.）的观点来看（1997：5—6）：

“作为一种专业，必须经常反思社会行动、社会改变和改革之间的“因果关系”，从一方面来说，它包括个体治疗和个体改变；但从另一方面来说，这又会使人陷入困境。如果被错误地建构为在两个互斥的活动中进行非此即彼的选择，而非两种内在联系、互为补充的社会工作构成时，就会使人陷入困境。”

尽管我们认为社会工作方法论和实践途径的确是根据自由个人主义界定的，但是它的使命却是牢牢根植于为贫困人群和被压迫人群提供人道主义服务精神的语境下的。社区照顾是这种改革实践的另一个面向。

十、人权和社区照顾

社区照顾是战后的一个重要概念。战争期间，在集中营对少数群体（包括犹太人、吉卜赛人、共产党人、黑人、同性恋者和其他许多人）所犯下的可怕罪行，渐渐地对公众舆论产生了影响。普里莫·列维（Primo Levi）一生都在见证这些暴行，第二次世界大战后他出版了《如果这是一个人》(*If this is a Man*, Levi, 1996)一书，成为描述奥斯威辛集中营生活的不朽巨著。尽管该巨著受到了很高的评价，但是由于公众缺乏对这一话题的兴趣，最初的销量也并不高。战后的世界慢慢开始正视大屠杀的影响，开始质疑更加文明和公正的社会政治秩序的大众观念的基础。亚历山大·索尔仁尼琴(Alexander Solzhenitsyn)在其著作中曾写过一篇关于苏联的著名报道，该报道揭露了集中营的存在，抗议者和政治异见者被囚禁在可怕的环境里，这些"国家的敌人"遭到大规模灭绝性的屠杀。渐渐地，公众开始了解到这些可怕的罪行。1948 年《世界人权宣言》力求在未来取缔这些暴行。《世界人权宣言》的三十个条款最初想要建立的就是一个普遍人权的框架。尽管政客们有选择性地去解释这些条款，但文件中包含的人权观念与整个人类的存在息息相关：精神的、智慧的、政治的、社会的以及经济上的自由。这些都是整体不可分割的一部分。

在战后这样一个历史性的时刻提出保护人权的概念显然是一种悖论，战后的道德普遍主义观念已经遭受了沉重的打击。汉娜·阿伦特(Hannah Arendt)在她 1958 年出版的经典著作《极权主义的起源》(*Origins of Totalitarianism*)中认为，被剥夺了公民和政治权利的人丧失了其作为人的本质。自由党领袖伊格纳提佛(Ignatieff, 1999: 58)总结了《世界人权宣言》历经半个多世纪仍然存在的意义："人权已成为现世文化的主要信仰，因为它更担心人们失去信仰……起草者把希望寄托在《人权宣言》上，宣称这是一种普遍的道德，他们可以培养那些所谓'普通人'的全球权利意识。"

联合国和其他许多志愿或非政府组织(NGOs)成为人权发展的主要推动者。国际人权组织(Amnesty International)、人权观察组织(Human Rights Watch)、反奴隶制协会(the Anti-Slavery Society)和其他组织形成了一股新兴的志愿力量。在经济全球化时代致力于推动人权发展的非政府组织有可能被解散，因为他们仅仅代表了思想开放、自由，而且致力于为全球发展做出贡献的新兴全球中产阶级的利益。然而，还有很多更加深刻的议题关系到他们的生死存亡。

伊格纳提佛(1999: 60)指出了人权的重要因素：

"对人权的长期性辩护依赖于一种道德互惠的理想：那就是我们不能想象有这样一种环境，在那里我们或任何我们认识的人会希望受到精神上或身体上的虐待。我们有能力进行这样一个思想实验——例如，我们拥有想象其他人身上的疼痛和堕落的能力——就好像发生在我们自己身上。我们有能力进行这样的移情，是因为我们都有良心，我们希望形成自己的思想，表达自己的观点。事实上，有很多人对别人的痛苦无动于衷，但这并不意味着他们无法想象，也不能证明他们没有良心，这是因为良心可以自由地选择行善与作恶。人类的这种自然事实为自身免受身体和精神虐待提供了一种权利的基石，同时也提供了思想和言论自由的权利。”

……………………………………

在普里莫·列维的故乡意大利，制度化的社会、道德和政治的影响首先是在弱势群体（如儿童、病人、老年人和残疾人）中实现的，这种意识在战后得到了明显的提升。它使得去机构化（deinstitutionalisation）成为20世纪60年代和70年代英语国家最流行的政策。社会控制理论家反对这个政策，他们认为去机构化只是一个简单的政策转变，只是将监管的阵地从机构搬到了社区（Foucault，1967；Scull，1984；Cohen，1985）。

但在社会控制论者的世界观里，他们认为20世纪80年代是一个非常有影响力的年代，那个年代勇于接受批评的声音，包括批评过于简单化的还原主义倾向和缺乏对启蒙运动传统权力的认可。社区照顾产生的原因是复杂的，但最终的政策转变还是来自公众的愿望，公众期待用更人性化的方法来对待弱势群体。这也标志着不管他们的处境如何，全体公民的人权都受到认可。

社会改革者和人权积极分子提出了社区照顾政治化，他们试图将道德的政见放到公众议程中来。在20世纪60年代和70年代早期的自由主义思潮不断升温的过程中，这种人道主义与公众的自信情绪以及对未来的乐观主义产生了共鸣。但这其中也蕴含一个强大的经济现实主义因素。政客和管理者觉得关闭那些昂贵的机构是将良知与便利相结合的一个机会，从而为社区照顾的过失进行辩护。很少有人最初就预料到了社区照顾的费用基本上将由家庭负担，尤其是女性照顾者，这对她们的社区照顾热情是一种冲击（Dalley，1996：7）。但只要回顾一下过去，这种热情就很容易被理解。

战时的英国将弱势群体都推回贫民习艺所，目的是挖掘他们的“潜在的有生力量”。但在战争结束后却并没有很快产生变化，因为战后重建和对健全人的福利成为主流政策最关心的议题。然而，对弱势群体的处理模式使福利国家的良性性质日益受到质疑。有证据表明，照料机构对无助人群的滥用行为开始不断增长。这些机构的权力滥用主要包括身体虐待、精神外科手术、电休克治疗(ECT)、忽视和隔离，这些行为引发了公众广泛的讨论。很明显，即使在民主社会，“弱势群体”也容易遭到虐待和非人道对待。于是制度化被认为是罪魁祸首，预防和社区照料开始成为关键的政策目标。20 世纪 60 年代，儿童虐待的“再发现”也推动国家在保护社区弱势群体方面发挥更加积极的作用，并且重新定义了社会工作在先进自由主义保护性话语下的角色和任务。

英国的精神健康协会开展的一系列关于贫困照顾标准的调查推动着政府向社区照顾方向发展。例如，菲尔莱(Farleigh)医院调查委员会报道了暴力、忽视和孤立等令人不安的现实(National Health Service，1971：24—25)。后来，两份白皮书——《改善对智力障碍人士的服务》(1971)和《改善对精神病患的服务》(1975)——都建议采用去机构化的形式将精神健康治疗“回归”社区。从机构重新回到社区的一大批人对当地的人口承载度造成了挑战，他们将这些需要接受心理健康服务的人视为是“不正常的”。尽管如此，“支持这些转变的主要焦点不是社区自身的发展，而是重新回归的这群人”(Barnes，1998：89)。这证明：从长远来看，社区照顾有一个最重要的缺陷，即政策环境下的个人治疗必须要有社区回应。

在社区照顾的环境中出现了“社区社会工作”。与社区发展的不同在于，它强调对服务对象的个性化服务。社区社会工作寻求将动员社区内的集体资源作为社区照顾策略的一部分。通过加强与教会、志愿者组织、服务对象和社区团体间的联系，将社会工作带回公民社会的舞台。然而，对于社会工作者的培训却很少，一般主要针对参与者为服务对象提供个性化服务而进行培训。这是一种管理学的话语体系而非社区概念影响着社区社会工作的实践，如社会保健规划。这与社会工作的人道主义原则并不一致。

十一、人道主义和社会工作价值观

伊芙(1997：115)指出：“不管它是否愿意，由于它的价值基础、历史起源和政治地缘，社会工作总是不可避免地和人道主义的愿景联系在一起。”人道主义促进了对哲学的研究，即“对人类最合理的研究就是对人本身及其道德世界的研究”。从历史角度来看，人道主义起源于公元5世纪的雅典——西方文明的发源地。中世纪基督教与封建制度破坏了古典人道主义。然而，它在15世纪的文艺复兴时期重新出现，古典主义的价值也被重新发现。

现代人道主义的发展已经历了18世纪、19世纪和20世纪。它的发展与启蒙运动、理性主义和科学革命都有着密切的联系，这些改革都削弱了传统的基督教信仰。人道主义者认为，人类进步是一种长期奋斗、不断向更高级状态进化的过程。他们认为，人类生而具有创造性潜力来面对并解决个人、社区和政府等问题。人道主义者倡导推动国际合作，保护人权，保护地球免受战争和现代性的破坏力量。人道主义的伦理基于在共同责任的背景下，承诺实现个人和社会的可能性。

社会工作的职业化是通过英国社会工作者协会（BASW）、全美社会工作者协会（NASW）、澳大利亚社会工作者协会（AASW）、爱尔兰社会工作者协会（IASW）和其他国家的类似组织实现的，这些组织的伦理准则都深受人道主义价值观的影响。伊芙（1997：56）认为：“这可以视作对传统社会工作的恰切表述，它强调的是专业知识、个体化的服务以及人道主义者和自上而下的干预的结合。”然而，他也在人道主义传统中发现了激进社会工作：“它旨在将自下而上的或无政府主义者路径和承诺实现人的价值、反对实证主义的必然性结合在一起。”无论是面对传统的社会工作还是激进的社会工作，人道主义都可以说是社会工作的伦理基础和共同目标。

穆拉利（Mullaly，1997：29）从激进社会工作的角度出发，认为“人道主义与社会平等是构建理想社会工作社会的两大支柱”。对于平等的强调，将社会工作与社会主义传统联系在了一起。穆拉利（1997：35）认为，社区作为社会工作的核心价值之一，强调将社会干预的社群主义传统和人道主义者倡导的合作思想加以联系。在这一点上，费边主义和人道主义形成了一致的社会工作价值观框架。

穆拉利（1997：30）指出了在各种职业协会的道德规范中所包含的基本价值观和他所称的“次要或工具价值观”之间的区别。但这两者之间的区别似乎并不是很明显，因为社会工作的专业价值（尊重个体、自觉和接受）深深根植于人道主义话语体系中。最终，社会工作的价值体系是位于古典人道主义所说的美德社会（virtuous society）的基础之上的，是建立在人性、平等和社会正义的基础之上的，而不是追逐变幻莫测的资本主义市场。这种价值取向使社会工作与费边社会哲学的轨迹相一致，并适应了20世纪社会福利国家所奉行的左翼政治思想。

从左翼的角度来看，社会工作之所以独特是因为它不把个人主义当作一种消极的政治价值观。自启蒙运动以来，自由一直是西方文明的指导原则，社会工作对个人主义的强调使得它自身的价值基础与自由理想相契合，这一点是非常重要的。人权来源于自由，它打破了亚里士多德所说的有机国家的概念(Bobbio，1996：15)。社会工作主要看到的是社会层面的自由，而非自由权利，这与费边主义哲学是相联系的。这种和左派政治的联系充分地诠释了右翼势力对社会工作的敌意。人道主义对知识分子(如哈耶克)和政治家(如玛格丽特·撒切尔)所推崇的右翼的个人主义方法论提出了深刻的挑战。在一个左翼和右翼的政治家们都抛弃了社会变革的时代，社会工作的人道主义价值在政治上被画上了一个不和谐的音符。

十二、结论

20世纪见证了社会工作作为一门专业的出现。社会工作的价值将其自身的定义根植于人道主义的话语中。社会工作成为福利国家机器的一部分。国家和社会工作是相容的，因为前者仍然致力于社会改革和人类进步的理想。但在20世纪快结束的时候，福利国家的矛盾日益暴露。新保守主义与经济宗教激进主义的出现从根本上转变了福利国家的性质及其创建更好社会的使命。在以市场价值为主导和追求个人主义的新秩序中，福利国家与社会工作开始产生危机。激进社会工作通过在社会工作项目中播下激进怀疑的种子激化了这场危机。

第四章

激进社会工作与激进的怀疑

在某种意义上，激进社会工作是在20世纪60年代和70年代出于对福利国家改革议程的幻灭感而发展起来的。它是社会工作内部运动的结果，这场运动以解放政治重构社会工作于穷人和受压迫者的历史使命，从而对改良主义的社会工作产生了严重的怀疑。其批判者将之戏称为“利率革命”（Revolution on the rates，Brewer and Lait，1980：106）。毫无疑问，激进社会工作的论述深植于马克思主义的社会理论中。同样，它也是充满活力的人本主义的产物，试图对抗资本主义残酷对待穷人、社会改良只能减轻最恶劣行径的现实。然而，激进社会工作并不只是忠于社会工作历史使命的勇敢的理想主义尝试：它对不平等社会中的经济状况和社会工作对此的不力回应做出了一种重要的社会批判。激进社会工作的突出之处在于，它拥抱一种解放政治。伊芙(1997：57)就激进社会工作这样写道：

“这些(激进)社会工作者中只有少部分被承认拥有专业背景，许多人确实也丢弃了自身‘专业的’标签。但是，他们对社会工作产生了重大的影响，防止社会工作者在‘专业的’角色中过于舒适，时刻提醒社会工作者权力分析的重要性，同时他们也提出了一个更加激进的选择。这种影响对防止社会工作者太自我满足，以及保持社会工作理论和实践的‘批判锋芒’(critical edge)非常重要。”

不过伊芙(1997：176)也承认，激进主义在社会工作中的地位一直是有问题的，说其具有“高度边缘性”也是恰当的；同时，激进社会工作对社会工作认识论所产生的影响与其边缘化地位并不成比例。其优点在于它指出了社会问题的情境性，并将其与高度伦理的立场联系起来。而其弱点在于如何将它的批判与占据社会工作干预主导地位的个体化特性联结起来。

激进社会工作在20世纪60年代和70年代出现时是一种全新的现象。穆拉利(1997：106)指出：“从睦邻运动开始，社会工作总有一个激进的因子。”在两次世界大战期间，激进社会工作也是促进社会变革的积极力量(见第三章)。激进社会工作新的地方就在于其强调脉络(context)。福利国家形成以后，社会公民权也得到建立。激进社会工作则对福利国家的成就提出怀疑并揭露了其缺陷。

本章将检视有政治意识的社会工作者对福利国家未能实现人本主义理

想的看法。对激进社会工作在福利国家的脉络中的出现，本章将从它有助于提出一种关于福利的不同论述——即解放论述——的角度来加以考察；也将对激进社会工作实务做出分析和批判。有人认为，作为一种解构主义行动，激进社会工作成功地对改良主义社会工作提出了严重怀疑，它通过对道德目标和社会目标的不懈批评，撼动了专业社会工作的基石。斯塔瑟姆(Statham，1978：4)将这种激进的怀疑描述成“一种正如格言‘一切都应该被怀疑’(de omnibus dubitatum)所体现出的取径和态度”。

一、社会工作与规制(regulation)

社会工作被宣称是一种致力于提升人类尊严的典型人本主义专业。这种人本主义的前提是，福利国家代表着从野蛮到启蒙时期的历史进程中的顶峰。自然人已经被抛弃，取而代之的是以关怀伦理为基础的更加集体主义的社会。对福利国家的最初批判并非来自新右派，而是来自一些结构主义马克思主义者，他们认为，这是一种通过合法化过程来维持资本主义制度的行动策略(Habermas，1996；Offe，1984)。其他结构主义者，比如斯库尔(1984)和科恩(1985)，嘲讽人本主义改革(尤其是社区关怀)仅仅代表了社会控制方式和实践的变化(见第三章)。特别是对社会工作者和其他一般的人本主义者来说，这些发展很令人失望，他们指向了一种分析上的绝望和专业上的固化。事实上，这样的结论过于简单也过于悲观。对福利国家的结构主义批判有助于澄清很多问题，这些问题比传统所假设和质疑的福利国家机器以及费边政治事业的盲目自大要复杂得多。

首先，福利国家大厦中过分乐观的理想主义(即在最好的世界里一切都是最好的安排)导致了一种远远超出理想的现实。比如电休克治疗的使用，精神外科手术及将不愿意接受治疗的病人强制性送入精神病医院都使用了这一治疗技术，这已经成为无法辩驳的现实了。儿童之家和老年之家的虐待性体制(Abusive regimes)，对残疾人的制度性虐待(institutionalised abuse)以及其他在福利机构中的种种非人道案例(都体现了这种远超理想的现实)。

福利国家数十年来通过将女性与她们的男性伴侣的税收和福利待遇捆绑在一起锁定了妇女的经济依赖，从而揭示了国家的父权制本质。同居制度将单身母亲的收入和男性伴侣的所得合并计算，这又大大增强了妇女对男性的依赖。这种道德控制体系绝不是人性的。种族主义的态度和歧视性做法表明了一种特有的失败，它未能承认少数种族的公民社会权。逆向照顾法则强调了在福利国家的双重体制下，位于社会底层的少数人遭受了不人道和不公正的待遇：即公民需要的国家服务越多，则享用权的获得就被控制得越严格。

其次，福利国家的矛盾本质愈来愈为人们所认识：它既赋权又规制。然而，它的存在无疑对社会有很大的益处。两位最坚定的马克思主义批评家克洛沃德和皮文(Cloward and Piven，1982：39)曾经说过："简单而人性化地说，福利国家减少了不断变化的经济所带来的痛苦和不安感。"社会工作者也意识到，他们的角色和任务中的矛盾反映了福利国家的矛盾本质。社会工作者被要求承担多项职责，这些职责在本质上扮演的也是规制者角色：儿童保护工作就是一个很明显的例子。但是，如果社会工作的人本主义价值能和实践相呼应，这些矛盾就是可以调和的。这就意味着，在儿童保护领域，社会工作者面临的挑战是抵制媒体中的民粹专制主义，后者的最初需求就是惩罚和报复。

最后，福利国家在消除贫困和不平等方面的失败，不可避免地使它成为另类的左派所批判的靶子。激进社会工作是在左派对福利国家更大范围的批判中出现的。在激进社会工作者看来，社会工作的历史使命只有通过实现社会工作角色和任务的政治化，将其任务明确为只有与穷人联盟、参与穷人的运动和与政治左派联盟才能达成。对于激进社会工作而言，马克思主义提供的只是指导性的哲学影响，它更多受到人本主义、理想主义和由激进费边主义所激发的演进论取向的影响。许多激进的想法都扎根于20世纪60年代和70年代高校社会科学中发展出的批判社会理论，尤其是修正主义的福利取向以及马克思主义批判理论。

二、马克思主义与批判的社会政策

修正主义或批判的社会政策的发展与福利资本主义经济危机、后现代政治文化的出现是并行的。马克思主义和新马克思主义社会思想对社会政策批判学派的发展有着深远的影响。米什拉(1997：68)这样描述马克思主义社会理论与批判的社会政策的相关性：

……………………………

> “首先，作为一种综合的社会理论，马克思主义解释了福利的本质以及福利在资产阶级和其他的社会形态中的发展。其次，作为有关超越资本主义的规范性理论，它提出了一种与福利相关的问题及其‘最佳’解决方案的特殊观点。”

……………………………

毋庸置疑，马克思思想是对福利进行社会主义批判的基础。但是，自从马克思于 1883 年逝世后，福利国家已经超出了他所体验到的。然而近几年来，大量的社会政策分析者和社会经济学家从马克思的社会理论核心原则出发，对福利国家进行了批评。

历史唯物主义的马克思主义理论以传统的智慧为引领。它反对将唯心主义作为历史发展的驱动力，代之以唯物主义。由社会的意识形态（思想、道德、文化等）所组成的上层建筑最终是由经济关系决定的。正如李和莱本（Lee and Raban，1988：11）所说的那样：“马克思主义者采用了一种‘灾变式的’历史理论。”

因此，福利只是一种阶级利益的反映。社会公民权是不可能建立在以阶级冲突为基础的社会形态上的。对马克思来说，历史辩证地反映了阶级斗争并最终导致无产阶级国家的建立。逐渐地，更现代的社会形式取代了旧的社会形式。资本主义代替了封建社会秩序，封建社会反过来又代替了继承亚洲文明的古代社会。每一种文明都有这样的特点：一系列的财产关系都会遭到革命阶级的挑战并让步于新的社会秩序。马克思预言，资本主义的内部矛盾将导致资本主义体系最终走向灭亡，并形成以公有制和平等公民权为基础的社会主义社会。

资本主义的内部矛盾可以用劳动价值论来解释。根据马克思的观点，所有的价值都来源于劳动，劳动通过资本主义生产关系最终实现商品化：比如，工人（的劳动）变成了商品或者是物品。资本在生产过程中扮演一个纯粹的寄生角色，消除了劳动剩余价值（即利润）。少数的资本家通过垄断财富，迫使工人出卖自己的劳动来换取维持生计的工资，这就创造了一种类似于古代社会的奴隶制度或者是中世纪社会农奴制度的关系。这种关系与先前的社会形态的本质不同就在于，工人不受场所的束缚和奴役（很大程度上是因为资本主义需要劳工保持流动性），劳工能享受到源于组织化的劳动权力基础上的基本人权。在不断追求利润最大化的长期战斗中，资本家通过放松管制、削减工资、延长劳动时间、自动化和裁员、雇用临时工劳动或者是搬迁到工资极低的第三世界地区等手段来提高生产率。工人们则通过工会运动来抵制这一过程，以改善工作条件和收入状况。这就导致了一场持续的阶级斗争，考虑到工人阶级在任何时间都有优势也有劣势，这就会严重影响社会政策和国家法律的制定。最终，马克思主义者声称：资本主义社会政府力求保护财产权。工人阶级的贫困化就是资本主义体系危机引发的必然结果。

按照马克思主义的说法，资本主义中经济危机的出现有两个原因。第一，当利润和投资脱离了需求，就会产生过度积累，而利润和投资又受到工人购买力的制约(O'Connor，1973；Ginsberg，1979；Gough，1979)。马克思认为，在达到最终阶段之前，经济危机会愈演愈烈。科尔和波斯特盖尔(Cole and Postgate，1961：419)对此指出："资本主义日益增长的矛盾就在于，生产多于社会平均消费水平的产品会让资本主义最终走向自我毁灭，这种趋势让社会中资本主义性质的竞争对手更容易削弱他们将国内无法消费的剩余产品在海外(进行销售)的能力。"1929年的华尔街经济危机就是由这个因素造成的，尽管由于新政和福利国家的改革，资本主义还没有走向终结。

第二，根据马克思主义，当工人成功地实现实际工资的增长以及国家对社会服务支出的扩大时——即衡量一个社会改革的程度——资本主义的经济危机就出现了。这就导致了国内的通货膨胀和资本家对国民经济的撤资。因此，收入和支出之间产生结构性差距，导致了经济紧缩、失业，最终希望资本投资回归。

马克思主义者假设福利国家是建立在矛盾的基础上的。它赋予工人社会和经济方面的权利就是为了将他们束缚在资本主义制度中，防止他们开展革命运动，这样就建立了一个工人阶级的国家。根据奥菲的说法(1984：153)，这就是资本主义最根本的矛盾："资本主义不能和福利国家共存，也不能脱离福利国家独立存在。"换言之，马克思主义者认为，为了维持社会的凝聚力，资本主义会通过福利国家的奢侈和潜在的毁灭机制来提升公民的道德。

马克思主义的批评者往往会夸大他们的言论，认为福利国家的本质决定了它内在固有的缺陷：(1) 无效和低能；(2) 专制的本质；(3) 对工人阶级内部的社会和政治现实的错误（意识形态的）理解。正如李和莱本（1988：108）所指出的："作为一种政治实践指导的马克思主义和作为批判理论体系的马克思主义之间存在一个明确的而且相当巨大的张力。"

实证研究（Taylor Gooby，1985；Pierson，1991）表明，公众普遍支持社会养老金、公共医疗保险、教育和家庭/儿童津贴等大部分人应享有的全部权利。不太支持的是针对少数底层群体（的政策措施），如失业人员和公共救助的福利开支（Pierson，1991：169）。尽管如此，马克思主义者最悲观的预言是福利国家还保留着社会自由主义的普遍支持，这混淆了他们批判的逻辑。福利国家马克思主义者批判的最终问题就是李和莱本（1988）所描述的经济还原论和功能主义的分析形式影响的"宗教激进主义的理论超越"（theoretical excesses of fundamentalism）。马克思主义者将民主折现作为社会变革的动力，忽略了民主和福利国家之间的重要关系。在民主出现之前并没有过福利国家。福利国家是民主多元化的产物和现代公民权的体现。

在东欧，撇开其斯大林主义的遗产，马克思主义代表的却是自然主义和人本主义的一种理论综合——"世俗人本主义"。它提供了另一种社会基础，为那些反市场消费主义者塑造了一种道德承诺和伦理观。马克思的核心理想是满足全体公民的衣食需求（即使公民衣食无忧），这些在东欧已经实现。马克思的异化理论的深层内涵在于寻求通过对劳动力的去商品化来解放人类。正如埃里克·弗洛姆（Erich Fromm，1961：3）所说：

"马克思的目标就是人类的精神解放，即将人类从经济决定论的枷锁中解放出来，恢复人类的整体性（human wholeness），使他能够与自己的同伴团结（相处）和自然和谐（共存）。马克思的哲学是一种世俗的无神论语言，是传统救世主预言中向前走出的新的激进的一步。它着眼于实现个人主义，正是这个目标指引着西方思想从文艺复兴和宗教改革进入了19世纪。"

和资本主义一样，马克思主义是启蒙运动的产物。它梦想将社会建立在"各尽所能，按需分配"的原则之上。这是人类超越自己命运的崇高理想，也奠定了社会主义的基本伦理。

弗洛姆和20世纪60年代其他几个有影响力的激进的理论家（如威廉·赖希和赫伯特·马尔库塞）一样致力于将马克思主义和弗洛伊德主义

进行结合。对解放性话语的关注影响了他们对福利国家的思考。反精神医学运动质疑了疯狂的概念(Szasz，1962；Laing，1965，1969；Cooper，1970；Sedgwick，1972)，社会学家也开始探索越轨行为的经济建构和社会建构(Cloward and Ohlin，1960；Goffman，1968；Taylor et al.，1973)。社会政策(或者当时称的社会管理)主要用描述性和经验性的方法分析福利国家。它的规范性基础并未受到挑战。社会政策批判学派(O'Connor，1973；Gough，1979；Ginsberg，1979；Offe，1984；Williams，1989)的出现代表了对福利理论化的一种尝试。《批判的社会政策》(*Critical Social Policy*)杂志一直是激进福利思想的重要来源。所有这些影响的结合构成了激进社会工作(产生)的基础。

三、批判理论与激进社会工作

1975年，罗伊·贝利和麦克·布雷克(Roy Bailey and Mike Brake)编写出版的《激进社会工作》(*Radical Social Work*)一书给出了激进社会工作的核心文本。1980年他们又出版了第二版，名为《激进社会工作及其实践》(*Radical Social Work and Practice*)。1978年，达芙妮·斯坦森(Daphne Statham)出版了《社会工作的激进取向》(*Radicals in Social Work*)一书，她认为，社会工作中的激进面向应该伴随着激进的社会运动一起进行。她的著作对激进社会工作意义重大，因为她的理论揭示了激进社会工作的关键观点。英国的一个小报 *Case Con* 自我标榜为“一家为社会工作者服务的革命杂志”，*Case Con* 在实践中促进了激进社会工作的发展。从1970年到1977年，*Case Con* 一共发行了25期，为清晰地阐明激进社会工作的基本主题提供了重要的讨论平台。

Case Con 中肯地宣称激进社会运动的哲学是倡导用“工人”国家代替福利国家：

“如果我们了解福利国家的发展以及社会工作者的角色，就会发现把国家作为社会不同部分之间一些临时差异的中立裁判的想法是完全不恰当的。对国家的了解是有效行动的重要前提，因为国家在任何阶级社会中所代表的绝不是公平中立，它代表着统治阶级的利益并掌握着保证其权利的工具。因此，在英国，国家保障的是英国资本主义的利益和发展。只有在此基础上，我们才能认识战后福利国家的发展情况。如果国家不能保持中立，那么分析国家作为雇主对社会工作者的期望是很有必要的，还可根据这一点来评估阶级斗争的行动在哪里是最有效的。

我们应该‘帮助’我们的‘案主’‘接受责任’——换句话说，在他们个人基本无法接受的情况下达成一致。我们必须通过集体行动改变他们的现状，以此来反对这种可能性。我们只能通过集体行动来做到这一点。

因此，我们不只是将注意力集中在实现国家民主化的几个前哨部分(例如社会服务部门)，我们所做的一切都是帮助他们变得更加高效。我们应该争取否决任何损害我们最高利益和我们应该服务的人民利益的决定。我们也应该不断要求提供更好的服务，以适应社会的实际需求。要做到这一点，需要的不仅仅是召开办公室会议和在各党派内进行活动。我们行动的关键在于必须组织独立于国家和代表工人阶级的工会。这些利益恰恰与资本主义以及它的行政(管理)工具——国家——相反。

Case Con 相信‘案主’的问题根植于我们所生活的社会中，而不是因个体缺陷（才产生问题）。在这个以私有化、利益和少数统治阶级需求为基础的社会被以大多数人口的利益为基础的工人国家所替代以前，社会问题产生的根本原因还将继续存在。因此我们的目标是加入这个为工人国家奋斗的事业中。”(引自 Bailey 和 Brake，1975：146—147)

激进社会工作和马克思社会理论的结合吹响了社会工作者在社会主义平台上团结起来的号角(Statham，1978；Simpkin，1979)。

各种其他论坛为激进社会工作运动意识形态的形成提供了肥沃的土壤。偏差行为全国大会为激进的社会思想提供了重要的讨论场所。1967年在伦敦举办的“解放的辩证法”国际研讨会，为现代异议的独特表达提供了发声的机会。这次大会的主要文章出版在《解放的辩证法》(*The Dialectics of Liberation*)一书中(Cooper，1968)。这本书包含了各种异议之声：马克思主义者、无政府主义者、黑人激进分子和反精神病学家都阐述了20世纪60年代激进的政治议程。但马克思主义哲学家赫伯特·马尔库塞(Herbert Marcuse)也看到了本次大会的积极面：

“什么才是完整意义上的解放辩证法(all dialectic liberation)？是将他

们从压抑的、衰败的和失败的体制中解放出来——成为一种有机的、社会的、有精神和有智慧的体制。”

他进一步声明“资本主义福利国家是一种战时国家形态”(1968：181)。马尔库塞在东欧小心翼翼地远离斯大林专制，他将社会主义(空想社会主义)作为一种制造“破裂”的手段，这种破裂伴随着妥协的历史：

“今天，如果这些不可分割的特点，这些真正激进的特点使社会主义社会完全否定现存社会，如果今天出现了本质性的差异，如空想主义、唯心主义，那么这些正是激进的特征所必须出现的形式，这也表示他们真的想要否定现存的社会；如果社会主义确实是历史的破裂，一种激进的破裂，一种飞跃的自由境界——那么就是一种彻底破裂。”(1968：177)

对马尔库塞而言，现存的社会秩序是建立在单向度思维、压制宽容和经济剥削之上的。马尔库塞提醒我们这里有很多政治左派。“官方”的左派是由正式组织组成(例如英国工党、英国工会联盟和合作社)。但在校园内还盛行着其他左派或者说是文化左派，主要由当时的批判性知识论战组成。它与一些新的社会运动(女性主义、生态主义、黑人权力、同性恋权利、残疾平等意识等)有着松散的联系，对传统的社会科层制形式提出挑战，这其中就包括“官方”左派。“官方”左派的组织机构通常都会遭到其他左翼的质疑，因为它希望纳入更多激进的议程，从而完成他们自己的目标。同样地，“官方”左派也把另类左派(alternative left)看作一种反面文化的表达，在选举上，这意味着一种政治失败。

20世纪80年代，英国工党与另类左派的关系不断密切，并逐渐形成了一种共识，即后者可以参与制定政治议程。充满敌意的媒体通过尖刻的运动使英国工党败选。毋庸置疑，“官方”左派的改革主义政治受到了其他左派激进主义和革命辞令的质疑：这是其良知和本质同时恶化的结果。激进社会工作是后西鲍姆时代(post-Seebohm)的专业化形式的顽童，且深深根植于福利国家改革主义的现状。

马尔库塞的批判是为了解决“富裕社会的解放”问题，其他对于资本主义的批判则来自第三世界。伊万·伊里奇(Ivan Illich)和保罗·弗莱雷(Paulo Friere)主要关心欠发达与教育之间的关系，并对西方国家的批判社会思潮产生了重要影响。他们都为在实践中批判反思注入了重要的原料。

伊里奇在他1973年出版的《非学校化社会》(*Deschooling Society*)中写道，经济发展对以前能够自给自足的人实行去技术化，使他们必须依赖专业人士来满足他们的教育、医疗和文化需求。他断言学校教育已经成为一种强制性手段，通过一些“隐形课程”使儿童形成一致的社会化。伊里奇认为学习者有权去选择想要进行什么样的研究，这样才能实现真正的教育解放。伊里奇等人(1970)在他们的一项早期研究中提出了一个词语——“使人失能的专业”(the disabling professions)。他们认为，专业人士并没有运用他们的知识和经验来谋求人类的利益，相反是为了实现个人利益和扩张个人权力和声望。伊里奇对于专业主义的批评引出了“去专业化”的概念，这个概念假设服务使用者和施助者之间能有一种更民主的关系。

Case Con Manifesto 对专业主义的批评进行了反思：

“考察西鲍姆所强调的‘专业化方法’是很重要的，因为这种方法已经被社会服务统治集团和其他社会服务工作者欣然接受了。首先，‘专业主义’所暗示的就是没有经过训练的工作者是不具备专业知识和技能的。其次，社会工作者认为自己和医生、律师一样，是公认的专家。再次，它鼓励引入企业型的职业结构，在这种结构下，‘正确’和‘专业’的行为[例如‘超然’(detachment)和‘控制情感介入’]会得到回报。显然，这种方法深受统治阶级的欢迎。

专业社会工作最重要的方法之一就是个案——一种伪科学——将个人的不足归咎于贫困等太多令人迷惑的原因，从而将注意力从真正的原因——贫民窟、流离失所和经济剥削上转移开。个案工作迫使服务使用者必须为适应社会而做出改变。社会工作领域(所使用的技巧)现在已经扩大到社区工作、小组工作、福利权工作等一些新的(或者说不是那么新的)技巧。但当这些技巧也实现专业化，并最终成为和传统个案工作一样的控制机制时，又成了统治阶级一种无须付出太多成本就能获得的附加价值。专业主义是一种特别危险的发展，尤其是因为社会工作者找寻的是一种工作本身的问题和矛盾的答案——比如，社会工作不能解决基本的社会缺陷。因此，社会工作者必须抓住每一个机会。”(Bailey and Brake，1975：145—146)

这些强烈的抨击质疑专业社会工作者在福利国家关怀背景中的所谓无

私的公仆形象。它还强调了专业化和职业化身份认同的形成是一个复杂过程，并质疑这种专业性是否与社会工作旨在帮助贫困的人和受压迫的人的历史使命相适应。

巴西成人教育家保罗·弗莱雷是社会活动家中的一个标志性人物。在他的两本重要著作《受压迫者教育学》（*The Pedagogy of the Oppressed*，1972）和《为自由的文化行动》（*Cultural Action for Freedom*，1973）中，他认为，社区发展的核心任务是“意识觉醒”。意识觉醒的目标是帮助受到社会、经济和政治现实压迫的服务使用者建立起批判意识。弗莱雷倡导专业服务者与服务使用者之间形成一种以平等、民主为原则的对话关系。他的观点非常具有影响力。很多激进的社会工作者将他的方法视为对个案工作的一种替代性方案。

激进社会工作运动中的关键知识分子之一彼得·莱昂纳德（Peter Leonard，1975：54）认为意识觉醒的概念深受拉丁美洲社会工作院校的影响。他引用了1971年厄尔瓜多会议上的一份报告：

“社会工作只有在社会变迁过程中致力于对人类和社会负责，它才有助于现状的转变。

社会工作意味着用一种反身性的、横向的、动态的话语辩证地反馈行动。

尽管现实会制约人，但我们的结论依旧是人有能力去影响和转变他的现实境况。即使是在受压迫的情况下，人也是有能力寻求自己的解放的。

社会工作应该将自身定位为一种意识形态的解放。它应该从导致人们受压迫和落后的最深层次的原因出发。

社会工作者最好能通过一种推动人的能动性和意识觉醒的教育功能去实现人类解放。”

莱昂纳德探讨了弗莱雷模式在发达世界的应用前景（1975：57—59）：

“一般来说，资本主义社会的激进社会工作的目的，在于减轻个人由于经济生产和他们抵制压迫性社会系统所产生的痛苦；激进实践的关键任务还在于教育问题。该角色旨在促进人的发展——尤其是那些受苦难影响最深的人，例如社会福利体制的案主——帮助他们对他们所遭受的压迫和对他们自身的潜力和其他反抗这种压迫的潜力形成批判意识。

如果把教育作为激进实践的核心任务，那么实现这个任务就必须通过建立社会工作者和其他人之间的对话，最终以这种方式实现意识觉醒。保罗·弗莱雷广泛参与用发展性对话关系代替专制和压迫的对话关系的问题探讨，因为当前的很多专业教育、社会福利和他们的‘案主’之间的对话关系就是后者。很明显，传统教育和社会工作实务的本质是压迫性的，我们必须认识到，对‘存储式’教育和控制式社会工作的文化支配也影响了那些企图采取更多激进干预手段的人。激进的变革只能来源于交流，而非压迫所发展出的个人意识。”

……………………………

很明显，莱昂纳德拥护弗莱雷这种深深根植于天主教的解放神学的观点。这些人本主义思想与20世纪60年代和70年代的美国民主运动的联系比跟西方马克思主义传统的联系更为密切。弗莱雷自己曾经也是巴西军队的政治受害者，他的观点招致智利皮诺切军政府独裁政权的强大敌视。莱昂纳德随后采用了更为正统的马克思主义观点：启蒙价值观在西方的世俗价值体系中占主导地位，这种判断并不出人意料。莱昂纳德编辑了一系列“社会工作和福利国家的批判文集”，科里根和莱昂纳德合著的《资本主义社会的社会工作实践：一种马克思主义路径》（*Social Work Practice under Capitalism*：*A Marxist Approach*）作为该丛书的一部分在1978年出版。该论著宣称“成为一个能够将实践和理论相联系的并把政治活动和这些理论和实践相联系的马克思主义社会工作者”是可能的（Corrigan and Leonard，1978：9）。克利斯·琼斯（Chris Jones）写的同系列的《国家社会工作和工人阶级》（*State Social Work and the Working Class*）的视角则更为悲观。琼斯（1983：157）断定：“国家社会工作将很可能继续被用作国家控制社会的工具。”

激进社会工作在新大陆也发现了一种声音。在美国，杰弗里·加尔珀（Jeffrey Galper）在1975年出版了《社会服务的政治学》（*The Politics of Social Services*），随后又在1980年出版了《社会工作实践：一个激进的视角》（*Social Work Practice*：*A Radical Perspective*）。加尔珀的著作代表的是一种将社会工作理论化为一种社会主义革命话语的尝试。亚伦斯基（Saul Alinsky）的《激进派规则》（*Rules for Radicals*，1971）同样也被证明对美国的激进社会工作产生了影响。亚伦斯基是一个社会活动家，他的活动轨迹可以追溯到20世纪30年代的贫穷运动(见第三章)。美国的激进社会工作思潮同样也受到皮文和克洛沃德于1971年出版的那本当之无愧的著作——《管制穷人》(*Regulating the Poor*)的重要影响。尽管皮文和克洛沃德关注的是从马克思主义的视角对社会政策进行科学批判,但他们的激进主义根源给予这本书有力的道德合法性。在《管制穷人》这本书中,皮文和克洛沃德实质上认为福利供给伴随社会动荡程度而扩大或收缩,同样也与失业和劳动力市场短缺的程度有关。当劳动力市场扩张时,福利接受者被推回劳动力市场。皮文和克洛沃德认为,福利制度作为一种安全阀,使资本主义能够在变幻莫测的贸易周期中存活。因此,福利是高度功利主义的。

理查德·克洛沃德(Richard Cloward)和弗朗西斯·福克斯·皮文(Frances Fox Piven)对形塑和促进激进社会工作合法化产生了至关重要的作用。他们在贝利和布雷克在美国出版的《激进社会工作》一书的导言"激进社会工作指引"中认为,代表服务使用者利益的日常抗争有助于社会主义革命目标的实现:

"如果我们设法为挨饿的人弄到一些面包,或者保护弱者免受法院或精神病院的侵犯,那么我们就有了一条纠正这个残酷社会的错误捷径。我们为什么会如此傲慢无情,又或者为什么对革命性变革的前景如此自信,以至于认为这些小小的收获都是不重要的?

从长远来看,如果我们是为那些声称是我们案主的人群的利益战斗,那么我们还将发动一场与资本主义国家机构的斗争。在一些马克思主义者的论断中,总有其固有的重复伎俩,任何解决资本主义矛盾的实际努力都会产生一种掩饰矛盾的改革的幻象。这是一种方便专业的技巧,因为它可以使我们说:除非最后的灾难即将发生,不然什么行动都不应该采取。但革命并不是一蹴而就的。"(引自Galper,1980:114)

这种论述使激进社会工作远离正统的马克思主义立场,即认为资本主义只能通过庞大的革命来推翻,取代它的是一种渐进式的斗争,即所谓的马克思主义非革命派和与马克思主义革命派。这与激进费边主义显然是相似的。在英国,普里查德和泰勒(Pritchard and Taylor,1978:89—90)在对社会改革和政治革命的分析中提出了这样的观点:"事实上,确实有相当数量的马克思非革命派社会主义者认为社会主义制度的建立……要通过相对没有被污染的本土工人阶级机构，最主要的是工会和福利国家（来完成）。”

穆拉利（1997：93）根据加拿大的情况在他的《结构社会工作》（*Structural Social Work*）一书中指出：“马克思主义非革命派认为，福利国家可以作为实现社会主义的跳板。”他认为，既然正统的马克思主义观点是最符合人文价值的，那么就可以朝着这个方向前进，同时社会主义继续坚持为社会工作提供最好的榜样。然而，穆拉利（1997：104）认为，他所说的激进社会工作的变体，即“结构社会工作”的基础既是社会主义意识形态，“也源于后现代的批判”。他评论道：

“后现代主义对结构分析的贡献帮助我们认识到，尽管压迫和剥削可能是一种普遍现象，但生活在不同环境中的不同的人会有不同的体验……比如说，马克思主义经常忽视其他形式的压迫，如父权制和种族主义，而且它将工人阶级视为一种同质群体，认为其成员受到了同样的剥削，不承认他们中间的分化，比如种族、性别和其他类型的差异。”（1997：115—116）

穆拉利对激进社会工作理论的贡献十分重要，因为他试图建立一个综合的包括传统社会主义左派的社会政治和其他可行左派的身份政治，这主要体现在新的社会运动中，如女权主义、反种族主义等。从这种意义上来说，他寻求的是一种多元文化主义的视角，但同时保留了其基本的社会主义世界观：“基于社会主义意识形态的激进社会工作立足于批判理论，从社会冲突的视角出发，结构性社会工作认为社会问题产生于特定的社会背景——自由主义/新保守资本主义——而非个人的失败。”（Mullaly，1997：133）

澳大利亚的人们也对激进社会工作充满兴趣，20世纪90年代，澳大利亚产生了一大批丰富的文学作品。吉姆·伊芙的《反思社会工作》（*Rethinking Socical Work*）出版于1997年。在《反思社会工作》中，伊芙（1997：92）对后现代主义进行了批判，因为“它没有包含一个更好的社会愿景，也没有对社会正义与人类权利的普遍认识”。他相信，人道主义提供了一种以等级制度话语体系为基础的传统价值，需要民主适应后现代社会的多元文化和社会结构(Ife，1997：56，103)。伊芙认为："不管你是否同意，考虑到它的价值基础、历史根源和政治定位，社会工作都不可避免地与人道主义愿景联系在一起。"(1997：115)

但伊芙对人道主义社会工作的愿景的阐释与传统社会工作的愿景完全不同。伊芙的思想受到批判理论的影响，同时采用了弗莱雷的分析视角。他倡导一种自下而上而非自上而下的服务使用者共同参与的福利模式，社会工作者也是社区推动者，他们通过民主决策的过程公开承担责任。

伊芙对于专业主义，尤其是专业实践守则的批判不足为奇。相反的是，他赞同一种以实践为基础的符合民主对话需求的情境伦理。伊芙相信："如果专业主义在去势条件下无法建立，那么它在以批判理论为基础的社会工作中就没有立足之地。"(Ife，1997：114)然而，他并没有走到建议取消社会工作专业的那一步："相反的是，有必要参与解构专业主义和帮助社会工作者重建一种与批判实践相一致的专业主义的任务中来，允许他们积极地、有创造性地和自由地利用自己的专业。"

其他澳大利亚学者也为激进社会工作传统做出了突出贡献。1993年，简·福克(Jan Fook)出版了《激进个案工作》(*Radical Casework*)一书，试图在个人主义视角下重新定义激进社会工作："以个人主义为导向的帮助，关注个人问题中的结构性原因，更具体地说是个人与社会经济结构之间的相互作用所导致的问题。"(1993：41)女性主义中"个人的即政治的"这一格言很明显地体现在福克的描述之中。她把将个人从父权制、种族主义和其他形式的统治中的解放，视为激进社会变革不可分割的一个组成部分。在激进社会工作实践的发展方面，她的观点是无可辩驳的，但她背离了激进社会工作对结构性问题的关注，而是又回到了个人身上。尽管她的努力是为了弥合激进社会工作和传统社会工作之间的鸿沟，但这是否推动了激进社会工作的发展还是有待商榷的。虽然这对社会工作理论和实践形成了挑战性的贡献，但同时也推动个案社会工作迈向一种更加包容的实践。

鲍勃·皮斯(Bob Pease)和简·福克合著的《转型社会工作实践》(*Transforming Social Work Practice*)出版于1999年。这一系列的文章旨在表明后现代理论为社会工作者所关注的政治行动和社会正义提供了新的策略。

但并不是所有的澳大利亚学者都认为激进社会工作是不断前进的。2000年，凯伦·赫利(Karen Healy)的《社会工作实践》(*Social Work Practice*)批判了激进社会工作学派，指责它将激进社会工作边缘化，使实践成为理论的附庸。她断言："很简单，激进的分析可能会忽视日常的社会工作实践的解放潜力。激进分析通过制定标准，使很多由社会工作参与的改革活动的价值变低。"(Healy，2000：5)赫利认为，批判理论指出了一种基于本土的、情景式的、渐进的、改变的"新范式"。根据赫利的观点，激进社会工作可以由多种选择来呈现：在后现代时期"有一系列变化的可能性"。在全球资本主义卷土重来的新时期，她对激进社会工作的敏锐批判给那些赞成将社会工作作为激进社会变革驱动力的人敲响了警钟。

赫利的关注回应的正是早期的批判。赖因(Rein，1970)从同理的视角进行写作，认为激进社会工作者被错误地与社会政策和社会工作混为一谈。实际上，社会工作和社会政策在福利国家的社会政治中有着共同的利益。一旦社会工作者把目光从个人治疗主义转向更大的社会环境，他们将不可避免地受到政策关注——从一个激进主义者的视角而非学术视角。这只能通过探索和推动共同的规范性视角来丰富社会政策和社会工作。毕竟大量的专业社工是社会政策的毕业生。

来自英国社会工作教育领域的几位杰出人物，尤其是专业培养发源地的伦敦经济学院(LSE)的一些杰出人物发表了不太有共鸣性的批判。他们一直关注于保护社会工作的职业(专业)中立性。伦敦经济学院的高级讲师索菲亚·毕仁(Zofia Butrym)指责激进社会工作"偏好口号式运动而非实质性运动"，他认为这种混乱类型所造成的一个严重的后果是：这种关于当前变化的本质不同是全能性的，而非不证自明的(Butrym，1976：127)。伦敦经济学院的罗伯特·平克(Robert Pinker)教授指出："社会工作者在他们的工作过程中不可避免地会发现很多令人痛苦和不公平的例子，但是这也不能证明将社会工作的重心从个人转移到了政治。"(Barclay，1982：241)其他社会工作理论家建议应该用更加实证主义的术语去描述社会工作的任务，比如维持、包容、控制和支持(Davies，1981：137—139)。从某种程度上来说，这些批判的观点仅仅强调了社会工作的高度政治化本质。尽管激进社会工作的批评者认为自己是在维护社会工作的历史遗产，他们认为，它没有一个深层的道德目标需要进行激进的辩论和重视。

佩恩(Payne，1997：236)在《现代社会工作理论》(*Modern Social Work*

Theory）中曾这样捍卫激进社会工作："激进社会工作最重要的优势足以否定这些批评，即它突出了我们生活中的某些层面，包括权力、意识形态霸权、阶级和地位、专业主义和压迫的重要性。"他接受马克思主义理论对社会工作的理解。激进社会工作在反歧视和反压迫的多元文化视角的形成中发挥了至关重要的作用。它强调社会工作的结构层面也有助于社会包容性实践的产生。这些新的范式将在本书的后续章节中进行探讨。

有关激进社会工作的文献共同承诺解放政治，但随着时间的推移，分析也随着政治状况的变化而变化。早期主要致力于马克思主义阶级分析观点的文献被批评忽视了社会分析中的性别和种族要素。兰根和李（Langan and Lee，1989：9）写道："尽管社会工作者深切感知到了战后福利体制加强了阶级不平等，但他们未能意识到这种体制将妇女和黑人的权力排除在外。"激进社会工作对这种不作为的解释，就像社会主义和人文主义一样，它主要植根于普遍主义者（universalist）的话语，即福利是以平等的政治尊严为基础的。随着身份政治的兴起和多元文化社会的出现，这种特殊主义言论在某种意义上与社会主义和福利计划的普遍主义发生了冲突。泰勒（1994：82）写道：

"相比之下……现代身份认同概念的发展造成了政治上的分歧。当然，这也是一种普遍论的基础，形成了两者之间的重叠和混淆。每个人独一无二的身份都应该受到认可。但在这里，认可也意味着其他东西。平等尊严的政治建立起来的是普遍意义上的相同，即'一揽子'统一的权利和豁免；而就政治差异而言，我们需要承认个体或者团体独一无二的身份，即他们与其他人或群体的区别。但这个想法所承认的差异却经常被忽视和掩盖，甚至被主流身份所同化了。"

1989 年柏林墙的倒塌标志着东德和西德社会主义计划的垮台，也标志着一种从政治平等化逐渐走向政治多元化的趋势。

社会工作中的激进主义已经适应了这一变化。最近关于这一传统议题的写作更关心激进主义和种族与性别问题，而不是阶级。兰根和李（1989：14）将这形容为"一种深受女性主义和'个人的即是政治'的口号影响的前瞻性策略"。然而，贫困和不平等的社会工作服务使用者的普遍经验使得阶级不平等问题成为每一个社会工作者的根本关切。穆拉利

(1997：107)在仔细研究文献的基础上，列举了激进社会工作的基本主题，他主要从阶级分析层面进行了阐述。

1. 支持社会主义，拒绝资本主义。

2. 反对用自由主义作为处理社会问题的方法。

3. 资本主义福利制度推行相关的政治和经济职能来支持资本主义。

4. 社会福利作为一种社会规范与资本主义是对立的。

5. 传统社会工作固化了社会问题。

6. “个人 VS 社会”是一种错误的二分法，因为不能脱离社会或者政治关系去理解和对待个人问题。

7. 女性主义的观点是激进社会工作不可或缺的认识论。它不仅分解了性别歧视和父权制，而且比其他任何理论都更好地将个人和政治联系在一起，并强调政治转型。

8. 古典主义和父权制不是激进社会工作者受到的唯一压迫，种族主义、对老年人的歧视、异性恋主义、帝国主义和对残疾人的歧视正日益成为一种结构性压迫力量。

9. 职业化加大了专业人士和服务使用者之间的距离，使前者以牺牲后者为代价(来增强专业性)；工会是激进社会工作者首选的组织模式。

穆拉利的主题分析法揭示出，尽管种族与性别问题已渗透到激进社会工作话语体系中，现代主义关注的还是阶级不平等。这表示，激进社会工作话语权严重限制了后现代社会工作者的想象力，尤其是在这样一个主要由女性组成的行业里。

四、沟通能力与转型中的变革

值得注意的是，关于激进社会工作的辩论基本上只局限于英语国家。在欧洲，随着社会市场经济和团结意识的壮大，人们更关注社会排斥问题。然而，随着全球化和自由市场经济对欧盟成员国福利国家的影响日益增长，事情可能会发生改变。在德国，科尔政府削减公共支出[被他的继任者总理施罗德采纳(Chancellor Schroeder)]正在破坏这种长久以来的共识。意大利采取类似的缩小国家福利的尝试也可能会破坏这个国家的社会团结。

沃尔特·洛伦兹在他的《变化中的欧洲社会工作》(*Social Work in a Changing Europe*)一书中提到，欧洲大陆国家认为没有可以"与马克思主义相提并论的挑战"。在欧洲，对传统社会工作中立性的激进性挑战已经零星分散。但是，他也记录道："批判社会学派结合哈贝马斯的智慧，通过加强对沟通过程的分析，从而在更广泛的意义上提供了一种社会工作的实践范式。"(Lorenz，1994：85)

哈贝马斯的交往能力理论在英语国家中对形塑公民社会非常有影响力(Cohen and Arato，1992)。他也在成人教育中塑造了许多重要的教育学概念，其声誉在同辈从业者和理论家中只有弗莱雷能与其相提并论(Mezirow，1991)。令人惊讶的是，哈贝马斯对社会工作基本上没有兴趣。然而，即使哈贝马斯对近年来实现转型变革的可能性的态度已经变得不太乐观，但他的愿景仍构成了激进思想的重要和核心来源。

哈贝马斯被认为是当今最具有影响力的德国社会理论家。他的学术范围涵盖哲学、社会学、经济学、语言学、政治学和历史学，而且无论从任何标准上来说他都是极其出色的。哈贝马斯的思想根源来自西方马克思主义的法兰克福学派，包括一些 20 世纪最激进的思想家如霍克海默(Horkheimer)、阿多诺(Adorno)、马尔库塞和弗洛姆。

在 20 世纪 80 年代，哈贝马斯出版了《沟通行动理论》(*Theory of Communicative Action*，1984)。这项研究认为，如果一个社会的沟通系统被权力和统治集团所扭曲甚至操纵，人类解放只有在民主对话的条件下才能实现，只有民主的对话才能为解决问题提供有效性检验和达成对真理的共识。哈贝马斯主张只有社会中人人都有权发言、解释和理解，不受统治和操纵，才能称之为"沟通能力"。他赞成共识的达成必须以道德原则而非既得利益为基础。哈贝马斯认为"沟通伦理"为形成普遍的道德提供了一种路径，这种路径能够解决当代资本主义社会的合法性危机，也为无阶级社会的出现创造了文化语境。很显然，哈贝马斯的理想话语概念假定了一个人有能力采取非暴力冲突的革命斗争来克服既得利益。这个目标包括创造一个高级的沟通系统，使参与者获得交往能力。

梅兹罗(Mezirow，1991：77—78)根据哈贝马斯的沟通行动理论，列出了参与者参与理性论述的最佳条件：

1. 拥有准确和完整的信息；

2. 免于强迫和自欺欺人；

3. 能够客观衡量和评估证据；

4. 拥有开放性观点；

5. 能够对假设和结论进行批判性反思；

6. 拥有平等参与的机会(包括挑战、质疑、驳斥、反思和倾听别人的声音)；

7. 能够接受一个明智的、客观的、理性的共识作为有效的合法性检验。

沟通理论认为这种对话模式旨在找寻一种以真理和共识为基础的转型交往来替代原有的交往形式。这本质上是一种人本主义实践，它基于一种全新的沟通模式，可能会成为激进社会工作实践的新范式。这种新的范式将很有可能出现在公民社会(而非国家)和重组公民的概念中。

五、激进社会工作和社会主义实践

激进社会工作被(甚至一些它的支持者)认为是一种寻求实践的理论。比如穆拉利(1997：106)就曾断言："20 世纪 90 年代之前的激进社会工作长于分析，却短于实践。"这种说法误解了激进社会工作的目的。它有两个目标。第一，将社会工作转变成建立在与斗争、工会、权利索赔运动等传统社会运动紧密联系的社会正义基础上的社会主义者的实践。社会工作实践这种激进的规定与国家的专业化形式是不符合的。然而，它的确包含了变革性发展的强大因子，它基于这样一种推定，即在一个拒绝以公民权作为民主生活基础的社会中，穷人的处境将更加悲惨。

第二，激进社会工作为传统社会工作实践提供了至关重要的批评。克洛沃德和皮文以其独特清晰的视角阐述了他们对传统个案工作实践的控告：

"我们不得不打破那些职业教条主义将案主的所有问题都归咎为个人发展和家庭关系的过失。我们必须明白，教条主义如同政治意识形态一样解释着人们的行为。这种意识形态引导案主在遇到劫难时责备自己，而不是(归因于)造成许多问题的经济和社会机构。这种心理还原——这种贫穷和不平等的病态化——换句话说，就是意识形态的镇压，因为它有组织地隐瞒了人们的生活是如何被阶级结构的现实扭曲的。”

加尔珀(1980：145—146)归纳了激进主义实践的特点：

“激进工作者对直接服务情况的处理分析不同于传统，这主要体现在两个方面。第一，它将个人定位在其所生活的广阔社会背景中，分析他们各自独特的问题时会考虑到个人的个性结构、社会—心理环境以及整个社会的性质。社会主义者的批评会影响工作者看待具体问题的方式的各个方面。第二，激进的视角是基于这样的信念，即人们在确切地了解自己后，会以一种集体的政治方式行事，且他们有能力改善自己的状况。激进主义并不是对变革的可能性持悲观态度，它认识到劳工作为一个阶级，是历史的主要塑造者。对某一个人来说，短期内这种观点的含义还不是很清楚，但是对某一个问题状况的激进分析，是制定一项行动策略所必需的第一步。”

加尔珀的言论清楚地阐述了激进社会工作实践和个人之间的关系。这也构成了结构马克思主义的经典困境。它以阶级分析为基础，关注社会变迁，却不考虑个人作用，仅仅把这当作经济力量的一种反映。然而，马克思主义的行为理论强调斗争的重要性，正是在这里，激进社会工作实践得到了启发。

激进社会工作者建立起来的这种连接，主要是针对传统社会运动，但他们越来越开放，并支持新的社会运动(女权主义、反种族歧视、残疾人平等意识等)。他们的思维模式和组织方法与工人阶级运动所采取的十分一致。正如兰根和李(1989：12)指出的，激进社会工作者总是强调他们工作者的身份，即作为身份工会和广泛工人运动的成员。

穆拉利(1997：189)清楚地描绘了社会运动和建立联盟关系的策略意义：“宏观上讲，社会工作可以通过与其他同样致力于改变破坏性的社会关系和遵循当今社会运作规则的群体的合并和联盟来促成社会转型。”社会工作会成为社会运动的组成部分吗？激进社会工作的代表者(Bailey and Brake，1975：10；Galper，1980：132；Mullaly，1997：192)大力倡导与诸如英国儿童贫困行动小组、加拿大行动、加拿大政策选择中心、美国的国家福利权利组织等运动组织建立合作。这些联盟在福利国家将关注重点从个人服务的享用转移到边缘群体的权利这一过程中发挥着至关重要的作用。这样的政治焦点是激进社会工作实践话语的根本。

“微观政治学”由斯塔瑟姆(1978)首次提出，这为以地方层级的福利权利实践和社区发展为基础的激进社会工作提供了另一个重要的策略框架。这种改变策略要推翻资本主义社会还有很长的路要走，但是它提供了一种真正的社会工作实践形式，这种实践可以追溯到社会正义的社会工作的历史起源。如果在历史的某个时刻，自由市场资本主义再一次复活，微观政治学就会提供一种“抵抗的社会工作”(resistance social work)来保护穷人免受变幻莫测的市场的伤害。

福利权利作为一种策略可以追溯到20世纪30年代，当时福利联盟(claimants' unions)最先受到沃尔玛·哈灵顿在英国的全国失业人员工作运动的启发，福利权利就和共产党紧密地联系起来。贝利和布瑞克(1975：6)记录了谢菲尔德在1935年发生的一次抗议削减失业者利益的运动，这次运动成功地改变了国家政府的政策。在福利国家时期，福利联盟的许多活动都聚焦于权利意识、相互支持和反抗福利国家双层社会中歧视穷人的社会斗争。单亲父母发起的租户权利运动(Tenants' rights campaigns)和残疾人意识运动等都有助于反抗当地的统治和人们日常生活中的歧视。受雇于福利国家官僚机构的社会工作者发现，很难将参与这些运动作为其专业活动的一部分，他们只能够作为积极的公民(去参与)。

社区发展是积极的公民权发展的典型，它根源于维多利亚时代的社区睦邻运动。需要说明的是，从意识形态上讲，社区是一个充满争议的场域。激进和社会主义的社区工作实践从传统上来说是由社区的激进主义者执行的，他们在地方层面上使用阶级分析和阶级斗争的“花言巧语”(Popple，1995：35)。作为政府资助的雇员，一些激进分子致力于找到一个对立空间(oppositional space)。但是，社会主义的衰落失去了它的民众呼吁和直接的合法性来源，导致了阶级分析的倡导者陷入了两难的境地(Popple，1995：36)。克洛沃德和皮文(1990：12)在“作为服务部门中关键的社会基础的妇女和少数群体上”看到了“新一轮抗议的希望”。

六、结论

激进社会工作被写入了提前死亡的讣告书中，但它是不可能消亡的。激进社会工作是社会工作传统中一个真诚的部分。它能够生存下来是因为它能够适应和变异。社会主义经历的倒退和传统工人阶级运动破坏了20世纪60年代和70年代马克思主义所倡导的激进社会工作的观念。这种新的运动开辟了另一种寻求进步实践的激进的话语和场所。而且，随着对社会排斥的关注的日益增加，战后福利共识受到威胁，也引起欧盟对更具包容性的社会工作实践的关注。社会排斥的焦点也从经济平等(社会学家认为它是稳固的基础)转向更多经典的共和主义的公民权意识，这为未来社会工作的渐进性实践提供了基础。公民社会的复兴为社会工作实践创造了更为广阔的实践空间，社会干预的场所也随之扩大，包含了以国家/公民社会为轴心，在社区、志愿部门和国家之间的新契约。这些主题将作为根植于特定政治文化脉络下潜在的社会工作实践新范式在本书的后面几章加以探讨。

第五章

贫穷、社会排斥与包容性实践

当我们跨入新千年的时候，后现代社会中那些现代化的悖谬后果以越来越极端的形式表现出来。涌入的巨大财富与地方性的贫困形成了鲜明的对比。在“生活政治”（lifestyle politics）上，多样性和选择性伴随着碎片化和两极化大量增长，并已经贯穿了全球，就像乡村生活的消逝已经作为工业化和城市化力量的一种必然产物，以贫困、毒品和犯罪为特征的内城贫民区成为社会格局的主导。社会和政治生活不再是按照传统的身份和共同的价值观来组织的。这在某种程度上是因为当今收入、财富和权力不平等而无法生产出同质性的阶层，特别是商人和工人群体——正是这些阶层形塑了现代社会的社会和政治地位。相反，新的社会运动已经围绕着性别、环境、城市不平等、民族问题、社会福利设施、人头税和动物权等多种多样的议题组织起来。社会冲突变得更加多元化，代表着一系列更广泛的利益取向。这些冲突涉及一系列不同的目标，包括国家、官僚机构和专业系统。

一份通用的技术清单对于社会工作在信任和风险已经被重组的后现代社会中开展实务是至关重要的。因此，社会工作实践也以众多不同和更具挑战性的形式进行自我重组。现代社会的新复杂性使得社会工作和一般的福利国家在面对政策困境时越来越难找到解决方案。社会和社会工作都面临着众多的选择。

后现代社会展现给社会工作者的现实就像其他人所面对的一样，那些基于亲属关系网络、当地社区关系、宗教宇宙观和传统的确定性所形成的信任环境已经被逐渐削弱了。传统的社会关系已经脱嵌（disembedded），特别是家庭与社区内部、专业人员和社会服务使用者之间的关系。信任已经不再是确定的，也不能被视为是理所当然的。社会排斥在富人和穷人之间创造了一条鸿沟，种种迹象都表明这种差距在不断扩大。

一种新的风险环境已经出现。在前现代社会，风险被定义为来自自然的威胁和危险、战争暴力的侵害和宗教或者邪恶魔法的堕落。而在后现代社会，必须时常根据新的信息不断修正社会关系的众多方面，这种社会反身性的本质创造的是一个不确定性的社会。相反，出现了一个由风险评估定义的环境，两极化和碎片化的现实无处不在。在这个变化的环境中，社会工作面临的挑战是必须反身性地去回应这样一个现实，即我们正在不断感知到我们生活在一个以退化的个人主义为特征的社会里。最终，式微的个人主义（degraded individualism）被归结为是引发公民权退化和受到社会排斥的少数族群弱势无权感的重要原因。

这一章的目的是从后现代社会的两个突出的方面——信任与风险——来分析社会工作面临的挑战。这两个方面都将在文中有关社会排斥、碎片化和两极化的大量讨论中加以考察。不过首先，我们必须解构社会排斥，并评估它与公共政策辩论的相关性。

一、社会排斥：西方国家的巴西化(Brazilianisation)

近年来，经济和社会的发展趋势大大地削弱了公民信任，被主流社会边缘化和排斥的人群不断增加。这一进程被形象生动地描述为“西方的巴西化”(the Brazilianisation of the West)，它充斥着越来越多夸张的社会排斥形式，针对的正是那些生活在极其贫困和基本生活保障条件之下的——就像生活在“普通”社会的垃圾堆中的人群。奥克斯霍恩(Oxhorn)把这一进程称作“强制性边缘化”。失业打破了多种与外部工作世界的联系。儿童照顾机构的缺失使得妇女难以加入劳动力大军，而且也影响了劳动力市场的平等性。这些问题在某些地区尤为复杂，比如在边缘居民区，大量的边缘人群集中在那儿，物理上的隔离和社区设施的稀缺加剧了社会排斥。《格里亚：英国危险的地方》(*Goliath：Britain's Dangerous Places*)的作者比阿特丽克斯·坎贝尔(Beatrix Campbell)认为：“地理上的他处——少数民族聚集区”以地区性的债务和“男性暴力”为特征。社会紧张局势日益加深，越来越强调公民权中的种族概念，包括黑人、艾滋病患者、瘾君子、难民和寻求避难的少数群体正遭受着极大的社会排斥。社会排斥代表了人与人之间联系方式的质变，这种转变体现在不断扩大的不平等、螺旋上升的暴力水平和分崩离析的社会团结中。它牵扯到公民信任的危机，因为人们普遍缺乏对社会秩序的信心。

列维塔斯(Levitas)将社会排斥这一概念放进整个欧盟的话语体系中并指出：“社会排斥被理解成是将个人与社会结合在一起的结构，文化和道德关系的破裂，家庭的不稳定也是一个关键问题。”在那些社会思想受到天主教、涂尔干的社会学和道德一体化巨大影响的国家里，社会排斥的概念是非常有影响力的。法国就是其中一个例子(Silver，1996；Levitas，1998：21)。爱尔兰与法国在传统文化上有很多共同之处，也将社会排斥作为其社会政策议程的核心。甚至是对欧洲一体化持怀疑主义的英国，布莱尔政府也在1997年创立了一个社会排斥办公室。然而，有人担心社会排斥概念的采用也许只是政府为了摆脱费边主义而迫切强调解决贫困和促进分配公平的一种简单的政策转移(Levitas，1998：147—152)。社会排斥扩大了传统的费边主义所关心的物质资源的缺失——尤其是低水平的收入——这种不公平的概念。它主要涉及的是公民权的退化而非经济上的不平等，尽管这两者是密切相关的。

"社会排斥"的字面意涵是什么？社会的愈加分裂形成的贫困联盟使得这一概念变得更加宽泛，它不仅指由于物质缺乏而导致的低消费水平，更指穷人无力充分行使自己作为一个公民在社会、文化和政治上的权利。社会排斥的概念在欧盟政策圈内的影响力尤为显著；例如1993年的《欧洲社会政策绿皮书》中就指出："社会排斥……通过突出社会结构中的缺陷……暗示着某些比社会不公平更严重的情况，随之形成的是一个二元化和碎片化的风险社会。"(European Union，1993：551)它要求欧洲统一社会政策，强调工人权利的重要性和激发"社会团结和整合"的方法。

1995年发布的《财富创造与社会凝聚力报告》(《达伦多夫报告》)曾寻求创造一个"适应这种变化的词汇"。它强调了有关社会融合的下列论点：

"社会排斥是伴随着新经济领域的发展机遇而产生的最大风险。大量的人首先在劳动力市场失去了他们的所有，紧接着又失去了他们在社区中的社会和政治参与。"

这个定义说明社会排斥和公民权是背道而驰的。它把不受控制的经济增长与社会结构的风险理念以及民主缺失问题紧密联系起来。社会排斥同时也导致了公民排斥，催生了针对少数族群、寻求避难者和难民等群体的敌对与仇视。

著名的爱尔兰社会政策评论家、解放神学家、反贫困活动家肖恩·希利神父(Father Sean Healy，1990：35—36)形象地描述了社会排斥的内涵：

"排斥能通过很多方式体验到。如果你被排斥了，就意味着你的意见已经无关紧要了。事实上，你不被指望着有任何的意见，甚至被怂恿着相信社会塑造者的意见。最终，无力不仅仅是一种感觉，更是一种现实……

一旦你成为被排斥中的一员，政客和政策制定者就可以毫无顾忌地忽视你，不必担心被谴责也不必担心丢失职位。如果你的权利受到侵害，获得补偿的途径很少也很随意。自从社会开始畏惧被排斥的群体，你就总是会怀疑自己有罪并背负着愧疚，直到你被证明是无辜的……

一般来说，贫困和排斥相生相伴。低收入群体甚至需要通过抗争才能得到必需的食物、衣物和暖气。他们并不只是简单地比别人‘欠舒适’——他们的寿命更短，他们的孩子更多病，婴儿也更容易夭折。”

在对“下层阶级”的猛烈抨击中，少数群体不仅拒绝公民参与并且受到主流群体的明显歧视。这种深刻的社会不公平的原因属于社会经济学领域，就像希利神父提出的那样，对下层阶级的社会排斥最初都起源于他们的贫穷。收入排斥和福利排斥与普遍的公民权排斥密切相关，例如司法权和参与权，这表明了一种竞争文化范式正在不断挑战社会不平等的传统经济范式。

现代社会的平等主义理论家曾试图以纯粹的经济术语来概念化社会不平等。这些理论框架包括卡尔·马克思有关资本主义的剥削理论，约翰·罗尔斯(John Rawls)认为正义就是对“初级商品”的公平分配，阿马蒂亚·森(Amartya Sen)认为社会公平关注的是人们能平等地“发挥他们的功能”，罗纳德·德沃金(Ronald Dworkin)强调的是“资源平等”(Rawls，1971；Dworkin，1982；Sen，1985；Marx，1994)。然而不同于现代性的是，后现代性已经将社会不平等按照共和政体的价值取向进行再概念化了。

20世纪末期，单纯经济范式的文化盲点变得越发明显。社会民主的衰退和苏联的解体体现了社会主义在后现代社会中的局限性，再分配政治受到以阶级、性别、种族、年龄、残疾和性取向为基础的文化政治的挑战，反映出社会认同的断裂属性。社会科学本土化中的“贫困”概念被更广泛的“社会排斥”概念所替代，进一步阐释了这一话语变迁(discursive change)的进程。社会排斥表现了一种人们与他人联系方式上的质变，这种转变体现为不断扩大的不平等、螺旋上升的暴力水平和分崩离析的社会团结。

在这种脉络下，一种以文化和符号视角分析社会不公平的新范式出现了。它根植于以描述、解释和沟通为特征的社会形式之中。弗雷泽列举了一些有关文化和符号不公平(injustice)的例子。

1. 文化支配/统治：受到另一种陌生和敌对的文化对社会结构的解释和传播。

2. 不承认：通过权威的描述、交流和解释使得个人的文化实践隐形化。

3. 文化不尊重：用刻板的大众文化描述或在日常的互动中习惯性地诽谤和贬低其他文化。(Fraser，1997：14)

显然在后现代社会中，经济和文化范式本身都不足以解释不公正现象。对社会不公平的追析，必须同时落在经济和文化两个层面，同时增强社会再分配和社会认可来作为变革的范式。然而，社会工作最初的实践是落在社会领域、文化领域而非经济领域的，同时以文化尊重和社会认可为基础来补救社会不公平做出很大贡献。值得商榷的是，在后现代社会的条件下，社会公民权越来越依赖于以生产性的政策策略为基石的民主参与，其中一个例子就是增权/赋权。然而，这假定了一个进步的政治环境对社会融合的需求的敏感度。

事实上，后现代社会对贫困的态度已经发生了很大的改变：后现代社会根据个人责任和义务对公民权重新进行界定，而不是根据马歇尔主义曾建构的社会、公民和政治权来界定。这种经典价值观的重新定义与市场价值观的政治主张紧密相关。它使得福利改革和公共开支削减合法化。而改革可能带来的持续后遗症就是，基于个人的功过(in terms of desert)对贫困的再概念化，它根据道德经济行为将贫困分为“应得的”和“不应得的”。财政和道德正义也因此反身性地与福利改革的议程联系在了一起。

后现代社会对“下层阶级”的排斥最终形成了一种挑战。将大量的工人阶级纳入消费社会破坏了传统的社会团结。出现了一个被排斥的“下层阶级”，他们在福利国家被看作乞讨者。这充分证明了生产关系对于决定阶级团结的重要性。根据年龄、性别和种族以及就业状况，“下层阶级”被认为与多数人群不同。众多研究显示，那些处于社会边缘的人口只是人口统计中的一个缩影，主要由失业人员、单亲父母(通常是单亲母亲)、残疾人、老年人和少数民族组成。除此之外，还有一些少数群体正经历着最极端的社会排斥，包括吉卜赛人、艾滋病患者、药物滥用者、难民和寻求避难的人。但事实却是这些人通常被排除在贫困研究外，因而这更加剧了对他们的社会排斥。甘斯(Gans，1996：151)认为“底层阶级”(undercaste)这一术语可能更能准确地描画出这些“社会其他人回避不及的地位如此低下的人群”。

在20世纪60年代到70年代之间，就像在第三章中所提到的，(政策的)重点在于针对问题家庭和问题社区融入边缘群体。到了20世纪80年代，改革的重点因控制技术发生了变化。尽管20世纪60年代和70年代的公共政策的根本推力被认为是一种控制性融合(controlled inclusion)，但是自此之后，它便变成了一种强制性的边缘化(Oxhorn，1995)。霍吉特(Hoggett，1994：46)这样评论道：“这种新的社会控制似乎更依赖政治性和空间性排斥的过程。”他对此得出结论是：“下层阶级”正在经受一种“空间性种族隔离”的进程，他们被视为被排斥在大众之外的“其他人”。在这项研究中，“下层阶级”愈加与社会中的其他人断开联系，他们生活在以社会内爆(social implosion)和碎片化为特征的“塌落的社区”中。这种将下层阶级隔离出社会的“新自由主义”与全球性世界(大同)主义形成了鲜明的对比。

达伦多夫(1994：15)认为“下层阶级”这个名称用词不当，它仅仅只是对受到社会排斥的受害者的一种简单描述：

“‘下层阶级’并不是一个阶级的问题。严格来说，这个命名本身就是错误的。阶级是基于共同的利益条件所形成的关系框架内相互冲突的群体……相反，‘下层阶级’仅仅是一群受害者。他们不大可能组织起来去保卫那些看起来很相似，但实际上并不是其成员的共同利益。”

约当(1996：199)就上述观点评论道：“不论是否存在一个基于不同利益取向、策略和文化习俗的许多个体所构成的‘阶级’，事实上，有影响力的评论家和民粹主义政治家有能力去形塑公众的观点，并动员暗藏在这一概念周围的潜在群体展开政治行动。”

新右派用“下层阶级”攻击福利国家，认为福利国家催生出了一种依赖文化，但这遭到了许多评论家的批判。他们认为“下层阶级”蕴含着侮辱性的种族主义的术语(Levitas，1998：14—21)。新保守主义的社会政策分析家查尔斯·穆雷在1990年一次从美国到英国的访问中，把自己描述成一个“从疫区而来，看看疾病是否正在蔓延的来访者”。他把这种疾病描述成一种“通过侵蚀工作伦理和家庭伦理来影响整个社区生活的价值观”(Murray，1990：4)。当穆雷2000年第二次访问英国的时候，他进一步考察了“下层阶级”的概念：“‘下层阶级’并不仅仅指那些贫穷的人群，而是指那些处于社会边缘，未实现社会化以及经常处于暴力情境下的人群。”(《星期日泰晤士报》，2000年1月13日)

英国首相托尼·布莱尔在使用“下层阶级”这个词的时候，不断地将这个阶级中的人描绘成经济和道德上失败的受害者：“一般来说，他们的生活标志是失业、缺乏教育、犯罪、滥用药物的和家庭不稳定。”(引自Levitas，1998：155)布莱尔对此给予的结论是：这些“下层阶级”生活在一个“没有任何想要把自己的理想分享给社会中的其他人的意识”的环境中，然而，“作为一个英国公民……作为英国所有家庭的一部分应该分享他自己的愿望和心声(aspiration)”。

因此，能在20世纪90年代见证一场关于公民权本质的重新辩论并不值得惊讶，这场辩论再次主张将责任和义务作为获得公民权的权利和资格。达伦多夫对于在这样理念下的公民权的内涵评论道：“或许有必要强调义务和权利的对等性，但是一旦这两者的绝对特性消失了，那扇门就不再仅仅为了那个可以变得仁义的无形的市场的手而打开，而更有可能是为了那些总是告诉人们什么时候该做什么的看得见的统治者的手而打开。”对于那些经历着最极端的社会排斥形式的少数群体(吉卜赛人、艾滋病患者、药物滥用者、难民和寻求避难的人等)来说，达伦多夫(1994：13)的观点特别能引起他们的共鸣。

全球不平等日益加剧的趋势，有时也被称作“无声的萧条”，使得全球最穷的五分之一人口平均只分享着5%多一点的财富，然而最富的5%人口却掌握着40%—60%的全球财富。在美国，高中辍学的学生的收入已经自1973年降低了23.3%，高中毕业生的收入也降低了17%，甚至一些专科的学生(还没有达到大学学位水平)的收入也下降了7.3%。然而在社会的另一端，全国最富有的1%的家庭掌握着全国40%的财富(Cohen，1995)。

在英国，朗特里基金(Rowntree Foundation)《关于收入和财富的调查》[1995：(1)6]显示，英国的收入不平等在1997年到1990年之间的快速增长已经创下了自战后以来的历史新高。在国际上，这种增长是一个特例，它的出现包括众多原因：失业率的增长、税收差异的扩大、福利金的降低和累退税率的提高。这对边缘社区和少数族裔的影响尤为明显。约瑟夫·朗奇(Joseph Rowntree)的调查显示，这种不平等的急剧增长对社会结构和经济效率都是一种威胁。

在对社会结构的威胁方面，朗特里调查[1995：(1)33]的主旨是“在我们这个富裕的社会，最穷的人的生活水平和条件已经到达了一个不能接受的低点”。他还补充道：“我们所关注的核心问题是全国人口中最穷的20%—30%的人未能从近期的经济增长中获得利益——这不仅仅是源于对那些直接受到经济影响的人群的担忧，同时也因为，当一大群人无法因为他们的业绩获得任何回报时，整个社会结构和社会经济都会被破坏。”[Rowntree，1995：(1)38]该调查[1995：(1)34]警示道：

> “当贫富之间的差距越拉越大，被抛弃的边缘群体所带来的问题就会反弹给大多数人。不管是道德上的争议还是对利他主义的感情，每个人都应该在这个充满凝聚力的社会中分享自己的利益。”

这一警告提出了关于社会凝聚力的必要性的重大问题，这一问题直指后现代社会问题的核心，即社会碎片化和社会解体/分化。社会凝聚力正处于一个不稳定的断裂的社会重压之下，越来越缺少共享的价值和共同的利益(Dahrendorf，1995：16)。列维塔斯(1998：22)认为，这些关于社会排斥和社会凝聚力的论述都暗示着欧洲社会政策的影响力越来越大，已经超越了国家和意识形态的话语。事实上，关于欧洲大陆社会凝聚力的争论，盎格鲁—撒克逊模式(Anglo-Saxon)对于社会资本的论述正好与之对应。两者都将议题转移到了信任和推动建立一个更有道德的社会的需要上。这是人本主义由来已久的争论。1995 年，联合国在哥本哈根召开的社会问题世界首脑会议是全球持续关注财富创造和社会凝聚力之间关系的重要例证。

二、公民社会、信任和公民人道主义

公民社会和公民道德都与个人与社会之间关系的定义密切相关，它牢牢扎根于西方文明的智识传统之上。它们在自然法教义和古希腊罗马的政治哲学学说中也清晰可见。达伦多夫报告(1995：16—17)曾指出："欣欣向荣的公民社会带来了社会凝聚力，所有的公民都被赋予了基本的共同地位，形成了一种归属感和公民的自豪感，并鼓励大家参与到具有公共属性的共同关切中去。"

希腊语中的"*arete*"一词被翻译成"美德"，指的是一种可以被称为美好的制度或者个人所被赋予的品质。柏拉图(Plato)将人类的美德分为四个部分：智慧、勇气、节制和公正。对于柏拉图来说，公正既是人类美德的一部分，同时也是将人们聚集到社会中的纽带。这种美德使得个人既是美好的又是社会的。这是柏拉图政治哲学的首要和基本原则。文艺复兴时期，意大利哲学家马基雅维利(Machiavelli)一直在反思罗马共和国失败的实践教训，并把公民美德作为自由社会的基本要素。他将个体和身体政治中的美德与活力视为同等重要，认为只要是缺乏公民道德的地方，人民就会堕落，暴政就不可避免。对于马基雅维利来说，管理社会最重要的两大力量就是财富和美德(fortune and virtue)。财富是一种变化无常的力量，不可预知也不可抗拒，它从外部对个人的命运产生影响。然而人并不仅仅是运气的受害者，他们可以寻找掌握自己命运的方法。公民道德的力量可以使他们掌握自己的命运，当人们的道德越高尚，社会就越自由。

文艺复兴时期的公民人道主义者认为，公民道德是维持"公民生活"的基础。就像托马斯·史塔基(Thomas Starkey，1533：27)在他的《对话》(*Dialogue*)中说的那样："公民生活包括以良善和政治秩序一起生活，愿意为他人做好事，并且因为善意而诚实地共同合作。"这就是公民美德传说中的道德的人，今天(实现的一切)就如早期历史中所呈现的一样真实。

20世纪90年代出现的一场关于公民信任的价值标准的新争论并不令人惊奇。在这场争论中，美好社会被重铸为公民社会。自从它促进了一种新形式的社群主义出现后，这种发展在本质上就代表了一种集体主义的转向(Etzioni，1994；Fukuyama，1995)。然而，将这种趋势看作福利国家中社群主义的集体主义价值观未免过于简单了。"新社群主义"的公民社会的拥护者想要寻找的其实是使全球化市场和积极的公民权形式达成妥协一致，在这种形式中，个人通过社区参与实现道德承诺。在某种程度上，这是一个横切面的定义，它蔑视了个人主义和集体主义之间的差别。这既是它的优势又是它的劣势。

在关于福利的道德经济的当代辩论中，公民社会的倡导者将互惠责任和社会福祉看作“社会资本”的基础。福山(Fukuyama，1995：26)声称：

“社会资本是一种能力，这种能力源自普遍存在的社会信任或者部分存在的社会信任。它可以体现在最小的和最大基础的社会群体之中，就好像家庭和国家，它也可以存在于介于家庭与国家之间的所有其他群体中。社会资本不同于其他任何形式的人类资本，它通常通过类似于宗教、传统和历史习俗等文化方式进行传播。”

因此，社会资本包括以团结的个人主义和积极的公民权为基础的充满活力的公民社会的制度关系，这种关系存在于各个层面：从大家庭到邻里网络、从社区团体到宗教组织、从青年俱乐部到家长教师会、从地方经济到地方公共服务、从幼儿园游戏小组到巡逻的警察(Borrie Report，1994：307—308)。公民社会的核心是同理、共情、信任和参与。这就是我们在不确定性，在怀疑主义，在幻灭和在制度分裂的社会中所渴望找寻和归属的“美好社会”的基础。因此，多元化的生活方式和对意义的找寻刺激了公民社会概念的复兴，并将其作为解决当代社会问题的方法。也许，这些问题中最严重的就是社会排斥，因为它体现了社会中的断裂，而这也正是社会瓦解的种子。社会排斥导致了不信任和个人生活质量的下降。它同时也带来了压迫性的社会政策，例如，零容忍政策的出现削弱了民主价值。也正因为如此，民主和人道主义在政治体制中相互依存。

三、信任、包容与社会工作

信任是具有包容性的社会的基础。爱尔兰《社区和志愿部门以及他们与国家的关系绿皮书》(*Department of Social Welfare*，1997：25)观察道：

“创造尊重个人自主权的文化和社会是十分重要的。在那样的社会中，个人有机会去发掘自己的潜力，并为了自己和他人谋福利。这意味着需要去创造一种支持个人或群体实现这些事情的氛围，而不是让他们接受事情发生在他们身上。这种文化尊重多样性和社区团结。相互的依赖被建立在相互的信任和对话之上……所有的人，特别是那些现在被排斥的人，必须促进他们参与到有关问题、政策方案和项目落实的对话中来。政府机构和官员必须确保公开和互信的态度，并且在回应那些被排斥的人所关心的问题时，必须建立一种灵活的互动机制。”

“绿皮书”只是爱尔兰国家反贫困战略的一部分，这一战略试图寻找解决社会排斥所带来挑战的办法。然而，20 世纪美国和英国对此的论述主要以盎格鲁—撒克逊模式为基础，认为志愿社团、教会和社区应该是自由的和自主的，爱尔兰的愿景是一种更欧洲化的视角。它认为志愿部门和社区部门与国家的关系在本质上应该是共生的(Silver，1996：112)。

20 世纪 90 年代，各种迹象表明英国的志愿部门和国家正在逐渐形成一种伙伴关系(Lewis，1999)。值得注意的是，在新工党执政时期，英国曾颁布了《英国政府、志愿部门和社区部门关系契约》(*Compact on Relations between Government and the Voluntary and Community Sector in England*，Home Office，1998)。社会工作在欧洲大陆一直深深地嵌入在志愿部门和社区部门之中，与教会、人道主义和社会主义社团密切相连。同样地，在美国、加拿大和澳大利亚以及大多数发达国家，志愿部门和社区部门在协同政府机构传递个人社会服务方面扮演了十分重要的角色，例如刑事司法、教育、社会救济、特殊就业援助、医疗和住房等。这一组织形式已经成为社会工作领域的全球范式(Jordan，1997：18)。

另一方面，就像在第三章中提到的那样，英国的社会工作已经发展成国家福利不可或缺的一部分——第五类社会服务。它的排他性也同样可以被归因于洛克基于政治与市场关系的契约观念。因此，英国的社会工作在后现代社会中面临两个艰深的困境。第一，自身推动力的矛盾。约当(1997：10)在对英国的现实的描写中这样评论道：“社会工作的核心是矛盾的，一方面它产生于由市场导向的经济个人主义，然而它的价值观是一个人道的、包容的、互惠的共同体须为它的成员担负起集体责任。”第二，以工作福利制为缩影的执法国家的出现削弱了社会工作的价值基础。约当(1997：10)论述道：“社会工作所代表的共同体精神披着霍布斯式第三方执行的外衣——就像是一种利维坦式的照顾者面孔。”这多少带有一点讽刺的意味。英国政府想将感化服务从社会工作中分离出去，因为他们认为后者会颠覆这种报复性正义(retributive justice)。内政大臣杰克·斯特劳(Jack Straw)正计划将感化服务重新命名为“社区改造和处罚服务”，同时，感化官变成“社区处罚官”(《卫报》，1999年12月8日)。约当对社会工作者和“内战中戴蓝色头盔的联合国维和人员”的类比可能更有说服力。信任是一种挑战。这种角色是模棱两可的：

“他们(社会工作者)总是遭到谴责，有的时候受到两方面的攻击。他们被斗争双方公开地操纵和利用，他们的工作常常是道德上的妥协。”(Jordan，1997：10)

商业化对社会工作提出了进一步的挑战，尤其是在英国和美国。社会工作专业背弃了对工人的历史使命，赞成治疗个人主义表明了这一挑战的影响。此外，“契约文化”的出现将福利转变为一种能在市场上买卖的商品，这一变化极大地威胁了信任的基础。商业化包括将“社会的”私人化。团结精神也因此被排除在照顾服务供给之外。在这个强制政府和私有化的时代，社会工作很难促进信任的发展。回到约当对戴蓝色头盔的联合国维和人员的类比，我们发现，社会工作不可能随时待命并在面对排斥和社会不公平的时候采取中立的立场。社会工作在与国家和公民社会间的协商中受到质疑。这意味着它需要重新考虑自己的角色和任务，以促进社会凝聚力、社会信任与社会和谐的发展。然而这样的协商又包含什么呢?

法国的社会工作者已经展现出某些可能性。他们制定了自己的“第三条道路”，他们将社会主义者对团结价值的追求与人道主义者对个人权利的关心进行了调和。与主导英国福利话语体系的洛克个人契约论(individualised centractualism)不同的是，法国强调的是涂尔干所说的穷人和国家之间社会联结的概念。法国的社会工作者通过利用兄弟会的共同情谊，促进工人阶级对互助共生进行实践，锻造了“整合”(integration)“凝聚力”(cohesion)“团结”(solidarity)的理念(Silver，1996：21)。一种“渗入式”(insertion)的政策，是十分流行的最低收入保障政策的缩影，为“最低融入所得”(Revenue minimum d’insertion，RMI)政策提供了必要的动力。德拉哈耶(Delahaye，1994：25)将“渗入”定义为：“一种动态的进程，使得处于被排斥情境中的个人可以在社会的核心中获得和寻找一个被认可的地方，同时内化这种能确保自主权的社会功能(while internalizing the social functions whose mastery ensures automony)。”从本质上来说，“渗入”(insertion)政策关注的是社会的参与。然而，RMI 政策的接受者需要签署一份“融入契约”，这份契约通常聚焦于就业问题，在某些情况下需要和社会工作者一起协商参与的形式，其内容一般包含“日常生活、行为和家庭关系”(Levitas，1998：22)。法国社会工作者的路径强调了社群主义在社工实务中的重要性。对于信任的挑战也引发了社会工作实务中有关个人主义和社群主义的横向比较问题。

在 1982 年《巴克利报告》出版之后，英国社会工作界发生了一场关于社区责任问题的热烈争论。英国社会工作届认为：“工党相信，如果想要在 20 世纪的最后几年满足公民的社会需求，个人的社会服务就必须和公民密切合作，更加关注社区及其优势。”(Barclay，1982：198)相反，一种以“案主为中心”的个人主义的方法出现了，旨在面向回应式服务(reactive service)，专注社会风险的管理。毋庸置疑，20 世纪 80 年代，英国新自由主义思潮的影响在反对《巴克利报告》所拥护的社群主义中发挥了关键作用。因此，这个原子化的社会开始险象丛生。

四、社会工作、风险管理和危机

吉登斯(1999)在 BBC 的里斯系列讲座栏目“失控的世界”中曾用“风险”作为其中一讲的主题。对于他来说，“风险是指一种对于未来可能性的威胁的积极评估”(Giddens，1999)。“风险”一词是与 16、17 世纪西方探险家的航海活动相联系的现代性产物。风险，就像吉登斯所指出的：“与可能性和不确定性密不可分。”关于社会政策，吉登斯(1999)评论道，“福利国家的发展可以追溯到英国伊丽莎白时期的《济贫法》，其本质上也是一种风险管理体制”，同时他补充，“保险的提供，不论是私人保险或是国家福利体系，其本质上都是对风险的重新分配”。贝克在他最有影响力的《风险社会》(1992)一书中写道：新的并不是风险本身，而是我们的风险意识和对风险的控制能力。

风险管理是福利思想和社工实务的核心。罗奇和塔克(Roche and Tucker，1997：4)还观察到，除了对他人负责，福利传统本身也包含了很多公民核心活动：

1. 照顾他们；
2. 确保他们的安全；
3. 满足他们在食品、住房等方面的物质需求；
4. 支持他们解决个人困难；
5. 在必要的时候教给他们适当的行为方式并适时规训。

风险的存在也和个人与家庭成员的预测风险能力相关联。然而对于暴力预测的研究还没有使人产生信心，按照帕顿（Parton，1995：139）的说法："对于暴力预测的实证支持还很匮乏。"他又补充道，"这种困境导致统计出现'漏报'和'误报'的问题"，"显然……这已经极大地影响到了公民自由"。同时他推论："那些反对这种发展的人通常强调个人权利的重要性，担心个人权利会受制于这种干预。"危险和灾害已经反身性地和后现代的福利论述联系在了一起，证明了风险管理策略的辩护是为了更好地控制（它们）。

后现代社会中的社会工作在从事风险管理工作时面对的是一群特殊的案主，包括"处于风险中"的儿童、青少年罪犯、社区中的精神病患者与无家可归者和露宿街头者。这些社会群体挑战了福利的界限，突出了风险和信任环境的不断变化，这种对危险的认知重构了社会政策和社工实务。

（一）"处于风险中"的儿童

儿童保护已经成为后现代风险管理最敏感的领域之一。弗格森（1997：221）写道："在儿童保护领域，一种全新的专业风险意识可以上溯到与死亡和性相关的晚期现代性的存在危机以及人为风险的出现，社会工作者已经感知并经历着儿童保护的未来充满着不确定的风险。"

在儿童虐待调查二十年后，风险管理重塑了社会工作的任务，在相关话语体系中，"福利"一词被"保护"所替代。在实务中，社会工作逐渐变成一种监督实践，深入调查被社会排斥的儿童的照顾标准（Parton，1991，1994；Thorpe，1994，1997）。帕顿（1995：176）在《儿童虐待政治学》（*The Politics of Child Abuse*）一书中总结道："这个问题已经构成了强烈的道德主义，它支持家长制，并由此假设儿童虐待即便不是最坏的，也是最坏的表现之一，表明了家庭秩序和社会秩序的衰退。在这种意义下，儿童虐待就变成了一种新的问题陈述的原型，允许社会排斥成为一种惩罚性权力的场域。”

英国卫生部在《儿童保护：来自以往的研究信息》(*Child Protection*: *Messages from Research*，1995)中建议需要重回预防、家庭支持和“有需要的儿童”。然而，在基于财政透明和基于问题化的道德式论述(morally based discourses of problematisation)的背景下，很难知道儿童照顾政策的重要性能被怎样重铸。沃特豪斯和麦吉(Waterhouse and McGhee，1998：282)指出了这是一个悖论，通过法律的强制命令，“一个儿童”获得资源使用的机会很可能因此大大增加。

2000年2月12日《卫报周末版》一篇名为“纯真的结束”的关于儿童性虐待的报道声称“儿童所遭受的性虐待有近一半是由其他儿童造成的”。它暗示五岁大的儿童就可能有虐待儿童的罪行。报道引用了全国防止儿童虐待协会(NSPCC)的数据，证明预计“有40%的儿童虐待是由别的儿童造成的”。它指出，1997年的最新数据显示：在英国，超过1 000个年轻人因性犯罪被判刑或警告。尽管性犯罪登记的儿童数量我们还不清楚，但是报道估计“可能在200个左右”。《卫报》质疑道：“难道在这个新的令人不安的世界，儿童正常的性发展已经被犯罪化了吗？”答案是，社会对于风险的专注削弱了儿童在法律和社会上的地位，使得犯罪儿童的数目不断增加。或许把“纯真的结束”称作“童年的结束”才更加贴切。

(二) 青少年罪犯

对于法条主义的重视也已经变成了一种对逃学学生和青少年罪犯的处遇标志，这些孩子越来越被看作一种危害和社会风险。福恩特斯(Fuentes，1998：20)从美国的视角评述道：

> “在这二十年当中，我们对儿童和青少年的集体态度经历了一场巨大的转变，这种转变体现在我们的教育、审判体系和日常话语中。‘零容忍制度’变成了公立(州)学校和少年法庭的咒语，而其真正含义是越是年轻就越值得怀疑。拉丁裔和黑人青少年在不断增长的青少年罪犯化的冲击中首当其冲。但是这种趋势在某种程度上已经开始跨越种族和民族的边界。青少年，同它的纯真和脆弱一起，正在失去他们在社会中的领地和利用价值。”

1998 年在斯普林菲尔德(Springfield)、俄勒冈州(Oregon)、琼斯伯勒(Jonesboro)和阿肯色州(Arkansas)发生的几起青少年被同学杀害的事件,引起了公众的愤慨。这和早先在 1993 年 2 月发生的英国幼童杰米·博尔杰(Jamie Bulger)被两名十岁大的儿童杀害的事件相似。然而,公众的复仇和报复情绪取代了寻求和了解这些恐怖事件发生的原因和意义。当时英国保守党首相约翰·梅杰(John Major)就杰米·博尔杰被杀这一悲剧事件,敦促整个国家"多一点谴责,少一点理解"(Jones and Novak,1999:1)。1999 年,欧洲人权法庭裁定杀害杰米·博尔杰的两名凶手未受到公正的审判。1999 年 12 月 17 日《卫报》的一篇社论公开表态:"儿童杀人犯也许是一种特例,但是他们和其他的青少年罪犯一样,仍然应该得到保护。复仇不是正义。"当得克萨斯州的一名议员要求对一名 11 岁的儿童执行死刑时,福恩特斯(Fuentes,1998:20)评论道:"他得到了很多的支持,因为在这个犯罪和惩罚并存的时代,有义务对选区内没钱没势的选民给予保护。"然而在英国和美国,对青少年罪犯的同情和关心明显缺乏支持。

在道德恐慌的气氛不断增长的后现代社会,媒体将社会青少年罪犯的形象描绘成民间恶魔。我们不必感到惊奇,伴随这种对青少年罪犯的广泛共识的是,越来越认识到需要一种以社会工作者为代表的柔性政策选择(比如福利)进行祛魅。自称是代表了公众舆论的福利批判利用这种"焦虑"重塑了现在的未成年人司法体系运动。自相矛盾的是,他们在自由主义者倡导自然权利的论点中得到支持,并不断质疑福利观念的道德基础。在实践中,根据自由主义者的观点,一些所谓的福利设置是值得怀疑的,他们认为将儿童关押起来以惩罚他们的所作所为是正当的,却质疑我们在他们变成好人前所给予管制的必要性。因此,批评家认为福利的概念是一种放任的政策和对自然权利的否定。社会工作者在这种双重重压下晕头转向,一方面是所谓无效的放任,另一方面是受到道德上的质疑。正是在这种氛围中,以公正为原则的青少年司法体系得到了广泛的支持。公正意味着退回到"罪有应得"的古典犯罪学逻辑。在过去的二十年中,关于"公正"和"福利"的激烈辩论一直是民粹政治的重要组成部分,与新右派的崛起和老左派的撤退并行。

关于"公正与福利"的激辩,最终是一场关于手段而非结果的讨论。剥去两者抽象的哲学修辞,这是一场有关如何最好地实现青少年罪犯服从法律的对话。一方主张关照和保护，另一方主张责任、赔偿和惩罚。然而，近一个世纪以来，年龄和社会境遇一直是青少年法庭在追求司法公正中所考虑的问题：福利原则深深地嵌入这个体制中。苏格兰的福利模式能够被保留下来完全是因为它是有效的；而在英格兰和威尔士，福利在撒切尔和梅杰的保守派政府执政期间发生了根本上的改变。《青少年罪犯》白皮书(1980)昭示着官方对青少年罪犯态度的强硬化。然而，在1991年《刑事司法法案》和1997年《刑事(判刑)法案》之前，(官方态度)已经十分明显地全面转向正义模式。1998年的《犯罪与不当行为法案》引入了《反社会行为法则》，该法则可以被应用于任何“可能造成社会骚乱”的行为。这一政策包括了美国的宵禁实践、社会排斥实践以及对年轻人活动的管制实践，这限制了青年公民的公民自由。然而，年轻人并不是唯一一类在这个愈加利维坦式的国家(Leviathan state)中被视作危险的公民。

(三) 社区中的精神病患者

《独立报》1999年11月15日宣布了“对从精神病院出院的潜在危险病人进行全新的严格控制”。为了配合福利哲学改革，英国于1993年制定了《精神卫生法案》这项根本改革措施。在该提案下，出院的病人被具体规定了应该在哪里生活以及应该在哪里受到照料。那些不能遵守条款的病人将会被遣返回医院接受强制治疗。部长们推出这项政策改革，旨在将其作为介于制度化和社区照顾中的“第三条道路”。

1999年5月23日，《纽约时报》刊登了一篇由迈克尔·瓦恩里普(Micheal Winerip)撰写的名为“街头疯人院”的研究文章。该文章总结了运用社区照顾对精神病患者治疗失败的可能性：

> “随着安定剂的引入，全国范围内的公立医院开始将病人移交给社区。这曾是一个充满希望的决定；在这之前，很多公立医院已经变成了疯人院(snake pits)。然而，国家在此后却从未建立过任何门诊服务去代替这些医院，把很多重病患者抛弃在街头。”(Winerip，1999：45)

瓦恩里普讽刺地总结道，精神卫生系统之所以表现得如此不合理，通常都是因为钱的问题。起初，推动关闭公立医院的原因是可以省钱，而后来却没有动力去建立那些被迫切需要的社区住房来替代它们，原因也是这样做要花钱(Winerip，1999：49)。

这篇报道虽然谈论的是纽约——全球最富有的城市之一——但是这种情况很可能出在任何一个地方。精神病患者的社区照顾所发生的这些令人不安的现实说明它并不能为社区提供切实有效的帮助，反而使许多弱势群体无家可归。公众对无人监管的精神病患者在大街上游荡所带来的危险感到惊恐。在美国，许多的精神病患者最终是被关进监狱的。瓦恩里普(1999：46)指出："国家监狱和看守所中现在的精神病患者(200 000)要远多于医院中的数量(61 700)！"

在英国，1983 年《精神健康法案》规定，社会工作者应对适当的服务需要进行评估，参与"旨在减少受伤害的风险，最大限度地提高独立性和提高生命质量的活动"(Thompson，1998：301)。然而，由于资源的匮乏，该制度最终渐渐走向失败。《英国社会排斥部关于露宿街头者的报告》(*The Report by the Social Exclusion Unit on Rough Sleeping in England*，Social Exclusion Unit，1999：4)有"30%到 50%的街头流浪者都患有精神健康问题"的记录，同时又强调"他们中的绝大多数人(88%)在他们无家可归之前都已经患有精神健康问题"。

(四)无家可归者和露宿街头者

1999 年 11 月 15 日，《独立报》一篇关于无家可归者和露宿街头者的社论中批判了新工党的策略：

"'不要给乞丐钱，这只是在鼓励他们（继续当乞丐）。'这种忠告绝对可以将人划分出来。这可能是政治上的左派和右派在情感和哲学上最根本的区别。对于右派来说，为了他好你必须对他残忍：如果你给他们高质量的睡袋，无家可归的人就更愿意露宿街头而不是去破旧的旅馆。对于左派来说，你在道义上必须承担起在你面前的需求：只要那些人还在街上，不论什么原因，他们都应该得到帮助。"

这篇文章写在露易丝・凯西(Louise Casey)之后，工党政府的"无家可归者的负责官员"(homelessness tsar)公开指责慈善救济和《大问题》(*Big*

Issue）杂志象征性的短期资助，却使得无家可归者和街头流浪者的问题迟迟得不到解决。露易丝·凯西对于慈善机构这一传统信仰的深刻攻击揭示出需要一种长期有效的手段。她宣称："我们应该坚定地要求我们自己在白宫提供有关的预防措施，就像期望我们的合作伙伴在街头提供真正的、持续的解决方案那样。"（《卫报》，1999 年 11 月 18 日）

《英国社会排斥办公室关于露宿街头者的报告》（1991：1）得出的结论是，每晚约有 2 000 人露宿街头，同时这一年中有多达 10 000 人曾在街头露宿过。街头露宿群体大部分是有过机构照顾背景的人。其中四分之一至三分之一的人在儿童时期曾受到地方当局的照料，大约 50%的人有犯罪前科，四分之一到五分之一的人曾在军队服役过（Social Exclusion Unit，1999：3—4）。

首相托尼·布莱尔在《社会排斥部报告》（*SEU Report*）的前言中表达了公众的担心："许多人对街头露宿者、乞讨者和街头醉汉感到恐惧，街头露宿者给地方带来了阴影，破坏了商业和旅游业。"《社会排斥部报告》主张采用一种"联合行动策略"（joined up solution），以更好的服务合作为基础，目的是最早在 2002 年前将现有的无家可归者和街头露宿者的数量减少三分之二。

关注街头露宿者的其中一个问题掩盖了无家可归这个更大的问题。这一情况因为缺少对什么是无家可归者的共同定义而不断恶化。1995 年，英国官方估计无家可归者的人数是 125 000 人。《独立报》的估计比这个数据还要高出许多，说明很多问题都被掩盖了（Walker and Walker，1998：53）。对于风险和风险给街头露宿者带来的危害的关注，分散了公众对无家可归者的规模和潜在危害性的注意力。

在美国，纽约市长朱里亚尼（Giuliani）采用了一种新的制度，无家可归者被要求通过劳动保住他们在庇护所里的床位。工作—庇护所之间的联系遵循的是 1896 年纽约废止的《济贫法》中的归责原则。在古典《济贫法》传统中，那些拒绝为他们的住所工作的人将无法享受福利，他们的孩子将被送去寄养。来自无家可归者联盟（Coalition for the Homeless）的史蒂芬·班克斯（Steven Banks）说道："这个城市想把弱势的纽约人都赶到大街上去的这种氛围简直令人惊呆了。"（《卫报》，1999 年 10 月 27 日）因此，我们很难不把这一政策的改变看成一种 20 世纪 70 年代拉美独裁者对穷人采取的强制边缘化行动（Oxhorn，1995）。

五、社会工作、排斥和权力

里斯曼尖锐地概括了社会排斥对社会工作所形成的挑战：

"社会工作者参与复杂的决策通常涉及相关的风险、安全、伤害和保护。他们在社会责任和集体责任共识崩溃与基于个人选择和责任的价值观的增长的情况下开展工作。矛盾的是，'社会'在经历着普遍的经济不稳定的同时，还面对着边缘化和脆弱化的不断增长，尤其是和那些失业的、贫困的和无家可归的或者是有精神健康问题的人有关的问题。社会工作与这些变化紧密相关，社会工作者的困境和行动反映和象征了对不稳定、安全、边缘化、风险和控制的广泛关注。"(Lishman，1998：90—91)

社会工作的问题在于它的改良思想，其基础是通过一种以控制进行融合、反对强制性边缘化的政策，能与福利国家的实践互补。在后现代时代，当新右派创造出一种依赖文化不断攻击福利国家时，社会工作首当其冲。因而构成了它本质上的脆弱性。

然而，一个更深远的原因同样可以描述社会工作现阶段相关的专业性成功。但它并不被它所想要提供帮助的受社会排斥的人所信任。琼斯和诺瓦克(Jones and Novak，1999：84—85)注意到：

"下层民众对社会工作的看法大都是消极的。许多工人阶级社区都认为要避免社会工作者(的介入)，因为他们有带走孩子或者是把谁送进精神病院的权力。他们之间很少存在新人。"

此外，黑人由于社会工作未能尊重母权制家族照顾的完整性而被疏远(Jones and Novak，1999：85)。社会工作者倾向于支持以双亲婚姻为基础的"正常家庭"这一静态概念(Allan，1997：58)。这种文化识盲(culture blindness)进一步疏远了社会工作者与服务对象。

英国和爱尔兰的儿童福利院发生的地方性问题揭露了儿童虐待的制

度化，这是一个重大的公共丑闻。在爱尔兰，天主教会被认为应该为儿童福利院的管理不善承担责任，同时在英国，社会工作被认为应遭到谴责。那些应为社会上大多数的弱势人群的照顾和福利负责的人背叛了公众的信任，因而对社会工作的未来也产生了深远的影响。在斯塔福德郡(Staffordshire)儿童福利院的 Pindown 丑闻中，社工从 1983 年到 1989 年的整整六年都默许了这种虐待体制，这是社会工作的一种典型失败，即未能照顾社会最弱势的群体。沃特豪斯特别法庭对北威尔士福利院儿童制度虐待案的审判显示了儿童虐待是体制化管理的特有产物。2000 年 2 月 20 日《观察家报》的一篇社论质问道：

"沃特豪斯特别法庭的裁定是关于过去的还是现在的？关于北威尔士福利院儿童被虐待的报告上周才公布。有关它细节的详细资料——可怕的人类背叛和悲剧——仍然还在一天天上演。但是这一报告只是有关'那时'呢，还是也包括'现在'？或者，沃特豪斯是否能够揭示儿童'照顾'的未来呢，一个可能比现在还不安全的未来？"

《观察家报》对此自问自答道：

"有一些问题不会消失。最本质的是男性性欲和对弱者的权力感之间的联系。沃特豪斯特别法庭说明了身体虐待和性虐待是如何被交织进权力的快感中的。同样持久的是，人类倾向于不去问那些答案可能是令人不安的问题。就像邻居们从来不问 Belsen 是为了什么，北威尔士的行政官员也从来不去询问灌木丛后面发生了什么？

但希望还是有坚实的基础存在。目前而言最重要的改变就是知识。英国和爱尔兰已经用了十年的时间来阻止任何一台电视机播出有关揭露照顾儿童被虐待的真相。回到七八十年代（20 世纪 70、80 年代），那时连发生在他们身上的是什么都没有被命名。但是现在它叫'虐待儿童'，一个臭名昭著的罪行，一个可以被抓住的充满暴力的把柄(a red handle they can grab for)。

我们正在学到更多的东西。在英格兰和威尔士，90%的'受照顾'儿童生活在寄养家庭。得到公认的是，更大的福利机构工作人员和收容者的性别比一定要均衡，他们必须被独立地'访问'，就像犯人一样，福利院的孩子也必须和外界相联系。我们必须警惕施虐者的残忍性。所以这也是一场使人们相信儿童也拥有权利的运动。幸好，最坏的时候也许已经过去了。”

当代社会工作面对的最大挑战，就是需要和他们的案主以及公众建立起信任关系。当下的社会工作完全被当作一种管理活动，侵入家庭生活，剥夺弱势群体的权利，这些都对案主造成了深深的伤害。对弱势群体的虐待正在挑战社会工作存在的权利。少数群体相信是社会工作所代表的文化统治和文化不尊重导致了严重的问题。如果社会工作想要面对这些挑战，它就必须建立起信任。目前，社会工作的实务方法需要从根本上进行重新评估。面对一连串发生在弱势群体身上的虐待，社会问题的个性化服务还远远不够。就像《观察家报》上指出的那样，悬殊的权力差距，常常成为虐待的原因。

六、增权、共同体和包容实践

穆拉利(1997：164—181)为社会工作在社工和服务使用者之间建立信任提供了一系列实务原则：承认个人的即政治的；增权、意识觉醒、正常化；集体化，重新定义对话关系。他指出这些原则为一种包容的或者“结构”的实务途径提供了基础。穆拉利引导社会工作冲破自身的传统理论架构，转向以人为本的导向(personalist in orientation)，同时关注社会工作的政治。他指出，“微观社会工作和宏观社会工作的传统分歧削弱了个人和政治之间的联系，而这恰恰是社会工作的核心”，同时他又补充道，“尽管它们可能反映了当下个人被分隔开的政治现实，但是它们却没有反映出人们生活的社会现实以及真正的好的社会工作实务”（Mullaly，1997：165)。穆拉利认为，社会工作培养课程和受限制的机构授权需要为这种分歧负责，因为他们导致了社会工作在政治上的僵化。

在接下来对增权、社区共同体和包容性实务模式的研究中，作者将利用全球文献和他参与的科克郡北区(Cork Northside)教育方案的本土经验(来分析)。这一方案的目的在于为该郡北区的居民创造机会，使他们更好地参与社区发展和社会行动战略。和许多城市一样，科克郡也遭到了分隔，就像该郡北部社区所经历的高度社会排斥一样。科克郡北区教育方案的总体目标是对抗那些经由商品开发和社会教育造成的边缘化和社会排斥所带来的权利剥夺。

对那些被排除在商品消费、政治参与和文化资本之外的贫困社区和贫困团体来说，社会服务显得尤为重要。然而，自相矛盾的是，贫穷社区的社会服务总是受到限制。赋权在本质上是一种对抗社会排斥的手段。根据奥沙利文(O'Sullivan，1993：195—196)的观点，赋权有四个基本特征。

1. 工具性的：知识、交流和读写能力。
2. 表达性的：从依赖到信任、自信和自由。
3. 批判：对所生活的社会的质疑能力和对现实的批判性解读。
4. 行动：基于批判意识和采取行动改变社会的动力。

巴西成人教育家保罗·弗莱雷认为“意识觉醒”是增权进程的核心。因此，意识觉醒和增权在本质上是一致的，是一样的东西(Friere，1972)。然而，这是一个复杂的过程。奥尼克斯和本顿(Onyx and Benton，1995：50)指出，“增权的概念来源于有关社区发展的论述，它与自助、参与、网络(networking)和公平的概念相连”，同时“增权意味着在个人和社会层面都可以使用权利”。

在科克郡，受到排斥的北区社区居民分享了他们对增权的愿景。来自诺克纳希尼/霍尼希尔青年中心的一个研究小组在1995年1月28日的反馈中指出：

“第二点就是，由社区自身去界定他们的需要是十分重要的。它包含一种对社会的思考方式和他们对社会运作的理解。在这一过程中，他们需要帮助，但更重要的是，他们必须学会自我思考，这才是增权理念的真正作用：从实际出发，去定义你想要什么以及你如何解决这些需求。届时就会形成一个共同的愿景，然后(人们)必须试图为了这一愿景努力联合起来。此外，这个愿景反映的必须是所有人的愿望。”(Cork Northside Education Initiative，1995)

增权式社区发展方案并不是一个新鲜事物：整个中世纪都在进行这样

的实践。最重要的例子是加拿大的安提格尼斯社区计划和美国的高地人计划（Antigonish Community in Canada and the Highlander Project in the USA），这两个计划在 20 世纪 60 年代的民权运动中发挥了重要的作用。欧洲最早的一些社区发展工作者就是在安提格尼斯社区受的训练。

社区发展的进程“包括通过促进人们之间的交流，使得人们利用社会行动来达到使个人和社会变得更好的最终目的”（O'Sullivan，1993：59）。科克郡北区研究小组对有关社区的认知在社区发展中的角色的内容的反馈十分简洁：

“社区发展既包含了一种思考方式，也包括了一种行动方式。同时，它还包含了对社会怎样运行、怎样对社区产生影响以及社区做什么才能给社会带来变化等问题的研究。在头脑中保有社会发展的这些方面是很重要的，因为当人们在讨论从当地层面采取活动所需要的技巧时，这点常常被忽略。

社区有丰富的技巧可以运用于社区发展进程。然而，社区在一些任务中仍需要帮助。例如，如果一个社区成功地联系到一笔资金来支持一个项目或任务，它就可能需要有人或机构来帮助它管理和利用这些钱。外界资源的培训和信息也是同样需要的。对于社区来说，从外部机构转移进来的技术是十分重要的，这样社区才能变得独立自主和自给自足。社区同样需要那些已经在别的地方成功实践的行动和策略的建议，这样社区才能意识到哪些在他们自己的区域之外已经被实践过了，并从中获得经验。”（Cork Northside Education Initiative，1995）

从上述分析可以清晰地看到，就克服社会排斥和文化不尊重而言，增权既是目标也是过程。

这种考虑使得社区发展区别于其他社会工作方法。社区中的增权实践包括一种指向意识觉醒的对话关系。穆拉利（1997：71）观察到：“许多的意识觉醒是由结构社会工作者运用政治教育的方式产生的，通过他们日常服务的努力，试图去培养服务使用者认识他们所受的压迫并告诉他们怎样与之斗争。”这种对话关系较之传统的等级专业关系更加民主。它抛弃了“大专家—小案主的模式”。更确切地说，它以共享人道主义为基础。它引领的是实现关系的“正常化”，在这之中，服务使用者不再被看作有问题的人，他们从受救助的人变成了公民。社会工作的核心问题也因此重新被定义了。

哈德卡斯尔等人(Hardcastle et al.，1997：5)认为：“若是没有社区本身的知识和技术，社会工作者在理解和帮助受救助者形塑和管理影响他们生活的主要力量，在帮助案主赋权自身去发展和管理个人的和社会的资源上的这种能力，会受到限制。”他们认为，是社区发展技术提供了“社会工作中的‘社会’的含义”，使得其与同类的专业如心理咨询区别开来。赋权彻底重构了社会工作与服务使用者之间的关系。

社区正好能够提供这样的语境，因为他用集体化代替了个人化。这种对集体化的强调，对个人化的反对，突出了“社会”价值在这一助人进程中的重要性。穆拉利(1997：175)解释道：“这种价值承认人是社会人，通过人与人之间的相互依赖来满足自己大多数主要需求和社会需求。”社会工作的这种社群主义路径与20世纪60年代和70年代的激进社会工作运动和早期实践(特别是社区睦邻运动)紧密相连。它的目的在于用“社会”来定义社会工作。它与政治上的激进主义的联系是很明显的。然而在欧洲，“社会经济”计划根植于可持续发展生态观，并且将自己的方法应用到了社区社会工作中。它与欧盟对社会凝聚力的强调以及盎格鲁—撒克逊模式对促进社会资本的强调相符。赋权促进了社会信任和社会整合。这就是它社群主义思想的本质。

七、社会经济、可持续和包容性实践

主张将社会经济的方法运用在社区社会工作中的欧洲人，承认他们的灵感来自美国的社区睦邻运动。同时，他们也指出美国中西部的早期欧洲殖民者也是他们的灵感来源，他们在面对“强盗贵族”(对路过自己领地的旅客进行抢劫的封建主)资本主义的原始力量时，设法适应并重新设计了社会的纽带以及社会团结系统。芝加哥的霍尔馆和珍妮·亚当斯就是这方面的代表(Elsen and Wallimann，1998：151)。社群主义已经深深地扎根于社会工作的实务当中。

在全球化的浪潮下，资本主义自由市场在欧洲复兴，它将社区撕成碎片，留给人们的是破碎的生活和碎片化的世界。那些根植于更加包容的社会市场经济传统的欧洲国家正在试图改变，通过强调社会经济在支持社区处理这些经济变化的尝试中的重要性(这种方式来改变)。埃尔森和瓦莉曼(Elsen and Wallimann，1998：157)认为，“社会经济为人们提供了一种替代方案，人们可以集中、公平和综合地工作”，他们补充道，“这是以草根民主原则为基础，并且可以通过开展社区社会工作促进这种民主”。他们认为：社区为本的社会工作(community-based social work)需要去调整和改变全球化给他们带来的经济现实，并将关注点扩大到在被失业、被边缘化和被贫困所包围的社区中纳入可持续经济生活观。这种基于可持续理念的社区发展的社会经济方式，与被定义为风险演算的当代社会政策趋势形成了鲜明的对比。它强调我们需要在全球化的思考中加入本土性的行动(Shanahan and Ward，1995：80)。

埃尔森和瓦莉曼(1998)找到了一些瑞士、德国和意大利基于社区的商业企业和联合会的社会合作的例证。所有的这些社会经济方案都具有一系列相同的核心原则和“步骤”；正如埃尔森和瓦莉曼(1998：155—156)指出的：

“第一步包括将涉及发展的核心领域的思考和行动，作为一种将个人努力聚焦在发展的内部和外部可能性上的、和将与别人一起工作作为一种当地社区网络的可能性的方法……第二步包括一种社区锚固系统，就像社区内社会和文化结构中经济成果的自觉整合与再整合……第三步包括在区域网络内发展一个‘自治的’的基层部门。”

社会经济方案的目标和原则与市场经济是截然不同的。它们被人本主义、合作的努力和对社区环境下可持续发展的承诺所指导。就像瑞士巴塞尔社会经济项目说明的那样：“在社会经济发展的进程中，可以找到保留人类存在的物质的和社会文化的基础方法。”(引自 Elsen and Wallimann，1998：157)

欧盟在推动社会经济概念作为一系列贫困计划中一项基础的社区发展战略上发挥了重要作用。其中一个关于欧盟反贫困战略的典型例证就是西北康尼马拉农村发展计划，这一项目的实施地位于欧洲最边缘的爱尔兰贫困的西海岸。这一项目在 1989 年至 1994 年的欧盟第三贫困计划下被建立起来。它的目标是：

——发展旨在促进西北康尼马拉人民尤其是贫困的人的生活的当地

活动；

——建立法定的、志愿的、社区的和私人机构间的新型合作关系；

——赋权于当地人，促进可持续行动计划的发展；

——整合主流的公共政策和实务经验。(Combat Poverty，1995)

该计划的许多成功特质，包括本土合作和联盟社会经济活动的发展已经被爱尔兰政府的全国反贫困战略采纳，这一战略始创于1997年，承诺将“建设一个更加具有包容性的社会”。到了1998年，爱尔兰已经有了90个社区发展项目。

1994年，英国社会正义委员会(《波力报告》，*Borrie Report*)积极拥护社会经济的概念。它强调“建立经济、人类和社会资本投资对可持续再生需求之间的联系”(*Borrie Report*，1994：325)。波力报告指出了一些以社会经济原则为基础的英国社区发展项目的成功案例，特别是白手起家的伦敦Hackney自治市、曼彻斯特的Miles Platting和Ancoats的发展信托组织和Belfast行动团队的活动。社会正义委员会声称：

“要求中央政府和公务员在思想和工作上发生巨大转变，让他们从自上而下的方法转变为扎根于当地社区的需要和技能是很困难的。政府比公民更了解费边主义已经站不住脚了。未来将基于一种新型的伙伴关系，国家和当地政府与他们的公民共享权力，使人们有能力运用那些正在被浪费的技能。”(*Borrie Report*，1994：326)

它主张“一个新的、自下而上的再生战略应聚焦在社区发展信托组织(Community Development Trusts)上，通过将其建立在最贫困的地区，使居民、志愿组织、宗教和其他组织以及当地议员和官员联合起来”(*Borrie Report*，1994：328)。

北爱尔兰成功的社区发展活动家，来自内城信托(Inner City Trust)的帕迪·多尔蒂(Paddy Doherty)向社会正义委员会解释道：

“站在因缺少利润而不愿意被卷入的私人企业和作为另一方的政府之间的真空地带，(如果我们能够)利用来自双方的帮助，就可以填满这个真空地带……信托活动的发展是填补这个缺口的最好的办法。”(*Borrie*

Report，1994：328）

在美国，克林顿总统的社区赋权议程也体现了相似的原则：提供通向资本的新计划，对贫困社区开展信用和银行服务，支援内城的小企业和少数民族的商业扩展，为经济发展建立公共/私人伙伴关系，集中地区教育资源，在贫困社区开展基础设施建设项目。他的社区发展计划被描述为“自20世纪60年代样板城市计划之后最重要的地区振兴方案”（Wievel and Gills，1995：127）。

矛盾的是，维威尔和吉尔斯（Wievel and Gills，1995：134）指出，新保守主义总统里根和布什在任职期间从城市撤出资金，但社区不仅存活了下来，而且蓬勃发展。这是因为以权力下放为特征的“新联邦主义”十分重视基层决策和志愿精神。维威尔和吉尔斯（1995：132）总结道：

“因此，社区发展运动处在一个非常良好的位置，对国内政策的发展起着积极的影响。随着劳动者作为一种政治力量的相对衰退，在少数族裔群体不足的情况下，社区发展运动在进步的民族运动缺失的情况下在过去十年中成为制定公共政策的重要角色，并填补了这一真空地带。”

在今天的南非，社区发展已经变成社会重建的一个重要部分。然而，社区发展运动需要同试图摧毁公民社会的种族隔离后遗症做斗争。在这个过渡性的社会，地方性的不公正和贫困长期影响着信任和能力建设，在新的民主政治秩序中，社区发展的挑战相当巨大。就像泰勒（1995：171）指出的那样：“当人们多年来都未能获得教育、医疗保健、住房和工作时，也就不难理解，为什么对一个为争取权力和物质资源的群体最轻微的刺激就能导致一场剧烈的战争。”然而，很多证据表明，非洲人国民大会（ANC）领导的政府正努力应对这一任务。南非发展教育计划（SADEP）通过为社区发展工作提供必要的技能来促进社会重建中自上而下的决策进程的发展，以应对这一挑战。

不可避免的是，仍然会有像荷兰社会学家本诺·加尔亚特（Benno Galjart，1995）这样的怀疑者，他将社会经济方法看作一种反发展的活动，这种活动很大程度上依靠的是非政府组织。他低估了国家，特别是欧盟的作用，因此受到批评。然而，加尔亚特（1995：21）在一次尖锐的评论中明确指出了以社会经济方式发展社区的局限性：

“它不仅仅认为熊彼特式的企业家将会突然从穷人中崛起这种想法是虚幻的，甚至期望一群穷人在很大程度上克制他们对市场和等级制度的依赖——而只是依靠组织化原则形成的信任——因为这为他们增加了额外的困难。”

加尔亚特的观点认为，社区发展的社会经济方式在本质上是一种乌托邦式的计划。然而，却有相当多的证据与之对立。合作社运动、信用合作社和互助组织长期建立的成功证明了这一点。奥戈曼（O'Gorman，1995：209—210）对巴西情况——在那里，社区发展和社会经济方式已经紧密地联系在一起了——的评论指出：

“社区团体进程开始支持和指导各种自助运动和公众运动的活动家，它被作为一种社会建设的积极形式，一个‘乌托邦社会’、一种群体凝聚力的团结和不依靠特定社会形式的社会发酵。‘基础的’社区经验——尽管受到了当地的外展工作的制约——作为提供一种占据统治地位的社会价值，诸如个人主义、个人野心和过度的市场竞争的替代而存在。”

来自利兹社区发展基金会的英国社区工作者保尔·亨德森（Paul Henderson）也对社会正义委员会发表了相同的观点：

“社区发展并不是解决英国社会所有根深蒂固的社会问题和经济问题的万金油。但是它可以帮助我们提出一些社区话语和政治议程，这些东西已经被用尽，而外部的机构总是充满猜疑。它可以作为一种保持希望的手段。”（*Borrie Report*，1994：325）

然而，加尔亚特是对的，他指出了被排斥的群体和个人在全球资本主义时代的脆弱性。这就需要国家运用更具有社会包容性的政策和实践来帮助那些受到社会排斥的人。在这一点上，扶贫机制是一个重要的战略考虑。

• • • 八、扶贫、社会工作和福利权

什么是扶贫机制？它可以被定义为一个由法定的机构（例如社工机构）针对有关他们对（改善）贫困产生的效果的预期，对造成贫困的社会和文化的不平等的预期，对设计、执行和检验各阶段进行政策评估、项目评估和实务评估，并以减少贫困为目标的进程。一些政策方案可能对一些“处于危险中”的社会群体产生积极的结果，但却可能给另一些带来消极作用。这就需要在设计和检查阶段挑出这种政策异常。如果想要设计一种更具有包容性的实践方式，那么社会工作者和使用者群体的参与就比自上而下的管理指令更加重要。

可以说，防贫机制必须成为机构政策制定中不可或缺的一部分。它应当被包括在国家战略和组织结构的准备工作中，在机构年度预算申请和项目预算的准备工作中，在手册、指南和程序性书名中以及在质量控制和年度审查中。

社会工作者依托其所在的机构，对促进防贫机制包容性实践的政策和实务发挥着重要作用。这一策略在专业、机构和服务使用者之间搭起了一座重要的桥梁。那些特殊的使用者群体需要参与到防贫实践中来：无家可归者和露宿街头者；处于风险家庭中的孩子；单亲父母和被边缘化的妇女；失业者（尤其是长期失业者）；少数民族，寻求庇护者，难民，艾滋病患者；老人，特别是以退休人员为户主的家庭；残疾人。

在爱尔兰国家反贫困策略中，防贫机制成为促进包容性实践手段的核心要素（National Anti-Poverty Strategy，1999）。在社会工作中，它明显具备作为一种发展包容性实践的手段的潜能，但是它还是有局限性的。“扶贫”一词倾向于在机构的社会责任范围内界定责任，而不是提升服务使用者自我解放的行动者的潜力。毫无疑问，激进派会担心“援助主义”的潜能，比如对穷人的限制。然而，以使用者参与为基础的防贫机制应该能减轻这种担忧。服务使用者参与防贫机制是一种真正基于民主社区发展原则需要的赋权。它为服务使用者参与这一进程构想了一些关键步骤：

1. 需求的确定；

2. 选择和策略的确定；

3. 行动的设计和选择；

4. 资源的动员；

5. 行动本身。（Onyx and Benton，1995：51）

最终，为实现防贫机制，国家和当地政策必须“联合起来”。

儿童贫困行动小组的前负责人露丝·李斯特尔（Ruth Lister，1998：16）评论道，“尽管参与反贫困策略的英国地方当局的数量相比过去的几十年一直在增加，‘贫困的案主’数量也明显增长了，但是贫困似乎已经和社会工作以及社会服务使用者的议程不辞而别”。她指出，尽管社会工作者教育与培训中央委员会（CCETSW）一再鼓励，但是英国的社会工作学校中仍受到了一种对福利权训练的抵制，这导致了代表穷人发声的社会工作者和服务部门也“失声”了。

瑞斯特（Reisser，1996：243）还发现，在社会工作者中，一种对贫困的漠然情绪在不断增长：“政治努力在支持专业保护与支持为代表穷人和受压迫者主张的改变之间，似乎过于失衡。”她十分关心社会工作教育在学生对专业化认知上的影响。瑞斯特主张采用一种更加多元化的培训方式，包括私人的和公共的议题。她总结道：“当处理个人问题（私人问题），以及处理个人期望和公共议题时，社会工作最应该做的是什么，这就要求社会工作者所做的事情与上述议题之间必须有更好的契合。防贫和福利权在任何反贫困策略中都是重要的组成部分。”

九、结论

后现代社会中的社会工作不得不面对社会排斥的挑战。这一挑战体现在定义社会工作的社会、道德环境的信任和风险范式上。风险创造了一个让人感到危险的情景。边缘群体在以强制边缘化——《济贫法》管制形式的重现为特征的社会中正受到越来越粗暴的对待。社会工作发现自己正站在这一新环境的风口浪尖上。它所面临的挑战在一定程度上就是重新定义自己的使命，从而促进信任和人道主义对风险的回应能力。包容性实践被认为是社会工作回应社会排斥的一种适当途径。包容性实践的概念与增权和使用者参与紧密相连。社区发展由于与意识觉醒、民主对话和增权相关，被视作包容性实践的一个重要组成部分。同样，社会经济的概念对包容性实践也十分重要，它使得社区在采取本土行动的时候加入了全球性的思考。但是，服务使用者需要在支持包容性方式实践的机构政策环境下才能行动。基于自下而上计划和服务送递原则的扶贫机制是一种解决社会排斥的方法。最终，所需要的是一种包含了国家、当地和区域政府、社会机构、专业人员和服务使用者联合起来形成的包容性实践。

第六章

公民社会、公民权与使用者参与

福利国家的衰退与民族—国家范式的退化不谋而合。更重要的是，我们正见证着权力的缺席(placelessness of power)以及无权的在位(powerlessness of place)。但与之矛盾的是，(学界)对全球治理形式和地方能力建设的兴趣变得越来越浓厚。在哈贝马斯以及科斯特等社会学家的研究中，这种新型治理范式的知识基础已经非常明显。政治上的发展，尤其是欧盟，暗示了一种联邦制的国际治理范式正在酝酿之中。随着民族国家范式在政治上和意识形态上的空洞化，众多乐观主义者把这些新的治理形式看成一种未来的新范式。这场正在铺开的治理转型越来越关注公民社会、积极的公民权及公民参与，且这些领域越来越得到重视和体现。本章试图探索不断变化的治理范式对社会工作和公民社会、公民权以及公民参与的影响。这些带有更加浓重政治色彩的社会影响对于广义上的社会工作(者)，即包含社会服务使用者、志愿者、社区行动者以及相关专业人来说显得尤为重要。

一、公民社会、全球化和国家

巴伯(Barber，1998：14)说过："如果没有公民社会，为了实现公民道德和公民价值观，公民将会被悬置在他们不再信任的大官僚主义政府和不再依赖的私人市场之间。"这种陈述赋予了公民社会在社会潜力和道德潜力层面很高的可信度，它设想的公民领域本质上是民主的，生活在这种"自由空间"的人们能够掌控民主，不断学习承担社会责任和进行社会参与所需的各种能力。基恩(1998：6)把公民社会定义为"一种理想类型，它既描绘和设想了一个受法律保护的，具有非暴力性，能够实现自我管理、自我反思特性的非政府制度的复杂且动态的综合体，又描绘了彼此之间以及会限制、束缚和发展他们的行动能力的国家制度所长期经历的紧张状态"。这个定义向公民社会概念及其向善的内涵赋予了更多积极的元素。基恩(1998：69)指出，从本质上讲，公民社会已经成为"对于政治左派支持者而言，志愿组织、多样性与自由的、积极的是同义词"。他进一步声明："我们正在见证公民社会的日趋完善，并开始从世界范围内探索在国家与非国家制度之间建立一种新的平衡机制。"(1998：34)对于基恩来说，公民社会正在形成一种新的语言："这种语言的普及效果是如此显著，以至于甚至可以说，目前公民社会的语言正在经历着一种纵向与横向的全球化发展。”（1998：32）他总结说：“这种发展是完全不可预期的，公民社会时代即将来临，千年发展目标充满希望。”（1998：65）

1999年12月在西雅图举行的世界贸易组织（WTO）会议上，许多事项对基恩关于公民社会正像“一个逐渐圆满的月亮”的观点予以了极大的支持。数以百计的非政府组织齐聚西雅图，或反对或观察（评论）或支持“反对企业扩张的新兴全球化思想”（《观察家报》，1999年12月5日）。在《观察家报》的一篇社论中，世界贸易组织未来的抉择可见端倪：

> “摆在面前的一种方式是：赋予WTO一种更为狭窄的、能够拥有更多支持的以贸易为导向的职权范围。另一种方式是倾听这种新兴的、平民主义的抗议呼声。‘公民社会宣称一体化的议事日程是无效的’（Civil Society says that the corporate agenda is invalid）。这些令人吃惊的言语，标志着冷战以来对全球资本主义的第一次坚决反对。西雅图会议似乎仅仅只是（反对全球资本主义的）一个开始。”

约翰·格雷（John Gray）教授是一个颇具影响力的政治科学家，他认为，那些论证者们的观点显示“这种权力已经传递到了逐渐兴起的全球性公民社会中的诸多重要领域”（《卫报》，1999年12月22日）。显而易见的是，1999年西雅图会议中表现出来的抗议，显示出一场人道主义对抗全球资本的胜利，一场正直对抗贪婪的世纪末的胜利。同时，它暗含着一种向全球化市场提出挑战的全球性政治学的萌芽与兴起。例如，在西雅图会议上，抗议者们谴责了世界贸易组织（WTO）鼓励“通过全球资本主义体系来对我们的星球和民族进行剥削”的举措；同时，他们要求建立“一种基于相互协作、生态可持续发展和基层民主的非传统社会经济结构”（《观察家报》，1999年12月5日）。这种批判听起来极易焕发出一种与后现代性环境相适应的人道主义议程。正如基恩所指出的，这表明人们有理由相信“公民社会时代即将到来”。另一方面，主流社会分析家们毫无疑问地已经把西雅图会议看作全球市场资本主义发展道路上的一个坑洞。

此外，基恩关于公民社会的乐观主义思想逐渐面临着越来越多的怀疑主义评论者的责难与挑战。里夫（Rieff，1999：11）宣称：

“当我们把我们的信念寄托在公民社会时，我们只是抓住了一根救命稻草。除了少数有原则的国家（民族）主义者、自由主义者及马克思主义者，目前大多数好心人把公民社会的崛起看作自冷战以来的最具有光明前景的政治发展。但事实却表明，我们其实是多么的孤注一掷和绝望，在千禧年的伊始，任何一种政治范式都能为我们更具有人道主义的未来提供一些现实的前景。”

里夫(1999：12)接着提出了对公民社会的严厉批评，他指出，任何沉浸在享受美国政府和欧盟的同时支持的想法，都不会对那些(在经济方面)强大的既得利益阶层造成威胁：“非但没有形成对立，相反，它与当时的时代精神达成了完美的调和，这种时代精神已在克林顿、布莱尔支持的称为‘第三条道路’以及所谓的带有人性关怀的撒切尔主义思想中得到成长。”他谴责那些拥护公民社会的人们是“对全球化有用的傻瓜”，他们正在推进民主建设的私有化：“他们进一步削弱了国家，削弱了那些至少有潜力与全球私有化进程相对峙的残余权力，这就是众所周知的全球化。”(Rieff，1999：12)里夫断言，在一个由民族国家组成的世界中，把社会信任仅仅拘泥于对当地的关注和单一问题运动，代表的是一种前民主形式的倒退。他总结道，公民社会“确实是一种新的中世纪精神，非政府组织的领导者就是那些封建领主……然而，事实证明这种由单一利益群体构成的奇特的、非民主化的聚集体，被认为是替代民族—国家范式的唯一可选之举”。

克劳夫(Clough，1999：16)赞同里夫对公民社会的怀疑，并对公民社会的局限性进行了批判，他警告说：“创建一个反映基于 17 世纪思想假设基础之上的 20 世纪制度体系的 21 世纪思想的尝试，是必然会失败的。”他指出，在我们所生存的世界，民族—国家范式已经被市场和公民社会所侵蚀和成倍地替换，但在一种清晰可辨的治理模式形成之前，我们还应该坚持做出更多的进步和努力。克劳夫(1999：18)对此提出几点重要建议：

1. 无论是地方性、国家性还是国际性政府，在处理和面对公民社会的过程中，都需要表现得更加具有融合性、合作性以及适应性。

2. 就其本身而言，公民社会必须意识到与政府的合作关系在全球治理道德体系的建立过程中承担了新的民主监督的义务。

3. 公民社会能够与政府一起，做出许多促进消除贫困、反对压迫和消解战争的有益行动。

公民社会、全球化与国家之间的关系引发了一系列深刻的规范性问题，这些问题应该使任何后现代社会中关于公民权与公民参与意义的讨论得到进一步明确。

二、福利、公民社会和志愿行动

当前，关于公民社会的核心争论点是福利与公民权之间的关系。这些争论大多关注的都是个人主义和集体主义的简单区分。两者所附庸的道德意义和情感意义已经遮蔽了它们曾经启迪过人们的那些东西。横亘于这些社会形式争论中的，是关于自我、美好生活以及人类潜能和目的的代替概念间的更为凸显的差别。正如马昆德(Marquand)所指出的那样：

"在这种区分中，一边是将自我看成一组稳定的偏好，认为美好生活(good life)就是个体能够不受外在干涉而追求自身偏好。而另一边是将自我看成统治和发展道德的实体，认为美好生活就是个体学会以较高层次的偏好代替较低层次的偏好。即一方的重点落在满意度，另一方则关注努力、参与与活动。"(《卫报》，1996 年 10 月 28 日)

马昆德的这种评论是有先见之明的，他从本质上区分了独立公民与积极公民。积极公民是公民社会的基石，因为他(或她)已经接受了用团结性个人主义(solidary individualism)的形式解决涉及共同利益的当务之急这一方式。

公民社会的复兴与西方社会和前苏维埃集团开始呼吁志愿福利发挥更重要的作用联系在一起。志愿部门被看作：(1) 国家官僚机构和职业精英的替代，(2) 政府与市场之间的公共领域。在福利国家中，支持者通过以积极公民权为基石的民主运动来推动公民社会的复兴。积极公民权强调公民对政治决策过程的参与以及对公民的赋权(Etzioni，1994)。

根据公民社会的概念，社区(community)、邻里关系、志愿协会和教会都是社会的基本构件，因为它们教导信任和合作等公民美德(Putnam，1993；Etzioni，1994；Fukuyama，1995；Keane，1998)。这些“新社群主义者们”推动了公民社会中家庭、邻里关系和学校等中介组织的发展。在全球化市场社会中，他们把这些中介组织视为道德和社会内聚力的源泉。同时，他们还把复兴的公民社会看作对抗过于自负的福利国家的保障，后者因为其官僚结构和职业精英的控制已经失去了合法性。正如兰德里和马尔根(Landry and Mulgan，1995：6)所指出的：

“家庭、利益团体网络和其他形式的结社生活(associational life)已经提供了关键的黏合剂，个人和团体由此而组织成更大的社群。从传统上看，这种‘公民’领域以公共物品之名为人们提供了超越纯粹个人自我利益的途径。最近，随着国家作为代表公共利益支配者和仲裁者的合法性的不断丧失，其他形式的公民组织就开始变得越来越重要了。”

萨拉蒙(Salamon)指出：“一场真实的结社革命”(associational revolution)正在全球范围内发生，也正在制造着一个全球志愿部门。它由几个核心特征组成：

1.(它们是)结构性组织(structural organisations)；
2.处于正式国家制度之外；
3.不会将活动中的利益分配给股东或机构理事(director)；
4.自治的；
5.从事有意义的、私人的、志愿的活动。(Salamon，1994：5)

这种“全球结社革命”的动力既是自上而下的，也是自下而上的。其中东欧的例子最为突出，波兰的团结工会(Solidarity)和捷克斯洛伐克的公民集会运动吸引了全世界的想象力。但是共产主义时期的东欧环境保护运动却很少被报道，例如，“多瑙河之光”(Danube Circle)运动反对在多瑙河上游建设水力发电站，因为这会在东德形成酸雨，因此人们通过将成千的床单放在公寓的屋顶上记录污染程度(来进行反抗)。东欧(包括苏联)的这些激进主义者认为“他们的努力正在创造‘公民社会’，在这之中，每个人不仅有权作为个体表达自己的意愿，而且还有权参与各种组织”（Salamon，1994：5）。

这种通过志愿组织的自下而上的变革压力在东欧最为显著（dramatic），因为它摧毁了共产主义治理形式及其霸权控制体系。然而，这场“真实的结社革命”是一场真正的全球运动，因为它触及了世界上很多地方。墨西哥和拉丁美洲的其他地方的所谓城市平民运动（urban popular movement）就是典型的反对美国政府压迫的基层政治活动。在非洲，尤其是尼日利亚，一阵变化“新风”引起了基层政治和环境组织的形成，而且它们通常都具有非营利和志愿的性质。印第安环境运动 Chopko 就是在乡村居民通过手臂环抱树木的形式自发地保护濒临灭绝的森林的活动中形成的。

由于志愿组织自下而上的特性及其在削弱福利国家中的作用，西方志愿组织的扩张所得到的支持是显著的。在这一过程中，新保守主义者一马当先，尤其是英国的撒切尔夫人和美国的里根总统。里根身体力行地反对“大政府”。撒切尔夫人则更为激进，她要求废除的不仅是福利国家，“而且还有组织起来的志愿部门，（她主张）将社会照顾完全交给志愿者”（Salamon，1994：8）。她认为志愿者是“我们社会福利制度的核心”。支持（制度外的）志愿者主义（voluntarism）并不是新保守主义政府的专利。法国总统社会主义者密特朗（François Mitterand）也力图在 20 世纪 80 年代放宽对“社会经济”组织的税收限制。不过，法国的社会经济组织 70% 是由公共基金支持的，因而在国家与志愿组织或公共部门之间形成了一种共生的关系。

批判公民社会的批评家们则指出，真正的重点是积极参与自助的公民。在原子化个人主义和碎裂化的社会秩序下呼吁用公民社会来取代福利国家，还存在着一些不现实的因素。克雷默（Kramer，1981：283）指出：

> “（制度外）的志愿者主义无法代替那些只有国家才能提供的最好服务，尤其是那些有价值的信息、公平和权利……而且，危险就在于那些敢于站在风口浪尖，通过倡导更多的志愿活动来宣告福利国家终结的人，他们正在被那些很少关心社会正义而关心税收削减的人所影响。”

很明显，认为志愿部门能够满足大多数弱势群体的需要是完全站不住脚的。纯粹建立在利他原则基础上的公民社会也并不是一个文明的社会。公民社会与文明社会之间也没有必然的联系——这与潘恩的观点相反。公民社会的政治史盛衰无常。如纳粹通过渗透地方组织而颠覆了魏玛共和国(Weimar Republic)。我们不该忘记黑手党也是一个中介组织。

毫无争议的是，在当代西方文明中，在福利国家精神实质之外的公民社会，真正文明的形式是毫无意义的。那种认为红十字会和地方共同体组织在全球化资本时代能够提供社会保护的观点是站不住脚的。然而，建立在更复杂的平等理念和更多赋权的公民概念基础之上的，与生产性政治战略相联系的公民社会，是在社会断裂时代实现公民复兴的一种充满活力的和强大的手段。相对于福利国家的精神实质来说，这是整体性的公民社会观念，其中，与国家和社会公民合作而非竞争关系的自愿行动繁荣于混合的福利经济之中。致力于关注欧洲公民权和社会权利未来的欧盟委员会智囊团(European Union，1996：14)也认同这种观点，它声称，“虽然在全球经济中竞争是势不可挡的(fixed imperative)”，但它“无法通过废除福利国家来改变”。相反，它呼吁发展社会权利和“复兴社会对话”。

这种观点的核心是多元主义。在这方面，《英国志愿部门未来委员会的报告》(1996：22)指出：“多元主义是一个健康的公民社会所具备的特征，多元主义意味着思想、制度和利益的多样性，而这种多样性却显得很混乱。”正如著名的德国社会学家拉尔夫·达伦多夫指出的那样，这种“创造性混乱”是志愿部门为使公民社会更具活力所做出的民主贡献的核心。英国社会政策学者戴维·唐尼森(David Donisson)这样警告志愿部门未来委员会(Report，1996：22)：

> “那些能够毁灭专制和权力滥用的行为都应该受到控制，其中一部分依靠民主的公民领导通过建立和监督对各项行为的容忍限度，来确保那些被人们忽视的团体获得发言权；同时部分地依靠代表不同利益和观点的机构之间的竞争。如果在这种体制中，那些足够有钱和信息丰富的各种机构有能力按照这些方式运作，同时私人部门和公共部门的掌权者能够对此做出回应，那么，它将帮助这个社会更加民主地运作。”

在这方面，委员会(Report，1996：15)认为：“志愿机构与民主制度之间的关系可以通过不同的方式表现出来：或有助于公民社会活力的增进，或能够制衡权力滥用。”

欧盟委员会智囊团(The EU Comité des Sages，1996：53)进一步指出：

“民主协商必须重视传统的社会合作的各方力量，但又不能仅仅局限于此。它还必须包括一些新的玩家，尤其是非政府组织。”

很明显，志愿部门是在市场和国家的范畴以外的，以动态多样性为特征，增强公民社会的福祉。公民以个体形式和集体形式，正式的和非正式的形式，通过组织机构，不计报酬也不作为带薪员工，来为志愿部门做出贡献。在国家和地方社区层面都存在着或大或小各种不同的志愿组织。有些是传统的和家长式的，其他的是透明民主的，由参与者控制和管理。许多志愿组织与国家有密切的联系，通常依靠法定的基金而生存。然而，其他志愿组织通过新型的社会运动(如环保主义、和平、同性恋、女权主义及反种族主义等)挑战国家，有些还被视为“一个人的反抗”(a people's opposition)。在这些多样性的背后，反映出志愿部门既有优势也有弱点。未来存在于这种多样性之中，而这种多样性本身是无法代替福利国家的。在社会市场经济中，主流的志愿部门明显受到与国家共生关系或者说合作伙伴关系的形塑。只有像在美国这样的自由主义市场经济国家中，情形才会有所不同，这些国家只为志愿部门提供10%的资金支持。然而，正如刘易斯(1999：256)指出的那样：“在19世纪末，志愿部门率先提出要与国家建立合作关系，并在这段关系中处于领导地位，但在20世纪后期，政府已经成为双方关系的主导者。”

三、公民社会与反身性

公民社会和积极的公民该从哪里适应(fit into)后现代性结构呢？我们已经注意到了西方国家后现代模式的本质是不断变化的。然而，1989年共产主义世界体系瓦解这些重大事件是无法被忽视的。这就向未来提出了质疑。西方资本主义与民主之间的历史共生关系是否能被泛化到全球层面呢？难道我们不应该把欧洲的民族主义、法西斯主义以及种族主义的回归也恰好看作全球化统一进程中的一种反应吗？在这种新的秩序下，作为社会行动和社会改变媒介的公民社会的未来是什么呢？

一方面，随着政府越来越向那些庇护寻求者、难民以及工资削减者和主张完全自由放任的市场主义者等种族主义者妥协，鉴于这种防御性的政治状况，人们将会对志愿者以及社区行动者的未来持一种消极的心态。随着阶级群体、性别群体以及种族群体之间的社会分化不断拓宽，志愿者以及社区行动者通过帮助那些受社会排斥的人向基本的社会不平等提出挑战，来寻求对社会公正事业的支持。正因为20世纪的政治解放梦想消失在了历史遗迹中，政治参与成为21世纪志愿行动以及积极公民权的试金石。这是一种很悲观的前景，它暗示了未来公民社会所扮演的是一个重要但却更徒劳的角色。

另一方面，人们对世界的未来以及公民社会的角色持有一种更为积极乐观的观点。在新的千年目标开始确立时，由于现代性的反身性本质，我们正在目睹一场政治的变迁。社会学家对反身性有不同的界定。吉登斯(1991：20)认为：

“现代性反身性是指社会行动大多数层面的感受性，以及与自然的物质关系，指一种根据新信息或新知识的长期缓慢的修正。这些信息或知识不是现代体制的偶发性产物，而是它的组成部分——一种复杂的现象，因为许多关于反身性的可能性反思其实都存在于现代社会环境中。”

贝克等人(1994：6)从德国的经验来看，指出：“反身性的现代化意味着同无法被工业社会体系解决和同化的风险社会所带来的影响的自我对抗——正是通过后者的制度化标准来进行衡量的。”

如果这些关于反身性的理论分析是正确的，那就意味着我们正在步入一个我们过去不曾想象的更有潜力的新时代。这种改变的本质讽刺性地藐视控制，暗示着重构核心社会事务的无限可能性。贝克等人(1994)认为，社会对抗对于反思的过程是极其重要的。

贝克等人声称后现代社会(或者他们所说的风险社会)“也是一种倾向于自我批判的社会”。我们都意识到我们生活在一个怀疑一切的时代。这个时代没有禁忌，没有神牛。这个世界充满了自我批判主义。正如贝克等人(Beck et al.，1994：11)所言：

“保险专家们(不自觉地)抵触安全工程师。当后者判断为零风险时，前者则认定(风险太大)不可给予保险。专家通过反对其他专家而受到削减和罢免。政治家遭遇公民组织的抵抗，工业管理者遭遇受道德和政治驱动的、有组织的消费者的联合抵制。管理部门遭到自助群体的批判。最终，甚至连污染部门(如防止海洋污染的化学工厂)都必须听从(count upon)这些受影响的部门的抵抗(比如渔业部门以及海边旅游业部门)。后者会受到前者的质询、监控，甚至可能被校正。确实，这种风险问题分裂家庭，分裂职业群体，甚至分裂个人，从化学专业的熟练工到管理层无不受到影响。脑袋所想的和舌头所说的可能不是手(最终)所做的。”

贝克等人认为，尽管这些多种多样的对抗性具有不明确和含糊不定的本质(despite their diffuse and ambivalent natures)，但是这种多样化对抗性“正在挖空旧工业社会的政治性协调”。后来，贝克(1997：98)认为，我们正在重塑政治：“简而言之，一个双重的世界正在形成，它的其中一重不能被另一重所描述(one part of which cannot be depicted by the other)：一个象征着丰富政治制度的世界和一个经常隐藏政治实践的世界(冲突、权力游戏、手段以及竞技场地)。”

这种无限的乐观心态可以说是有保证的。冷战时期以批判主义的僵化思想为特征。这种主张东方与西方社会一体，并贯穿整个20世纪的意识形态的黏合剂现在已经消失了。正如前面所指出的，在后现代社会中，传统的阶级结构、家庭形式和信念体系都正在瓦解。然而，这并不是文化悲观主义者所认为的那样社会处于某种真空状态，没有任何切实可行的新形态代替传统的社会形态。新形式正在形成。解放政治学正通过生活政治学得到补充。妇女运动、同性恋运动、生态环保运动以及反社团主义运动，都象征着传统政治学思想的变化与新的社区政治学——生活方式和现存的安全议题加入政治议程中——之间的交汇。社会运动和社会抗议组织已经成为社会行动和政治行动的传播工具，并逐渐呈现出一种全球化的趋势。尽管那种基于家长式作风的公民社会的传统观点通过与传统社会的脱嵌已经变得多余，但存在一些新的可能性，且将要再嵌入后工业社会新结构和转变了沟通方式的新技术中。公民社会在征服未来中将扮演至关重要的角色。在一个充满冲突和自我批判的世界里，如果公民社会想适应这种新的话语体系，那么它就不可能通过作为一种替代性的政治行动媒介而获得成功。21 世纪是一个对公民社会以及对拥有史无前例的机遇去开拓未来的积极公民来说都更具挑战性的世纪。

但是我们有理由对此保持谨慎。普特南在他著名的论著《独自玩保龄球》(*Bowling Alone*，1995)中写道："在美国，在这个日趋原子化和个体化的世界里，这种积极的公民权和公民参与正在变得高度问题化。"斯托克斯和奈特(1996：8)指出，在英国，传统的志愿参与模式正在衰退，例如贸易联盟、互助协会、宗教组织以及政治党派。格林在他的研究《再造公民社会》(*Reinventing Civil Society*，1993)中指出，福利国家削弱了公民社会的基础，再创造出一个为再现团结、服务他人、富有责任感以及自我奉献精神的公民美德的空间势在必行。他总结道：

> "我们必须重新理解反对福利国家的那些道德案例。我们呼吁福利国家回归到公民社会，尤其是教育和医疗卫生领域，不是为了节省开支，也不是为了提升效率，最重要的是为了防止那些最好的提供服务的机会被扼杀。"(Green，1993：152)

格林上述分析的问题在于(忽视了)福利是公民社会与福利国家之间关系的一个重要联系机制，而志愿部门就是其中一个标志性的例子。只有国家行善，志愿部门的人道主义才可能出现。然而，志愿部门的优势在于它的反思性和形形色色的形式，这些优势促进其能够适应不断变化的社会—政治需要。在英国，这已经导致了志愿主义的复兴，因此福利多元主义必然来临。

四、志愿主义的复兴

1998 年 11 月，英格兰正式宣布在志愿部门、社区部门与国家之间制定一个国家契约(英国内政部，1998)。志愿部门被重新定义为"志愿和社区部门"，暗示了它的日趋民主化。这个国家契约是 20 世纪 90 年代期间关于志愿部门的所有这些评论的高潮。第一个评论是由内政部提出的将所有注意力集中到"效率"问题上，"效率"问题已经成为新公共管理取向的核心，新公共管理取向在20世纪80年代和20世纪90年代期间转变了政府业务（Home Office，1990）；第二个评论是《中枢报告》（*Centris Report*），它是一份由内政部主办发行的独立文件（Knight，1993）；第三个评论是《志愿部门未来委员会报告》（也被称作《迪金报告》），是1996年出版的一份独立评论。

所有这些评论都是在市场原则应用于公共部门的背景下产生的，它反过来试着通过"合约文化"的方式来将这一理念强加给志愿部门和社区部门。刘易斯（1999：261）指出，从历史的角度，这体现了一种区别于19世纪后期到20世纪中期的法定关系和志愿关系转换的趋势：

"法定关系—志愿关系的第三次转换，并不等于'领域划分'（separate spheres）平衡的一种回归，经历了世纪之交后，这种转换更是卷入了一种完全新型的关系创造中。中央政府规定了财政条款，限制了志愿组织某些方面的策略空间。新公共管理主义对志愿部门造成了主要的影响，许多人认为市场型契约把工具主义卷入政府中来，从而削弱了自愿组织的独立性。"

刘易斯（1997：257）认为，一些志愿组织从来都不是独立的，它们"与国家之间的联系，与其说是一种合作关系，倒不如是一种融合"。然而，正如她所描述的，"第三种转型"（third shift）体现的是一种由国家通过控制志愿部门的资源与重塑其目的来管理志愿部门的尝试。这对维持和发展道德的公民社会的影响是十分深刻的。20世纪80年代，东欧的大多数政权的瓦解，移交了国家对公民社会的控制，这被看成一种对自由的侮辱。在当前的环境中，对公民社会道德基础的威胁重新回归西方的历史舞台，市场价值规定了国家与志愿部门和社区部门之间的关系。洛伦兹（1994：122）就英国保守主义对公民社会的管理方式进行了评论：

"英国（保守主义管理）取向相当于通过政治利益来对公民社会进行殖民化，这从强制适应市场经济原则中可以看出，例如社会服务中的成本—效益的计算。这是某种意识形态上的强制，等同于共产主义意识形态中对公民社会自由权的'悬置'。"

这种观点表明，一个利维坦式的政府（Leviathan state），无论是社会主义的还是资本主义的，都是公民社会的仇敌，都是自由的对立物。

《志愿部门未来委员会报告》（*The Report of Commission on the Future of the Voluntary Sector*，1996：1，3，16）为了维护自由，开始关注公民社会的重要性问题：

“在一个民主国家，志愿行动是公民权的一个象征。自由社会的一个特征就是，你拥有为了追求你自己选择的东西而聚在一起并采取联合行动的机会。有时，这种参与行动可能与最终结果一样重要。”

根据刘易斯(1999：264)的观点，从总体上看，这个报告体现了一个重要的尝试，即“试图使政府理解和明白志愿组织不仅仅是合约者，而是将自己怀揣的目标嵌入公民社会中”。

五、新工党与社群主义

1997 年 5 月，新工党于政府当政，把政府与志愿部门和社区部门之间的合作关系看成其“第三条道路”战略的关键要素，该战略的目的是为新世纪构建出一种新的社会模式。在新工党政府与志愿部门和社区部门的契约中，新工党政府认为“志愿和社区行动”是“一个民主的、包容性社会发展的重要基础”，这一论述描述了其核心理念(内政部，1998：5)。新工党政府承诺“要认识和支持(志愿和社区)部门的独立性，包括其合法竞选的权利，对政府政策的评论和质疑权，不考虑任何可能存在的资金关系，决定并管理其自身事务”。新工党政府承诺抛弃 20 世纪 70 年代的中央集权和控制体系，以及 20 世纪 90 年代对市场的关注，要朝着一个更加民主与平等的合作关系迈进。卫生部门在 1998 年出版的《现代化社会服务白皮书》中指出在推动福利混合经济发展中建立合作关系的重要性。

新工党“第三条道路”的核心理念信奉的是社群主义(communitarianism)。布莱尔在《政府与志愿和社区部门之间的合约关系》的序言中评论了公民为他们自己的社区发展所做出贡献的价值。这样做，他们能够提升公民权，有助于重建一种社区归属感，并为我们共同所追求建立的公正的、包容性的社会目标做出重要贡献(Home Office，1998：1)。刘易斯(1999：

265)指出布莱尔关于志愿部门在社群主义社会中的角色的观点——“与早期洛奇和伯纳德·博桑吉特(C. S. Loch and Bernard Bosanquet)提出的思想有很大的共通性”。在我看来，这的确与慈善组织会社具有相似性，但没有刘易斯说的那样直接。一种更精确的方式就是与托克维尔的观点进行历史对比，即来自美国的关于公民社会的思想。美国社会学家埃兹奥尼(Amitai Etzioni)给出了托克维尔思想的当代表达范式。埃兹奥尼在1994年出版了他的著作《社区精神》(*The Spirit of Community*)，作为社群主义者，他宣称：

“我们建议自由的人们需要这样一个社区，能够支持人们反对政府的侵犯，同时，通过依靠与亲属、朋友、邻里以及其他社会成员的温和的督促，而不是通过政府控制和对权威的恐惧，来维持道德感。”(Etzioni，1994：15)

他认为，这种侵犯有着各种各样的伪装，还争论道“我们一定分辨出英国(或其他)武力侵占与社会工作者之间的差异，以试着更好地帮助社区中最弱势的人们”(Etzioni，1994：165)。埃兹奥尼把自己描述成一个“敏捷的社群主义者”(responsive communitarian)，认为其“跳过左翼与右翼思想之间的古老争论，建立了第三种社会理念(third social philosophy)”(Etzioni，1997：7)。这第三条道路思想拒斥了新右派的市场自由主义，反对自由主义/自由主义者对个人权利以及福利国家自上而下的管理主义思想的强调(Hughes and Mooney，1998：74)。

埃兹奥尼声称，公民社会领域中的社会责任正遭到福利国家中的权力精英们的削弱。他认为，对福利的追求应该通过道德层面来实现，把道德呼声还给社区和家庭。实质上，埃兹奥尼主张的是社会的道德重塑。从这点上来看，在埃兹奥尼观点中的道德权威主义确实与19世纪的慈善组织会社有着相似之处。值得关注的是，社区正在变成一个道德警察(Levitas，1998：27)。此外，社群主义可以被看作一个基于社会性义务的更公正、更美好的社会形态的蓝图。

六、公正、体面与社会义务

左派和右派对于放任自由的自由市场价值间的意识形态冲突，在福利国家传统社会政治学思想、新马克思主义以及多元文化主义的身份政治学思想变得支离破碎时，也掩盖了一个更加深刻的问题。福利国家之中存在一种信念危机。部分原因是激进人本主义价值观的不断衰退，可这种价值观可以追溯到启蒙运动时期，也正是启蒙运动的思想形塑了它。

一个福利国家反映的不仅仅是一种民主价值观，更是它自身作为一个公平、美好的社会的形象。福利国家以社会责任理念为基石，公民(the entitled citizen)有权利使他/她的需求得到满足。逐渐地，这种观念已经扩展到评论者都认为不现实的一系列权利和期望中，产生了一种政府已经幻灭的普遍感觉。正如梅勒妮·菲利普斯(Melanie Phillips，1997：13)指出的：在一个消费文化中，“权利”已经变成了“需求”。她认为政治家应该对这种变化负责：

“政治家们拒绝表达这种对所有负责任的政府而言很重要的优先权语言。他们拒绝实践政治领导，拒绝代表公共利益。他们不把人民看作对彼此以及对社会负有责任的公民，而把他们看作具有不可剥夺其获取他们所想要东西权利的消费者。他们创造了一种逐步提升的但不可实现的权利文化，这种文化通过在利益群体之间建立起竞争关系来破坏社会团结，侵蚀我们对自己和对家庭所应该承担的责任。”

菲利普斯在一定程度上夸大了对福利国家的批判：这种批判忽视了体制，正如所期望的那样经历了系统性的削弱和发生在过去二十几年来的规模上的缩水(systematic reduction in expectations and downsizing that have taken place over the past two decades)。然而，在菲利普斯的观点中潜藏了一个重要的事实：一个基于社会权利之上的公正社会，不一定是一个美好的社会。福利权的问题支配着近几十年来关于福利国家的争论，即它对其他价值观的排斥，尤其是对社会义务思想的排斥。罗尔斯(Rawls)著名的社会正义理论指出了在自由民主社会中社会正义与这种视角的思辨统一性。然而，问题在于罗尔斯主义的观点把权利置于一个高度个人主义色彩的背景中，忽视了这个更大的社群主义脉络。伊格纳蒂夫(Ignatieff，1999：10)认为，在福利国家的公正和体面之间存在一个相当大的鸿沟，在他看来，福利国家对领取救济金的人采取的是一种制度化的排斥和羞辱：

“福利国家的确承认了福利权并进行了实践，但这种实践是以一种羞辱性的方式实行的。这种羞辱不是偶然和意外的。他们是经过深思熟虑的和必然的，企图阻止失业人员要求那些是他们应该得到的权利。纳税者与福利申请者之间的公正，经常被拿来要求通过我们传递利益的方式产生一些有威慑力的影响。这种威慑作用可能是公正的，但是它一定不是好的。”

一个社会为了获得控制权利(control access to entitlements)，把福利与威慑原则联系起来，采取一种制度性羞辱实践，这样的社会一定不是一个好的社会。

因此，我们能从关于福利国家的各种批判中推断出什么呢？福利国家失败了吗？它应该被废除吗？社会义务的实现能够仅仅依靠志愿主义吗？如果一个人接受了新保守主义的批判，那么公民道德就仅仅属于个人的主观能动性领域，那就意味着福利国家失败了，并应该被废除。然而，新保守主义者认为我们没有任何义务去帮助一个陌生人(Murray，1984)。然而，福利是一个关乎个人节俭(personal prudence)、道德情操以及宗教美德的问题，它反对社会权利和社会义务。另一方面，如果一个人赞成普遍性的不需考核的福利权范式是社会公正的唯一基础的话，那么，关于资源的有限性以及福利的契约基础的需要就会不断受到质疑，其中，个体公民对社区也有义务。

人们应该怎样解决这种意识形态的冲突呢？新西兰社会学家伊恩·卡尔皮特(Ian Culpitt)指出，应该再次将社会义务作为一种前进的道路。他认为“当前的福利权范式没有关于义务的理论，而是仅仅为需求的滋生提供了便利”(1992：34)。根据卡尔皮特的观点，“任何对福利国家的辩护，都不是个人所关心的道德需求的复兴，而是导向一种义务感的对彼此脆弱性的实践感知”。他总结道：“尊重个体脆弱性的个人义务和社会义务，不是凌驾于个人专断利益之上的最终道德要求，而是承认这些脆弱性是合法性的社会要求。”(Culpitt，1992：46—47)新西兰在20世纪30年代最早开始推行福利国家，最近已经将它废除了，从此把穷人留给变幻莫测的天意(vagaries of providence)。

卡尔皮特关于社会义务的观念是重要的，因为它避开了由福利权范式所偏爱的个性化以及新保守主义基于互惠主义之上的一种更具社群主义特征的福利观点。在定义社会义务时，他把公正与正派联系了起来。而且，卡尔皮特关于社会义务的观念承认了个人与社会之间存在一种密切的相互依赖关系。然而，他不认为这种关系完全是由国家来调和的。在一个既公正又体面的社会里，福利多元论还有存在的空间。在这一点上，民主的而非家长式的文明社会出现了。此外，福利接受者既不是仰赖慈善家也不是靠着国家官僚的寄人篱下者，而是承认其社会义务的民主社会中的有资格的公民。

这消除了许多支撑政治党派之间冲突的思想基础。正如卡尔皮特(1992：36)所指出的那样：

“左派与右派之间的大多数冲突都是围绕公共/个人的经典二元论展开的。这两种政治哲学都试着证明他们的本体论不仅是更优越的，而且是唯一可能的。然而，在个人世界与公共世界的观点之间，以及存在于这两种争论的内在逻辑的刚性的两种本体论分歧之外的‘意义’上，都存在着系统的联系。”

因此，我们可以推断出，推进福利国家计划向新千年目标迈进的基础，就是要超越这场占据了20世纪后期的关于福利权的讨论。欧盟委员会智囊团(1996：45)对此做出了积极贡献，他们建议反对“把权利从高往低下传递：权利应该是在基于积极公民权原则之上的民主发展过程中逐渐形成的”。这种明智的建议，把公民的权利与义务相连接，给予人们信任。欧盟委员会智囊团(1996：45—46)也评论道：“权利形成的过程几乎与它的内容一样重要：权利在民主发展到一定时间后被一起创造出来，它们将比由专家直接构想出来的更易于受到尊重。”欧盟委员会智囊团得出结论：“公民权不仅仅是一种权利的聚集：它也是一种承认每个人都对其他人负有责任的生活方式，一种通过与其他成员建立多重联系参与社会的方式。”

七、社群主义、公民参与及社会不平等

倡导“第三条道路”的社群主义思想中，取决于公民参与和承担社会

生活的情况不断增加。社群主义者担心社区生活中市场个人主义的"癌性影响"(Tam，1998：3)。当前，英国大约有400万成年人正参与到正式志愿服务中(*The Report of Commission on the Future of the Voluntary Sector*，1996)。但更多的人参与了非正式志愿服务。另外，在志愿部门和社区部门中，大约有6.2万带薪员工。这反映了公民参与水平的显著性。然而，尽管来自较低社会—经济的群体同样有可能参与非正式志愿服务，但是正式的志愿服务却朝着中间阶级倾斜。类似地，少数民族(尤其是黑色人种)很少参与到正式的志愿服务中，而是更多地积极参与到社区的非正式志愿服务中。这种阶级之间的差异可能反映了具有更家长式传统的志愿部门与更平等主义传统的社区部门之间的分化。公民社会的民主潜力正是存在于社区部门之中。《志愿部门未来委员会报告》评论了第三部门从家长式主义到社区行动的不断发展的特点。它指出，它正在日益成为它所主张代表的社会经济的一部分：

"一些社区行动不是对私人领域的入侵(an intrusion upon)，而是一种民主的再现。它关注的是直接参与，而不是通过投票进行的代表制。它能为'没有话语权的人发声'。我们能够从女权主义运动，包括其行动内容——受虐妇女招待所和强暴危机中心(battered women's hostels and rape crisis cnentres)——和其形式('个人的即是政治的')中吸取重要的经验教训。残疾游说已经吸取了这些经验教训，他们强调自己是一个代表残疾人的组织(由残疾人组成的组织)，而不是为了残疾人的组织。"

很明显，公民平等的发展进程已经取得了实质性的进步。然而，矛盾的是，这种进步的产生是为了反对基于全球市场资本主义体系中的社会不平等。新工党将这种进步政治所面临的挑战概括为：它已经将其自身定位为"不用激进的财政调整去做一些有关贫困的事情或者重构阶级结构"(《卫报》，1999年12月6日)。这种证据(正如第四章所讲的)就是贫富差距越来越大。这就是新工党政府社群主义取向最根本的缺陷。英国社区的"新政"和"起点计划"针对的是学龄前儿童、健康行动领域以及辍学了的16—18岁的青少年，因此该方案并不是全国统一的。

社群主义所做出的积极贡献在于，它重构了民主和赋权市场中社会服务使用者与提供者之间的关系。在这一点上，它为社会工作在新千年目标中定义其角色和任务产生了深远的影响。伊芙(1997)呼吁社会工作要重新思考其专业目标。公民社会为类似这样的争论提供了重要的关注点。

八、权力与社会工作的双重使命

社会工作的双重使命决定了其角色与任务既是为了提升国家利益，也是为了提升其所帮助的服务使用者利益。社会工作的双重使命使得其被定义为一种具有政治色彩的活动。对于一些实践者来说，这涉及对专业化权力运用意义的高度敏感性。其他人(大多数人)更倾向于回避双重使命的含义，而是采取一种个体性治疗取向，把社会工作看作一种对政治漠不关心的心理学世界以及社会问题的个人化。然而，他们正在含蓄地选择政治性方法，因为它假定社会工作的专业任务是中立的。而且个体性治疗取向试图忽视最初引起案主需求和案主援助转介的社会背景。扎维塞克(Zavirsek，1999：69)观察道："对于这些社会工作者来说，权力意味着一些消极的东西，总是与操纵和控制相联系，而社会工作首先就是要对人保持'中立'。"

在与服务使用者的专业关系中，权力处于中心地位。那么权力是指什么呢？吉登斯(1989：52)做出了如下的阐述：

"权力意味着一种个人或者群体能使他们的需求和利益得到实现的能力，甚至是在那些别人抵触的领域(even where others resist)。权力有时涉及武力的直接使用，但也总是伴随着思想的发展……这些思想证明了行动是强有力的(justify the actions of the powerful)。"

换句话说，权力不一定非要依靠力气，而是更多地通过思想来体现，这些思想使得治理者的行动合法化。因此，权力是一种遍及我们生活方方面面的微妙力量。

法国哲学家米歇尔·福柯改变了我们对权力的本质和意义的理解。他很少关注权力的"正式的"或者"司法的"表现，相反，他聚焦于人类生活关系中权力的日常表达，这是社会控制的根源，因为(这些日常表达)正是一种规训机制。

在其1977年出版的著名研究《规训与惩罚》(*Discipline and Punish*)中，福柯仔细考察了18世纪与19世纪之间惩罚性质的不断变化。他认为，惩罚的重点已经从身体转移到了思想。当众绞刑制度已经被严格管制的监狱制度所取代，在这种制度中，规训占统治地位。唐斯勒(Donzelot)在《家庭的警卫》(*The Policing of Families*，1979)中进一步发展了福柯的观点，他认为治疗师和社会工作者已经成为以思想控制为手段的有纪律的社会秩序的关键调停者。谢里登(Sheridan，1980：218—219)评论了福柯关于权力的概念：

“特定类型的人——儿童、囚犯、‘精神失常者’——运用权力的能力是极其受限的，但是如果他们相互依赖的话，这些群体中就很少有人找不到运用权力的手段。因此，权力不像国家，像中央机构一样可以被把握……工厂、住宅区、医院、学校、家庭，是更加明显的和更加正式的‘微观权力’(地方权力中心)。”

福柯在《权力与知识》(*Power/Knowledge*，1980)中指出，知识与权力是密不可分的。国家权力依赖于从对人们的监控中所搜集到的知识，这不仅要通过安全部门，也需要通过卫生和社会服务部门仔细地记录公民的私人生活。反之，公民能够通过治理基础的知识以及决策过程中的参与来实现赋权。

克洛夫特和贝瑞斯佛(Croft and Beresford，1997：273)认为，“由于社会工作被束缚在独裁福利政策中，因而日益形成了专业恐惧，使得社会工作在公众和政治方面都越来越边缘化”。他们认为，使用者导向的社会工作承诺自治、参与和融合的原则。公民社会的支持者们强调赋权与参与，为解决国家官僚体制的问题以及在其服务使用者看来威胁到福利国家合法性的职业化精英主义问题提供了积极的建议。此外，过度扩张的福利国家能从志愿者的服务中受益。公民社会的职业化(专业化)挑战，尤其是它所形成的社会运动，已经被洛伦兹(1994：127)用来描绘社会工作：

“他们呼吁运用有经验的志愿者以及‘接受过这些志愿服务的人’来反对那些专家的权力和精英主义，从而限制专业化主义。他们重视的是过程与参与，而不是将技术上的效率和成功作为自主学习与改变的关键。他们通过质疑标签化词语和特性描述性词语的压迫性使用，来寻求个人身份和集体身份的统一。”

考虑到社会工作作为一种典型的个人社会服务落地于社区照料领域，公民社会背景下的志愿主义在这一社会领域也变得有意义起来。然而，在风险社会中，志愿者不能代替受过良好专业训练的专家，就像慈善不能轻易代替国家福利利益(state welfare benefits)一样。公民社会所能提供的是广泛的参与和对服务使用者权利的认可。洛伦兹对参与的强调，直指使个人社会服务民主化和将其纳入使用者和社区组织是势在必行的这一核心问题。

《志愿部门未来委员会报告》宣称，如果使用者参与的概念已经“延伸到了公共部门，并把使用者和社区纳入服务发展中，同时为服务使用者和以组织和能力为基础的社区发展承担责任”，那么“使用者参与是未来的关键”(1996)。该报告总结道，使用者和社区组织“通过抵御社会排斥的社会参与以及明确地表达及时性服务需求之外的社会服务需求来显证自身参与到社会活动中”。

服务使用者运动的出现，对社会工作的实践具有重要的意义。诸如父母反对非正义(Parents Against Injustice，PAIN)，儿童照料之声 (Voice of the Child in Care) 和全国青年照料联合会(National Association of Young People in Care)、精神联合(Mindlink)、幸存者大声说(Survivors Speak Out，SSO)以及英国援助网络(UKAN)等组织，体现了服务使用者的权利，强调了社会工作在满足他们需求时的不足(Croft and Beresford，1997；Barnes，1997)。

随着对残疾人认识的增加，强调自我倡导的“以人为本”(people first)的思想改变了服务使用者的认知。专家支持者们成为这种发展的一部分，这种发展用基于使用者和公民具有相同的自治和受尊重权利的社会模式代替了医学模式。随着使用者运动的出现，一种新的社会工作范式的出现成为必然。克洛夫特和贝瑞斯佛(1997：276)宣称：

“从另一方面来说，社会照料服务使用者正在改变着社会工作争论的术语。他们正在询问一些根本的也是最重要的问题，比如为什么需要社会工作，社会工作是为了什么，它怎样承担责任，它看起来像什么，同时，他们针对这些问题给出自己的答案。他们不断发展新的需求、模式和理论，这些都对公共政策产生了越来越重要的影响，同时还指出社会工作以及社会服务的重构和重建。他们把重点放在人类和公民权利以及个人与社会、服务体制与社会之间的关系上。”

九、社会工作、参与及使用者权利

在后现代社会中逐渐兴起的关于公民权利和公共服务责任的争论——经常被称为参与——从信任形成的角度来说，对社会工作者的角色和任务产生了巨大的影响。以往，私人部门中消费者之间的关系是通过合同来调解的，而这些权利在公共部门中(比如运输系统)要么被废除，要么被某种服务递送系统——其权利依赖于行政自由裁量权(比如公共卫生部门)——所取代。社会工作者总是把对个人的尊重看成其实践的基本准则，他们经常会发现自己与公共服务部门中的非个人的、管理的思想理念不一致。他们因为爱“质疑”雇主而出名，他们经常以牺牲自己对机构的职责和忠诚为代价，与案主站在同一立场上。社会工作者不喜欢其职业(专业)行政性文化之间的冲突——这种冲突经常会让他们意志消沉。这种根本性的冲突由于“当前的专制”而不断加剧，在这种危机下，疲惫不堪的社会工作者不得不在强大的压力下将他们的专业价值观和机构程序以及责任结构妥协一致。

公共部门(以及许多传统志愿)社会服务机构所体现的人类关系的一维性特征，在很多欧洲民主国家的后现代社会中遭到了强烈的攻击，在这些国家中，透明和责任是最重要的东西。社会工作者在适应消费者需求的公共服务传递中被赋予了重要的作用。

在实践中，参与意味着什么呢？这很难解释，因为它设想了一种与社会服务使用者交流的新的语言。社会工作者因为其“社会”一词“含糊不清的特征”(socio-babble)而长期遭受人们抨击，也许他们这些丰富的以人为本的专有名词有助于新型语言的发展。在这些语言学的限制中，我们看到了参与的一些主要特征。

第一，从一开始，参与将公众焦点置于社会服务的一线提供者、服务使用者以及他们之间的关系上。这些服务提供者要依赖于服务传递的质量和其在赋权方面的潜力。社会工作者、护士、教师以及其他公共服务职业人员被看作在社会服务传递过程中国家与消费者之间官方合同的一种具体化表现。参与所设想的不仅是增强一线服务提供者的专业地位和权威，而且还要增强行政责任授权，信息收集培训和应用性研究技术，同样还有政策评估的角色。

第二，对参与来说，最关键的是需要重新定义专业主义，它将和“使用者”一起包括进来——“使用者”这个词优于“案主”或者“消费者”，因为它承认使用者是一个积极的参与者，而不是一个消极的服务依赖者。但矛盾的是，服务传递系统以及传统的职业化主义倾向于将使用者看作一个消极的角色，通常把他们当作乞丐来侮辱和对待。健康预防方面的发展已经强调了公民参与的可能性。尽管在反应性风险语境（reactive languageof risk）中“参与”正在被重新解释，但预防仍是参与的核心。社会工作者可以在界定和解决案主自身的问题时，帮助他们把握赋权的机会。近年来，社区组织的迅速增长，表明为公众赋权和政治承认的运动越来越多。在某些情况下，一个社区组织可以直接运行一个准公共机构，例如社区中心。在其他情况下，这些组织可以提供：（1）信息渠道，（2）讨论和意识觉醒的场所，（3）作为一种向国家施压以提升公众服务质量的手段。事实上，这些社区服务使用者运动的出现，表明人们已经远离了个人作为被动的消费者的传统专业模式，被动的消费者不知道他们想要什么，只是由无所不知的专家根据他们的需求理性地做出为他们提供服务的决定。这种发展将公共服务专业者的角色，尤其是社会工作者放在了一个新的角度，即不仅仅是把社会工作看作服务提供者，也把他们看作支持者和建议者。

第三，参与构想了一种公共服务传递的新型社会经济。它包括：（1）决策的去中心化，（2）开放的通信网络。专业联合体（unit）（比如社会工作团队）要求一定程度的行政自主权，框架清晰，清楚地知道其中哪些是他们能做决定的，哪些是与使用者群体相关的。这种模式正受到政策分析者和服务提供者的日益认可：

1. 有一定的经济规模是必须的，像社会服务部门那样发展为更大型的机构，这也通常表现为机构成本的增加；

2. 过度集权的决策会导致行政管理缺乏内容(administrative sterility);

3. 如果想要有更有效的服务传递，权力就必须下放到更小的单位。

……………………………………

这种小型的自治决策单位的概念在社会工作中并不算新鲜(事物)。20多年以前，哈德利和麦克格拉斯(Hadley and McGrath，1980)描述的修补工作取向(patchwork approach)就预示了这个概念——尽管有争议认为他们更加关注的是社区自助，而非赋权。英国的《巴克莱报告》(*The Barclay Report*，1982)也指向了这一点，描绘了一幅以社区为基础模式的社会工作蓝图。

然而，将地方权力下放作为自治单位决策的方法，对其本身来说也是不充分的。这就出现了第二个根本性问题。这些自治组织能够合作起来发展成一种有效的服务传递体系吗？或者它们最终会受到强大的集权化的管理结构的控制吗？在机构内部和机构之间实行的开放网络，在许多社会中已被证明是非常有效的。这意味着一种透明的结构，中央和地方政府确保维持社区联结的机制，建立开放的和有问责机制的服务传递结构。

第四，参与构想了更多民主重组的形式，在这之中，使用者可以直接参与政策形成的过程。这些参与能够通过管理委员会、顾问团(来实现)，从微观层面来说，可以从那些直接影响到使用者个人福利的个案会议决策中得到实现。使用者参与也可以发生在使用者评估以及社会服务研究中。参与性研究模式为专业者与使用者在共同界定问题，寻求解决方法以及政策策略的有效性(产出)工作中提供了机会。服务提供者与使用者之间的合作关系位于赋权的核心。

第五，参与可以被定义为一种新型的公共服务精神，以民主和包容的价值观为特征，把权力下放给服务提供者与使用者。作为一种组织化模式，参与和社会工作价值观是和谐一致的，它为回应人类的需求提供了一种更加灵活的方式。目前，为了进一步提升信任，政治上的关注点主要集中在开放型政府和增强公共服务责任感上，这就暗示着参与的重要性越来越显著。渐渐地，承认公众与社会服务的双重关系(既是使用者，也是公民)变得极为必要。如果社会工作想要在这种新型公共服务理念下得以兴盛发展，那么，面对公民社会和国家之间的连接，发展专业主义的新范式是至关重要的。

十、公民参与、社区与社会工作

与参与紧密相连的就是社区的概念，但在近几十年的社会工作实践中，社区概念有所衰退(Hardcastle et al.，1997：8)。社区是公民社会的核心思想，是后现代社会支离破碎、两极分化状况下融合的有力象征。但这不是一种新的思想，它植根于古典文明，但是它的意义在于适应时代的需求。在现代社会，社区和原子化个人主义是相对的，代表着合作和交互社会行动的可能，这种传统又返回到了罗伯特·欧文(Robert Owen)、彼得·克罗帕特金(Peter Kroptkin)和法哲·普鲁东(P. J. Proundhon)的时代。社区为"'我们'而不是'我自己一个人对着他们一起的所有人'"提供了可能性。这使得社区成为一门诱人的哲学，吸引了各个政治派别的支持。

休斯和穆尼(1998：72)曾评论过：

> "社区是象征性的，它看起来似乎很神奇。社区也总是充满想象的。也许它们是作为一部不可或缺的小说而存在的，所有的尝试都是为了理解这个世界，尽管可以通过动员来对抗边缘化和排斥，但还是以此建立起了一种联系。但与此同时，对多样化和差异化的认识，以及社区的思想逐渐形成了深厚的道德共鸣。社区从本质上来说也是一种政治概念(Community is a fundamentally political concept)。因为它也被权力所包围。"

社区支持者认为社区是一种正向的概念，可以推动社会中"善"(the good)的发展。但是批评者则认为社区的思想中暗藏了对人们自由的限制，认为它本质上是一种反自由的世界观(Holmes，1993)。在现实中，社区这一概念的弹性(灵活性)允许不同的知识和政治传统都可以声称自己是(社区的)统一象征。

哈德卡斯尔等人(1997：9)提到了社区参与的下降，即"美国的社区精神和社会责任受到侵蚀，社会工作技能和责任随之也不断衰落"。他们认为，"这反映了当代美国的'自我主义'，猖獗的自我中心主义和自由主义的理念，以及社会隔离和社会碎片化"。他们的评论很快就传到了英国、加拿大、澳大利亚、新西兰和爱尔兰。消费社会和个人化社会服务的新管理主义思想的发展已经削弱了我们对社区的信仰。公共责任的衰退反映在社会工作中是其职业取向转向了个性化治疗以及私人诊所。而且，福利国家的社会政治被身份政治所替代，这种趋势改变了社区的重点，将其从一个整合的基础变成一个依据性别、种族、性取向、残疾与否、年龄等来把自己与其他人相区分的利益型社区。这就产生了一个本质主义的问题，即社区的利益会抵制外部支持，并将其视为一种不受欢迎的入侵，当然那些专业的同情者也被包含进来。

社区政治学总是受到严厉指责，这使得专业人士和管理者感到恐慌，他们担心自己可能会妥协。但是，这仅仅是后现代社会中专业社会工作所面临的挑战的一部分。在一个更加民主和充斥怀疑的后现代社会中，那些界定专业人士和服务使用者之间关系的传统的家长式作风形式已经消失了，新时代必然需要新的技术。

莱恩(Lane，1999：143)将社区发展和后现代主义的抵抗联系起来，他声称：

“作为时代背景的回应者，而不是已经建立起来的行动模式的强制执行者，未必意味着他们在一个‘万事皆可’的后现代主义的伦理真空中都能运行，在此，所有观点都因有平等的价值观而被接受。我们不是被迫和那些与我们理想不同的人以及那些不尊重我们和他人价值的人一起工作——我们也有发言和拒绝的权利。尽管我们不能假定一套获得广泛认同的统一的道德体系，但是我们可以坚持自己的个人道德标准。”

他认为，在经济理性主义和契约文化时代，“社区发展处于公民社会及政治学中促进参与的过程性取向脉络及敏感性手段的包围之下”（作为一种提高公民社会参与和政治参与的过程导向型的情境感知手段，社区发展受到重重包围）(Lane，1999：146)。资助者正在设定专业的议程，将社会工作的使命妥协于在国家和公民社会之间的中枢位置发挥作用。

如果社会工作职业想要在国家“缩减”的时代能与公民社会衔接(建立联系)，它就必须发展能在社区中与“被压迫的声音”进行沟通的能力，以继续维持其支持者的身份和存在的合理性。莱恩(1997：147)得出结论：

“由后现代主义激起的挑战带领我们开创前所未有的创造性实践。20

世纪后半叶，我们从现代性中筑起一些坚固的实践堡垒。我认为是时候从这些年代久远的现代主义结构和他们一般化的‘模式’‘能力’以及狭义的‘科学’认知途径中继续前进了。也是时候让我们自己沉浸在千变万化的网络和领域中了。虽然我们对很多事情都不确定，但是我们拥有记忆、伦理和演讲的魔力……我们坚信，尽管社区是一个非常易碎的形体，但其仍然具备多种可能性。”

公民社会的重现对社会工作提出了新的挑战。一种明显的争论就是，社会工作应该以一种更加民主的方式出现，来保持其在后现代条件下的适当性。这就假设了国家和公民社会之间有真正的合作关系(例如志愿部门和社区部门)，即意味着使国家具有后现代的思想观念。在“第三条道路”的战略下，国家褪去了作为社会服务提供者的传统角色，第三部门作为社区的工具，恢复了与国家的伙伴关系，同时也承担了更加重要的作用。吉登斯在他的《第三条道路》(*The Third Way*，1998)中提道：“政府可以通过和公民社会的机构的合作，来促进社区的复兴和发展。”正是在这些缝隙中，社会工作找到了其与众不同的使命，即为那些传统上理应享受服务的人提供支持和赋权的价值的职业使命。然而，在(这样一个)公民权意义已经被重新定义的消费社会，这是一项极其复杂的任务。

十一、消费主义、使用者参与及公民宪章

在主宰全球市场经济的市场话语体系中，公民就是消费者。这就使得公民很容易受到来自公共和私人团体强权的伤害。新保守主义的回答是公民宪章，而它与英国前首相约翰·梅杰(John Major)密切相关。它的宗旨就是为消费者公民赋权。

这种思想并不是新的。它的历史可以追溯到 1215 年，约翰国王(King John)和他的男爵在兰尼米德签订了《英格兰大宪章》(*The Great Charter*)。(从此，)它成了《英国宪法》制定的基础，也标志着负责任政府的开端。宪章的思想于 19 世纪的《英格兰大宪章》中重现，当时，日趋壮大的工人阶级致力于使国家更关注自己的需求。尽管宪章运动失败了，却为随后渐进的政治改革(如普遍选举和秘密投票)奠定了基础。20 世纪期

间，《七七宪章》的颁布指出了共产主义东欧国家中法律和现实之间的差距。

1991年，保守派政府将《英国公民宪章》作为一项“十年计划”发布，其中包括六个主要原则，明确“致力于通过鼓励机构，在承认公共责任的同时优先考虑消费服务，改善向公众传递服务的质量”（Humphreys，1998：40）。这六条原则分别是：

1. 制定标准；
2. 开放性和信息；
3. 抉择和咨询；
4. 文明礼仪和乐于助人；
5. 改正错误；
6. 物有所值。（Humphreys，1998：40—41）

其他政府也纷纷效仿，引进宪章，使公共服务机构成为更加负责任的机构：

英国——《公民宪章》（1991）
葡萄牙——《公共服务质量宪章》（1992）
法国——《公共服务宪章》（1992）
加拿大——《优质服务原则宣言》（1994）
美国——《消费者服务标准》（1995）
欧盟——《公民优先》（1996）
澳大利亚——《服务优先》（始于1997，还没有完成）

英国《公民宪章》的引入也遭到了巨大的质疑，作为致力于改善消费者关系的自上而下的法定性实践，它却以损害真正的公民参与为代价。正如巴恩斯(1997：38)所指出的那样：“《公民宪章》混淆了两个完全不同的概念：特殊服务的消费者和界定公民地位的特定政治社区的成员。”1997年5月，新当选的新工党政府承认了公众对宪章概念的怀疑：

“过去的很多宪章都是自上而下制定出来的，很少或几乎不考虑与服务使用者的协商。以至于有太多的模糊和不明确……简而言之，就是他们并没有优先考虑服务使用者。”（Cabinet Office，1998）

然而，尽管英国政府有所改变，《公民宪章》仍然存在，但是一个很大的转变就是将重点从消费者转移到了服务使用者身上。新工党政府并没有废除宪章，相反，它被修订、重命名、重新构思了。新工党政府的《服务优先宪章》（*Service First Charter*）包含了更多的公共服务传递原则：

1. 设定服务标准；
2. 开放并提供完整的信息；
3. 咨询和参与；
4. 鼓励享用权和促进抉择；
5. 平等对待一切；
6. 出现错误时及时修正；
7. 有效利用资源；
8. 创新和改进；
9. 与其他提供者合作。（Cabinet Office，1998）

泰勒（1991）质问了公民宪章实际上是否是“90 年代的大思想”。对于他来说，这个争论基本上是围绕着消费者满意度相对于公民参与和赋权的问题而展开的。他的潜台词就是《公民宪章》要么代表了市场的需要，要么代表了民主的需要。在消费者公民权时代，这两者并不容易区分，因为公众的生活正在日益私人化。尽管如此，在这个过程中有着核心的问题，尤其值得注意的是，宪章到底是自上而下的市场性实践，还是自下而上的民主性实践，这决定着其民主的真实性。英国内阁办公室建议：

“不要低估时间、努力和咨询的花费。如果这能保证你的服务更好地满足人们的需求，那么这些花费就是值得的。大多数机构都发现咨询有很多积极的影响，包括更好地理解他们的想法以及让员工的工作满意度更高。”（Cabinet Office，1998：19）

英国内阁办公室强调了咨询和参与的重要性，认为那是一个好的宪章制定的精髓。因而，他们提出了九个关键问题用以指导使用者参与咨询过程：

1. 你将如何咨询使用者和潜在使用者？

2. 你所选择的方法对你的目的和对使用者的便利程度是不是最合适的？

3. 你有没有留出足够的时间来咨询？

4. 谁来做咨询？

5. 你的咨询是否包含来自不同地区、不同种族和不同社会背景的人？

6. 你是否可以明确并且清楚地表达你可以有效改进的问题以及那些不能改进的问题？

7. 在你的机构，你如何协商和使不同层次的人参与进来？

8. 你如何请教和你一起工作的当地服务提供者？

9. 你如何给你的使用者和工作人员以反馈？（参见 Cabinet Office，1998：19）

英国内阁办公室也建议：

"如果是首次制定宪章，你会发现，若使用者有一个提前的草案可供参考，他们的回应会更加积极。要从一直空白中产生想法通常更加困难。但是也注意，不要显得太规范化和太僵化了。"（1998：18—19）

《宪章》在地方当局的社会服务供给中发挥着很重要的作用。它们使得地方政府在服务传递过程中可以与使用者接触，并且根据所表达出的需求创造出发展弹性服务的可能性。比如说在新西兰，惠灵顿市政府评论了服务使用者参与的优势：

"通过对咨询者的反馈的分析，期望于产生新的思想和新的视角（先前没有考虑到的）来拓宽未来的调查，或者确认那些刚开始并不确定的想法。这种分析的结果可以直接被吸纳到决策过程中，成为这个决策过程的关键因素。"（Wellington City Council，1999）

古尔德莱德(Goodlad，1993：34)认为，宪章制定包含了一种包容性的方法，即依靠公民参与的原则改变地方政府的行为和认知方式：

“这个模式强调社区发展和赋权于地方政府机会，(在这一过程中)他们开办培训机构、资源中心，并支持地方社区团体的服务。”

基层公民宪章的创立是为了扩大使用者的权利，但这仅仅是这一过程的开始。宪章需要定期更新。正如内阁办公室所说：

“你应该利用这个机会和使用者一起评估宪章的成功之处(或者别的方面)。记住，宪章是为了使用者的利益。为了让宪章更为有效，它们应该随时更新以满足使用者的需求。”(Cabinet Office，1998：12)

在一些国家，尤其是英国和新西兰，公民宪章的重要性体现在由意识形态引导的政府所倡导的极端市场化的政策中。他们已经改变了治理的本质，这在很大程度上影响了地方政府社会服务在实现其角色和任务时的方式。

英国保守派政府在1990年通过了《国家卫生服务和社区照顾法案》。这项措施将社区照顾的边界进一步指向了社区，使得地方政府的社会服务部门成为“牵头部门”(lead agency)，同时引进了基于市场原则之上的消费主义理念。这时，照顾经理的职位出现了，他的职责是设计和监管满足个人服务使用需求的服务。服务是在福利“混合经济”中提供的，要么是从独立提供者那里购买，要么是从社会服务部门的资源中获取。然而，重点强调的是由志愿组织(总是会存在的)和私人“以盈利为目的”的公司组成的独立部门的发展(Barnes，1997)。

社会服务部门被赋予了一个策略性的角色，它被要求与国家卫生服务及其他相关机构一起制定社区照顾计划。作为这个过程的一部分，社会服务部门被要求与服务使用者和照顾者进行协商。通过这种方式，服务被期待对消费者公民的需求更具敏感性。对新的投诉机制以及为居民服务的“公平的检察机关”(arm's length inspection units)的引入，包括服务使用者和提供者，进一步强调了公民消费者的参与(Barnes，1997：28)。

英国地方政府的社会服务部门也因此被重塑为“使能者”。这代表着社会服务传送系统的平衡从国家向市场转移。社会工作的影响是很重要的，包括强调以能力对专业主义进行代替。社会工作者不再是社会关怀的仲裁者。照顾经理可以从任何与社会照顾供给相关的专业中挑选。

地方政府以不同的方式诠释了其“使能者”的角色，并出现了三种模式：(1) 促进市场发展，(2) 促进个人发展，(3) 促进社区发展。然而保守派政府的意图是驱动社区照顾朝向市场化方向发展，一些当地政府的社会服务部门对它们政府的使能角色有着不同的诠释。对个人发展的强调就是对个人福利重要性的强调，这与传统的个案工作是一致的。强调社区的发展，从另一方面来说是在建构健康的公民社会的同时重塑当地政府的使能者角色。维斯都等人(Wistow et al.，1994：135)注意了“动员和支持社区基础资源，尤其是非正式和当地志愿部门，目的是培养参与决策和民主化决策”的必要性。

社会服务部门作为使能政府的模式，有潜力使社会工作实践重返《巴克莱报告》(1982)所倡导的社区基础的方法。它同时也开创了一种新的实践范式。在重塑它们作为社区关怀的“使能者”角色时，大多都依赖当地政府所提供的路径。社会工作通过将“社区”回归到社区关怀来影响其发展。如果社区照顾的去专业化遭到抵制，社会工作者将需要为他们自己以及社区关怀的愿景想出一个与众不同的角色。但我们并不十分清楚的是，在英国，(人们)是否有意愿和能力来应对这些去道德化的社会工作专业的挑战。社会工作教育和训练的本质会变得相当关键，因而社会工作者需要对政治环境以及他们的角色与任务的潜在变化有一个很好的掌握。使社会工作不断去政治化的使命，并没有多少乐观的土壤（来生存）。

随着对使用者权利承认的增加，参与性实践和宪章运动的出现对专业人员有很重要的影响意义。它将这种关系中具有显著地位的“案主”“病人”“居民”重新定义为具有更多赋权地位的消费者和公民。消费者的用法是比较好的抉择和建议(consumer suggests choice)；公民要求专业人员在为服务使用者提供服务时应该认识到需求的平等性。当社会工作职业放弃从前的使命(即为贫穷者和受压迫的人服务)，转向促进其专业议程时，处于公民宪章和使用者权利的时代有助于纠正服务使用者支持的平衡。显然，它有潜力以一种更加民主的方式来重塑社会工作专业。

十二、公民与社会工作：重思议程

英国贫困儿童行动小组前主任利斯特教授（Puth Lister）指出："使用者参与体现了一种更加积极的社会公民权形式，即福利国家使用者被建构成积极的参与者，而不简单的只是消极的权利承载者或服务接受者。"（Lister，1998：15）但社会工作不愿意在实践中接受这些更加民主的方法。例如（英国）威尔特郡和斯文顿郡用户网络主任（Director of Wiltshire and Swindon Users' Network）克莱尔·埃文斯（Clare Evans）认为："不管任何花言巧语，社会服务部门仍然觉得要改变他们的风格、文化和体制，把接受服务的人们置于他们思考的中心是很困难的。"埃文斯的评论强调问题在于促进一般社会服务与特殊服务使用者之间的合作关系。然而，一个更加民主的和更具参与性的社会工作范式要求在合作关系以及参与中更具开放性。

英国有很多让穷人发声的重要先例。例如，针对贫穷的教会行动——"当地人民：国家之声"，关于福利国家未来的独立公民委员会（由服务使用者组成）以及英国反贫困联盟，他们都把为被压制声音的穷人赋权提到他们议程的首位。李斯特尔（1998：16）建议，"社会工作者应该仔细思考，他们在这种合作伙伴关系以及为贫困的服务使用者提供服务时，要使服务对象的声音像公民一样被听到"。可以这么说，这显然需要社会工作实践范式发生转移，当前英国和其他地方社会服务部门中按等级层次划分的管理结构模式十分僵化。如果不把一种公民社会的再嵌入置于社会工作目标的中心，不在法定的和志愿部门以及社区部门之间形成一种新的合作关系，那么这种范式转移将无法实现。

泰勒（1996：68）认为："对公民权的关注也有利于解决多样性与一致性之间的张力。"当服务使用者成为利益相关者时，他们的地位超过了被标签化的案主、接受者、幸存者，甚至是顾客或消费者，进而转变成了公民。公民权暗含着一种致力于社会融合的语言，一种服务提供者与在"危机"登记册上有小孩的父母之间的被剥夺权利关系的运动，一个缓刑者，一个在精神健康法规中被隔离开的人，一个艾滋病患病者，一个公租屋租户或者一个领取救济金的人。泰勒（1996：57）声称："在那些觉得被自己使用的特别的服务定义了或限制了的人们……与那些使用了特殊服务却被定义或限制了自我身份和生活方式的人们之间存在着重要差异，尽管他们也很重要。”这种服务提供的语言体系有其社会意义——将其使用者建构成乞求者或公民。

“使用者参与”“合作关系”以及“利益相关关系”的话语已经被纳入主流社会政策及服务供给体系中。这是在提倡社区照顾的服务中为使用者提供一种声音和一种利害关系(的方式)。如果照料是缓解痛苦和减轻焦虑的方式，那么发展就是一种让赋权与服务使用者能独立控制自己生活和社区的能力建设。正是在知识领域的赋权，使得国家支持人们以一种道德的和健康的公民社会方式来促进民主和社会融合。但这并不意味着一种对专业主义的取代。大多数公民重视专业的支持和建议，但是他们希望它在对大众提供服务时更有责任。只有很少(如果有的话)的专业，像社会工作一样，因其联结和依靠着其服务使用者而具有合法性。它把自己定义为一种帮助穷人和受压迫的人们且具有社会和道德目的的职业和运动。社会工作的未来，依赖于在参与性实践的脉络下重新思考它的议程(Reisser，1996：250—251)。

十三、结论

本章解构了公民社会的概念，它把分析置于这样一种情境中，这种情境包括作为一个正在衰退的“贝壳制度”的民族—国家的空洞化、可替代的治理制度的出现，以及为扩大民主权利而进行的运动。志愿主义在其不断变化的特质中得到了较好的分析。新工党政府的社群主义以及其对志愿部门和社区部门关系的支持得到了细致的审查。社会工作实践者的影响，在使用者和社区运动不断出现的更加民主化的形式中得到了深思熟虑。一种基于参与社区担当上的新范式被考虑作为未来社会工作在一个更加民主的社会中运作的新策略。本章的建议是，服务使用者首先需要被承认是公民，其次才是案主——多元文化主义强调了需要将一个批判性的公民权概念置于社会工作与服务使用者关系的中心。我们现在将转到对这个问题的思考上。

第七章

多元文化主义、女性主义和反压迫实践

多元文化主义是一个跨越政治、社会理论和专业实践的问题。它代表了一系列广泛且不太易于界定的理念。简单来说，就社会理论而言，多元文化主义意味着对平等和差异的双重聚焦(Blum，1998：73—79)。南茜·弗雷泽(Nancy Fraser)对多元文化主义的理论化发挥了关键作用。但由于她的观点对已有的平等概念产生了深刻的影响，因而引起了广泛的争议。弗雷泽(1997：11)阐释了在以“利益”“剥削”和“再分配”等术语为中心的社会主义构想的式微和以“身份”“差异”“文化支配”和“承认”等概念为中心的新政治构想的崛起之间的政治和意识形态张力。她为自己设定了一个任务，那就是“发展一个关于承认的批判理论，这个理论只认同和维护那些能够与平等有关的社会政治内在衔接起来的不同的文化政治版本”(1997：12)。弗雷泽(1997：26)总结道，(解构群体同一性的)转变性的承认政治，结合(基于社会主义团结原则)的再分配政治，能够“模糊”和“动摇”群体差异，“帮助纠正某些误认(misrecognition)”。这就意味着，要超越福利国家“表面”的资源再分配和主流多元文化主义“表面”的尊重再分配。无疑，弗雷泽的分析是非常具有挑战性的，她强调了多文化争论对社会工作实践的基变意义。

本章将从政治意识形态方面探索多元文化主义的意涵。新社会运动对改变社会工作讨论焦点的影响与激进政治行动的潜力做出探讨，同时女性主义的影响也将加以考虑。残疾醒觉(disability awareness)将会被视作一个有助于促进进步性政治行动的使用者运动(user movement)加以讨论。最后，本章将检视社会工作中出现的反歧视和反种族主义实践。

一、解构多元文化主义

从本质上来说，单一文化主义是一种种族化的欧洲主义，其建立在现代文明的支配性语言之上。欧洲帝国主义的扩张将文化霸权带到了世界的各个角落。冷战把世界划分为东西两大阵营，反映了南北之间另一种更深的文化和经济分化。冷战结束的时候，一个主要由美国价值观和偏好阐述的世界文化出现了。尽管单一文化主义的核心价值继续占据优势地位，新社会运动形成的相反文化压力以所谓“多元文化主义”的多元化视角挑战了这种正统观念。然而，多元文化主义有多种变体，表明它受到了不同的政治观念的浸染。

多元文化主义基于一种转变性的话语，正是在一个解放性的社会环境中对差异进行解构的。在一个真正的多元文化社会环境中，地理背景、经济等级、种族、宗教、文化和社会性别的差异都会被重新定义。而且，多元文化主义也挑战了那些规制意义的普遍主义规范(Goldberg，1995：30)。从表面上看，这似乎是一种乌托邦式的任务，但实际而言，它却有严肃的政治目的作为支撑。

多元文化主义最终是关于承认的政治(the politics of recognition)。泰勒(1994：75)评论道：

"重点在于，我们的身份部分是由承认或承认的缺席所形塑的，经常是由他人的误认所塑造的，因此，如果一个人或一群人周围的人或社会反射给他们一个偏隘的或者卑微的或者卑鄙的自我图像，他们就会遭受真正的损害和歪曲。不承认或误认会造成伤害，会成为一种压迫，将人们禁锢于一种不真实的、扭曲的和缩减的存在样式之中。"

"承认"是经由符号化的形式达成的，即经由可理知性的样式和意义生成的理念框架，而把个体和群体组织进权力和特权的社会—经济等级中(McLaren，1994：55—56)。这就把我们引向了多元文化主义的核心。

单一文化主义和多元文化主义是一个连续统的两端。一端是文化支配的理念和实践；另一端是解放的理念。多元文化主义的对立面是仇外情绪，这种情绪对于奥地利这种国家中的政治家的影响是很明显的，约克·海德尔(Jorg Haider)领导的自由党追求一种公开的种族主义议程。奥地利、巴伐利亚、北意大利和瑞士的仇外政治采取的是公开的形式。但在其他国家，仇外政治却以更加隐晦的方式体现。例如，皮埃尔·布迪厄注意到了法国政治家的表达中就有隐藏的仇外情绪：

"你并不需要一个政治科学学位，就能在他们的沉默和话语中发现，他们并没有太多反对的仇外话语，这些话语在最近几年来一直在社会的不幸中涉及失业、犯罪、滥用毒品等社会问题。或许是由于缺乏信服力，或许是由于害怕表达这些怨恨情绪会失去选票，他们最终不再谈论这个总是出现又总是缺席的虚假问题，除了用惯常的定型化话语和或多或少在有些令人丢脸的暗讽中提到例如‘法律和秩序’外，还有‘把(移民)进入降低到可能的最低水平’的需要或者取缔‘非法移民’(偶尔也会提到‘会利用这点的奸商和雇主’以增添一点进步性色彩)时。”(Bourdieu，1998：16)

……………………………

在英国，斯图亚特·霍尔(Stuart Hall)一直处在多元文化主义论战的最前沿。他争辩道，在20世纪80年代出现了一种民粹威权主义转向以及“法治社会”的崛起。在这个重组的社会现实中，“黑人抢劫犯”(black mugger)已经成了社会中所有错误的文化象征。中部英格兰开始成为理想社会的标志。霍尔(1998：13)认为，“中部英格兰是一个心灵之所，一个想象中的共同体”，因其由排外性的成员资格来界定。在后现代社会，政治和文化已经变得密不可分。

二、多元文化主义与政治意识形态

多元文化主义有多种政治形式：保守的或合作的，自由主义的，左翼自由主义的、批判和反抗的多元文化主义(McLaren，1994)。尽管这些变体有很多重叠的因素，但由于其政治脉络化，把多元文化主义区分为不同的意识形态组成部分还是很重要的。

保守或合作多元文化主义本质上是单一文化主义。它同帝国主义和殖民主义紧密联系在一起。它的前提是欧美文明，特别是盎格鲁—撒克逊文化和语言学形式的优越性。全球化是文化帝国主义的现代表现，它把一种普通的流行文化提升为占主导地位的世界性语言。在这种民族同化论者的世界观中，白种人成为“评判其他种族的无形规范”(McLaren，1994：49)。而它自己的种族性被否定了：根据这种文化的社会建构，只有非白种人的文化才是“种族的”。而且，把英语定为“官方”世界语言加强了这种文化支配性。

最终，保守的多元文化主义者假定了西方知识传统、宇宙论和教育体系的优越性。明显地，对于这种保守的多元文化主义者而言，其世界观是植根于社会达尔文主义的，并且停留在种族优越性的概念上。种族隔绝和隔离在本质上就是根源于白人优越论的文化和种族支配的极端后果。

自由主义的多元文化主义促进了盎格鲁—撒克逊人、非洲—加勒比人、亚洲人等种族群体之间自然平等的理念。其假设所有拥有同样智识潜力的种族在资本主义体系内都是平等的。自由主义的多元文化主义者不接受的是源自社会和教育结构的内生不平等，但却接受白人在现行的政治秩序中占优势。麦克拉伦(McLaren，1994：51)断言："这种观点经常会褪变为一种种族中心主义和压迫性的普世性人道主义，在这种人道主义中，决定公民权利本质的合法化规范被英美文化政治团体强制定义下来。"多米内利(Dominelli，1988：53)也提出了相似的观点，她认为社会工作中的自由主义的多元文化主义是一种"种族主义的委婉说法……用这些术语将社会的概念操作化，就假设了不同的种族和文化群体之间具有平等性，因此，只是从定义上取消种族主义而不是解决它，掩盖了让白人和黑人社会工作者共同将种族主义作为英国社会中具有结构性和地方性特征来面对的必要性"。

自由主义的多元文化主义则辩解道，这也是联合国《世界人权宣言》所采用的表述。它把宽容和平等的尊严看作是至高无上的：而这是普世主义的精髓。自由主义的多元文化主义深深植根于人道主义传统。因此，它和社会工作有着共同的文化遗产和价值基础。它对社会工作产生了巨大的影响，它把宽容置于社会工作专业议程中最前沿的位置。

左翼自由主义的多元文化主义寻求解决种族群体间因"同一性"的自由主义压力引起的问题。这表明，左翼自由主义的多元文化主义观点忽略了它所赞美的差异性和文化多样性的重要性。左翼自由主义观点的问题在于，它倾向于坚持一种本质主义，却忽视了差异是历史、文化和权力的产物这一现实。而且，它可能将差异浪漫化，从而导向一种对文化的罗曼蒂克的误现。从专业人士（如社会工作者）的角度看，强调文化差异的本质性在实践中可能会有问题，因为它导向排斥性的身份政治。社会工作者反对跨种族领养就是这种本质化的案例之一。专业的同情者经常误读其立场的文化复杂性，这招致媒体的夸张演绎。

批判多元文化主义者和反抗多元文化主义者采取了一种更为激进的视角。与左翼自由主义的多元文化主义者相比，批判多元文化主义者认为差异是受到意识形态影响和对文化符号的接受所产生的结果。意义政治(politics of signification)正是以这种观点为基石的。以群体贡献为基础的社会—经济结构需要通过将公民安排到具有权力和特权的等级结构这一符号化系统中，才能发挥作用。在这个过程中，对于意义的二元制建构(比如白人/黑人、男性/女性、好/坏、正常/异常）制造了一个再现王国，其中负面的文化意义连同在规范中的地位被加诸从属群体身上。例如，把黑人描述为救济金妈妈、瘾君子、帮派成员等，这一系列的描述不仅仅创造了一种象征上的社会区分，还使警察的粗暴和福利的歧视变得合法化。

反抗多元文化主义试图超越左翼自由主义的多元主义所关注的对差异的赞美，以及寻求“对意义建构产生的社会历史状况进行改变”的论点（McLaren，1994：58）。弗雷泽（1997）在关于承认的批判理论中争辩道，反抗多元文化主义的目的在于解构差异。她以异性恋和同性恋之间的二分法为例。弗雷泽认为酷儿理论代表了一种典型的改革性承认政治。该理论并不是想要在一个宽容性别差异的多元框架之中寻求支持同性恋身份的正当性（integrity）。弗雷泽（1997：24）评论道：

“相反，酷儿理论把同性恋当作一种被建构和被贬低了的异性恋，两者都是性别模糊的具体表现形式，并且只能在彼此的优点中得到规定。改革的目标并不是去固化同性恋的身份，而是要解构同性—异性的二元对立，从而动摇所有固化的性别活动。关键不是要把所有关于性别的差异消弭在单一的、普遍的人类身份之中，而是要维持性别领域的多样性，把不断变化的差异之流去二元化。”

像奥特瑞兹（Outrage）这样的组织践行酷儿理论，其目的在于曝光政治辩论中关于性别区分的规范性基础，动摇已经建立的“同性恋”与“异性恋”（“弯”与“直”）身份之间的二元对立观。批判和反抗的多元文化主义指向了一种以差异的解构——这种差异的解构得到了一些与奥特瑞兹类似的组织的支持——为基础的解放性实践。这说明在保守和自由两种视角都受到批判的多元文化主义挑战的后现代社会，民族同化论和文化多元论的方法也在碎片化。

三、社会工作教育、多元文化主义与认知实践

多元文化主义已经演变成社会工作内部的一种重要辩论。方等人（Fong at el.，1996：25—26）评论道：

“当前状态的种族类别解构所提出的最终问题是理论性的，它对社会工作的暗示并不完全清晰。社会工作者习惯于按照分析性的坐标系定位他们的案主，在这个坐标系内，种族和阶级是两个不同的坐标轴。从传统来看，种族一直被视为一种生物属性（有着明显的社会分支），而阶级则一直被理解为一种社会建构。然而，近期大多数关于种族的研究都认为它根本不是一种生物事实，而是一种运用生理标记的社会建构和政治建构。因此，种族必须被视为一种社会结果而非人类行为的原因。”

他们的结论是，多元文化主义将会是社会工作在21世纪的最大挑战之一。这就暗示了承认的政治将会成为社会工作在新千年的主要关注之一。社会工作的两个关键考虑因素也由此而生：专业的意识和教育。社会工作教育的支配性话语体系是由决定实践规范性结构的公民无意识所控制的。在本质上，社会工作的传统策略关注一直是基于为了一种有训练的公民实践而将穷人再道德化。批判的多元文化主义认为，社会工作者需要以一种把实践同单一文化主义的标准相分离的方式，理智地投身到差异与公民议题中。

福利国家内部的传统社会工作实践依赖于社会阶级之间的相互妥协。而且，传统社会工作接受由主流自由主义的多元文化主义所热衷的妥协，即在福利国家内部尊重既有的种族身份平等，并与歧视和种族主义实践做斗争。批判式多元文化主义挑战了社会工作者对他们实践方式的价值预设以及他们所做行动的评估原则的质问。如果社会工作者要避免叙事性压制（比如削弱服务使用者的身份），他们就必须有能力在实践中挑战意义的话语等级制。

这意味着从专业身份认同形成的角度来看，差异和公民权的问题需要在课程中得到充分的解构。第一，已有的社会工作文本必须接受那种质疑社会工作中具有支配性地位的西方人道主义传统的反文本的挑战。只有分析可选择的文化传统、宇宙学和它们在文化地位生产等级中的位置，文化尊重才有可能实现。第二，二元对立（例如白人/黑人、男性/女性、异性恋/同性恋、健全/残疾）和与之相关的制度化歧视（如白种优越论、父权制、恐同、体能主义）应该受到挑战。很明显，社会工作者必须以基于批判性公民权的文化理解为基础。古尔德（Gould，1996：37—38）指出了社会工作教育在美国的当务之急：

“从根本上讲，多元文化主义呈现了一种超越跨文化学习和多元文化能力的范式。它为复杂的多种族社会构想提供了一个处方模式而不仅仅是描述模式……从这方面来看，多元文化主义和任何种族或者文化视角之间都存在一定程度上的差异，即便不是性质上的差异。多元文化主义建立在一种组织性原则之上，这种原则考虑到他们各自的‘族裔心理束缚’事实，把责任放在占支配地位的社区和有色人种的社区双方身上。”

然而，古尔德(1996：33—34)指出，多元文化主义在社会工作中是一种“被看低的规范”，它隐晦地承认了“盎格鲁化”(Anglo-conformity)。她总结道：

“尽管这个专业从原则上讲已经认可了实施多元文化主义课程的价值观，但总是有一种不安卷入社会工作的任务之中——社会工作教育是否正试图通过传授必要的课程来达到一种彩虹集体主义社会。”(1996：39)

在英国，中央社会工作教育与训练委员会(CCETSW)推行“反种族主义”实践课程的经验强调了在社会工作教育和培训中应用多元文化主义的复杂性。尽管有中央社会工作教育与训练委员会的善意支持，多米内利(1997：162—170)还是记录了这种倡议行动的失败之处。其对多元文化主义的兴趣起源于20世纪80年代期间大伦敦市政会(GLC)所推动的反种族主义和反性别主义计划。少数民族和女性团体通过行动争取到根本态度的转变，并获得基于承认政治为基础的赋权。

由于大学没有能力成功谈判这种多元文化主义的教育任务，问题很快就出现了。一部分原因是资源的短缺。同时，(他们)对于课程的设计和内容所要求的东西也常常缺乏理解。从更深层次上讲，还有普遍存在于大学文化研究中深刻的认识论问题。反种族主义实践挑战了西方社会大学思想所依赖的自由主义人文主义中一些最神圣的原则。英国的社会工作课程通常很短(例如两年的学位课程)；50%的课程需要实践，而且课程安排得相当满。反种族主义实践的准备需要大量的理论投入，以力求探索支撑反种族主义原则的文化复杂性。过分简单化的理解就很容易受到谣言的责难。

多米内利(1997：167—168)宣称：“一流的白人男性社会工作学者反对把反种族主义社会工作引入课程的要求中。”媒体提问了一些让人不舒服的问题，暴露了社会工作教育的一些不光彩的事迹(Phillips，1993)。批判的要点在于多元文化主义正在促进课程的偏狭化，使社会工作教育与大学的自由主义的人文主义传统之间严重背离。其中一部分原因在于缺乏对“压迫者”和“被压迫者”双方权力(即便只是反抗的力量)的有效理解，而且这也涉及明显的伦理责任。

自苏格拉底时代以来，西方知识的批判传统就有了诋毁者(例如阿里斯多芬尼斯)。实践他们所追求的宽容是教育者所义不容辞的。只有对人性有一种深厚的同情和信念，才能在追求真理的过程中无畏质疑。它同样也要求把教育任务真正作为自由的最终行动来加以感激——“知识使你获得自由”。鲍德勒里瑟德(Bowdlerised)尝试将多元文化主义引入社会工作课程，(结果却)事与愿违：因为它们与植根于自由主义的人道主义的社会工作基础价值是相违背的。在社会工作中进行多元文化教育，需要考虑所涉及的多种多样的政治途径，日常文化中具压迫性意义的机制，承认的政治及其所具有的指引性价值，以及这些原则在社会工作实践中的运用。除非多元文化主义在人道主义知识的深层结构背景中得到探究，否则实践中不会出现平均主义的话语体系。根植于表面意义的结构实践能力，很少有或根本上是无效的，因为它不可能经得起社会系统内的时间和制度化的种族歧视压力的检验。

社会工作教育需要发展一种旨在探索“边界身份”(border identities)的认知实践。麦克拉伦(1994：67)观察到，“边界可以是语言的、空间的、意识形态的和地理的”，而且“它们不仅仅区别他物，还规定了他物得以维持和再生产的方式”。在对多元文化主义的理解中，边界身份处于核心地位。通过从一系列的文化交流中获得的知识和经验，认知实践能够协助对多元文化主义进行理解。它意味着跨文化的运动，但或许更重要的是，意味着不同文化间的碰撞和相互影响。在麦克拉伦(1994：68)看来，这是一项具有挑战性的教育任务：

“作为对批判的和女性主义教育学知识有所了解的多元文化主义教育者，我们需要通过形成政策性分析和教育学批判形式来使学生保留对不可接受者的权力和与不可想象者和睦相处……这是很重要的，因为作为具有批判意识的教育者，我们并不是简单地操控学生来接受我们的知识和立场，同时也不是为他们说话。”

归根结底，多文化教育是对文化空间的探索，在那个文化空间中，边界身份建构起来，不论它是在语言上、知识论上抑或是互为主体的建构上。本质上，这是一种去殖民化的训练(McLaren，1994：69)。

四、新社会运动：新社会工作？

新社会运动正在为社会工作的变革性影响(transformative impact)打开新的愿景。在过去的三十年中，新社会运动为女性主义、反种族歧视、同性恋权利、共融、银色力量、和平和环境等各种各样的社会运动奔走呼号。它们向以政党为中心建立起来的传统政治提出了挑战(Byrne，1997)。新社会运动也为身份政治的兴盛创造了政治和文化空间。在20世纪的绝大部分时间里，居于主导地位的福利国家体制下的社会政治遭遇了一项新的政治议程的竞争。长期以来关注阶级不平等和公平再分配的进步政治变得越来越复杂，它包含各种各样的议程，其中就有承认的政治。在这种变化中的政治、社会、文化形态以及社会工作，都受到了挑战，因此必须用新的形式改造自己以适应时代环境的变迁。

努力在社会工作内部发现一种新的身份、角色和功能的是专业发展的当务之急。社会工作总是被多样性和折中主义所定义。考虑到社会工作的方法(个案工作、团体工作和社区工作)和内容(健康、儿童照顾、缓刑、志愿者和社区部门等)的多样性，要它达成一个标准化的形式似乎是不可能的。

新社会运动正在为这种革新和重新定义做出重要贡献。女性主义社会工作已经重塑了妇女和福利国家的关系，形成了新的实践范式。对残疾人的关爱意识已经把社会运动，同时也是服务使用者运动的影响带到了关于进步实践定义的核心之中。类似地，银色权利也正在改变对老年人的文化态度，并且提升了在老龄化社会中制定能够支持老年人尊严和独立性的福利政策的意识。反种族歧视挑战了我们社会中的制度性歧视，并且要求形成新的实践。同性恋权利运动提升了我们对性别、文化和权力间关系的意识。

新社会运动为社会工作提出了重要的议题，即改变它的做法和解构个体取向与社区取向的传统划分。这些新社会运动达成了一些共识：(1) 公民权被性别化了，(2) 个人的即是政治的，(3) 反歧视实践具有必要性。我们可能正在见证一个全球公民社会的出现，它重新排列了平等和差异之间的关系。社会工作必须适应这些代表着民主不断深化的强大社会、文化变迁。女性主义属于这些新社会运动的先锋队，且一直处于发展前沿。

五、女性主义、公民与社会工作

多米内利和迈克里奥德(Dominelli and McLeod，1989)坚信："女性主义的核心是一个非常简单的理念：世界上并不存在优等人和劣等人之说，或者从权力关系的角度来说，不存在具有支配性和从属性的两种人。不管我们的性别如何，我们都是平等的。"这番强有力的声明揭示了我们政治文化中的一种曲解，即公民权是性别化了的。李斯特尔(1997：66)观察道："'公民权'表面上的性别中立掩盖了其名义下所建构的性别分化，不管是在历史上，还是在今天。"

20 世纪 70 年代是妇女运动复兴的时代，这些运动早期（的目的）是争取普遍的选举权。很快地，性别议题变成了西方世界高校研究的主要关注点。但与此同时，全世界的农村、乡镇和城市也自发出现了一些关注机会平等、家庭暴力、强奸、堕胎和健康等各种各样问题的妇女团体。在这些区域性的团体之外还出现了很多运动(例如选择的权利)和倡导活动(强奸危机中心和妇女避难所)，以及她们在面对压迫时的团结意识。

一系列书籍的出版——贝蒂·弗里丹(Betty Friedan)著名的《女性的奥秘》(*Feminine Mystique*，1965)，凯特·米丽特(Kate Millett)的《性政治》(*Sexual Politics*，1971)和杰曼·格里尔(Germaine Greer)的《女太监》(*The Female Eunuch*，1971)——改变了妇女们对自身社会角色的看法。公民社会成为塑造妇女自由运动(最初的叫法)与重新协商政治、社会秩序基础的重要场域。公民权在以民主参与为基础寻求平等的女性主义者批判思想中居于核心地位。父权制[比如女性相对于男性的体制性依附(systematic subordination)]转变为关注女性主义者对消解公民权既定意义的尝试。然而，最近在关于"父权制"概念的使用上，女性主义者出现了分歧，而一种替代性的术语——“劳动的性别分工”——却得到了更为广泛的接受(Bradley，1996：92—95)。作为男性文化主导地位的象征，菲洛斯中心论(phallocentric)这个概念也得到了使用。

内嵌于福利国家制度中的社会公民权一直是女性主义批判的一个特殊目标。女性主义者注意到，福利的发展缺乏对妇女权利的关注。伊丽莎白·威尔逊(Elizabeth Wilson)在《妇女与福利国家》(*Women and the State welfare*，1997：9)这本先驱性研究中得出这样一个结论：“社会福利政策不亚于日常生活的国家组织。”菲奥娜·威廉姆斯(Fiona Williams)在《社会政策：一个批判性导论》(*Social Policy：A Critical Introduction*，1989)一书中定义了女性主义者对反思社会政策议程所做出的贡献：

“很多工作都为社会政策分析中的关键问题注入了新的维度：照顾、依赖、需求、工作和收入之间的关系、福利供应品提供者和使用者之间的关系，以及关于父权制、资本主义和国家关系的理论性问题。”

女性主义社会政策已经延伸到了福利体制和工作场所中的妇女不平等，对于平等问题复杂性的不断认可也已经出现。简·刘易斯(1998：90)注意到：“像对待男人那样对待女人是不可能的。”需要更多更为复杂巧妙的(sophisticated)福利回应去认识性别和阶级之间交织不清的不平等现实。

当女性主义和社会政策之间的关系受到其复杂性困扰的时候，女性主义已经打开了社会工作的可再生面向(generative aspects)。女性主义揭露了作为照顾者的妇女所受到的剥削。对在一个照顾能经常得到提升的“非正式的”照顾系统之社会中的个人来说，社会服务具有深刻意义。此外，譬如像社会工作中的健康访问和家计调查，是与妇女试图跳出公共领域的藩篱的尝试历史地联系在一起的，揭露了男性社会对“贫困的女性化”(the feminization of poverty)的否认。社会工作者的案主绝大多数是女性。尽管可以说这个职业构成中的女性比例越来越高，但仍然明显地由男性支配着(Mullender，1997：42)。因此，尽管社会工作的实践承认它让妇女更加受制于家庭的限制，因而导致了压迫，然而，社会工作和女性主义还是有许多共同点的。例如，战后广泛传播着鲍尔比关于社会工作实践的物质剥夺理论及其影响。妇女的劳动是必不可少的，该理论对于证明废除第二次世界大战期间发展起来的儿童照顾供应品的普遍水平(extensive level of childcare provision)起到了作用。然而，当围绕女性压迫的沉默被打破时，女性社会工作者用新的方法和实践进行了回应。许多人都承认，不管阶级地位如何，对于所有的妇女来说，诸如家庭暴力、强奸、误识和被贬低的文化地位等问题，都在不同程度上存在着。尽管女性主义者经常被批评是为了促进中产阶级妇女的利益，但她们所追求的政治议程显示了其他一些东西。本质上，女性主义挑战了性别化的社会和政治秩序，它要求一种根本性的变革。这会影响社会上所有妇女的利益，不管她们的社会地位如何。二元权力结构通过父权制使得性别化的等级划分在社会中得以存在，女性主义的最终目标就是解构这种二元权力结构。

那些正在重塑女性社会角色的文化和经济力量是复杂的。苏珊娜·莫尔(Suzanne Moore，1998：19)在《今日马克思主义》(*Marxism Today*)上发表的一篇题为“文化革命”的文章中评论道：

“在对我们的生活产生过重大影响的所有文化革命中，女性主义已经被证明具有很强大的适应力，它甚至可以承受住(大众)对它的攻击。一种把对个人自由的寻求和寻找廉价而灵活的女性劳动力的经济要求相结合的好奇心，推动了妇女生活的改变。从文化上来说，即使对于那些不把自己定义为女性主义者的妇女，女性主义也带来了一种对女性要求和期望的增长，然而，这既尚未催生出符合这些要求的男人，也没有催生出能够轻易满足这些期望的社会。”

来自文化保守主义的强力抵制——最引人注目的是组织良好的美国宗教右派——给女性主义议程的进路设置了重大阻碍。这种社会运动击败了旨在把性别平等加入美国宪法中的《平权修正案》(ERA)的做法。在英国，20世纪90年代期间保守党领导的“回归基础”(the back to basics)运动强调了政治中不断增长的文化维度。个人的变成了政治的，不可避免地会引发文化战争。

在社会工作的认识论基础方面，女性主义所批评的政治的个人化非常重要。与团体取向的方法相比，社会工作的个别化方法在传统上一直被认为是无关政治的。个体的政治化动摇了这种区分。怀特(1999：109)指出：“在提倡这样一种方法时，女性主义社会工作的文本把她们的分析根植于这样一种信念之上，那就是女性主义社会工作者和女性服务的使用者有着相同的被压迫经历。”多米内利和迈克里奥德(1989：147)注意到“社会工作者及其案主之间正在成长的共同物质利益意识”(fostering awareness of the common material interests)的重要性。然而，怀特(1999：110)认为，这种对于共同经验、共同物质利益和平等的强调本质上是有问题的。它忽略了地位等级结构、组织化情境，并且会把黑人妇女、老年妇女和女同性恋者边缘化。

此外，女性主义社会工作在与法定设置相适应时存在问题，因为在解放议程和强化父权制的福利国家的角色之间存在一种基本的矛盾。对于这个问题，女性主义社会工作理论家持有不同的立场。多米内利和迈克里奥德(1989：114)向女性主义社会工作建议一种改革性的议程：

“反对这样一种改变的议程，即目前女性主义在实践领域的倡议等同于一种可识别的、可延展的和可广泛传播的行动计划。这包括从基地外到法定实践本身的法定社会工作的影响；从女性主义视角出发，(包括)对以一对一或小群体为基础的法定社会工作中的案主开展直接服务，女性主义社会工作者支持团体，工会行动和解决男性主导的管理金字塔的尝试。”

这项改革性的策略挑战了社会工作的传统基础。

六、残疾人政治(The politics of disability)

奥利弗(Oliver，1990：3)已经证明大众以往对残疾的定义是非常有问题的：

“残疾人显然已经意识到对残疾的主流定义给残疾的个体和群体身份认同带来了问题，并且开始挑战使用残疾主义的语言。不管这些语言是攻击性的(跛子、麻痹患者、先天性愚型患者等)还是非人性化的(有身心缺陷的人、盲人、聋人等)，这种专门用语已经受到抨击，残疾人组织也已经培养出了不断增长的群体意识和身份认同。”

文化意象反映的要么是残疾"悲剧"的一面，要么是它"英勇"的一面。这两方面都严重剥夺了残疾人的选择权和行动权，对这个概念的定义最终并不是一个语义学问题，而是一个政治的问题。奥利弗(1990：11)以此为据讨论了残疾的社会理论，但这个理论"必须限定在残疾人本身的经历和他们的尝试范围之内，不仅仅要定义他们的残疾，而且要在他们之间建立一种政治运动，并且发展与他们自我定义的需求相称的服务"。这是残疾人政治学特质的一个重要宣言：即它的社会意义是，有身体或知觉损伤的公民在政治文化中处于次等的地位。

在界定残疾人的地位时，独立性是一个核心要素。奥利弗(1990：91)评论道：

"专家们倾向于根据一些不需要协助的自我照顾活动如洗衣、穿衣、如厕、做饭和吃饭等来定义其独立性。然而，残疾人对独立性的定义不同，他们把它定义为能控制自己并为自己的生活做决定的能力，而不是独自或不需要帮助去做一些事情。"

残疾的政治化是和残疾运动的出现联系在一起的。1981 年联合国残疾人年触发了这种残疾社会运动的发展。从国际上看，国际障碍人士组织(DPI)是残疾运动的全球性组织机构。从各国看，残疾人组织也已经遍地开花，比如英国残疾人协会(BCODP)，该协会由当地的残疾人联盟组成，到 20 世纪 90 年代中期，它已经拥有百余个组织成员：

"不管用何种标准来评量，这种增长都是引人注目的，但是有四个理由可以解释它为何比最初乍看起来更加引人注目。首先，在过去的十年间，所有由残疾人控制的组织都遭受了长期的资金短缺问题，甚至遭受了来自本应支持这种运动的国内和国际机构的阻碍。其次，许多政治家、政策制定者和专家对由长期以来很消极和无法独立的人所建立的新运动的可行性缺乏信心。再次，新运动是在与来自传统志愿者组织的反对中建立起来的，在那之前，传统志愿者组织一直控制着残疾人，它们的反对也通常是积极的而不是消极的。最后，因为残疾人所遭遇的残疾环境，不管多么简单的约见、沟通和组织的资金筹措渠道所涉及的困难都不应该被低估。"(Oliver，1996：43)

社会模式居于残疾运动意识形态的中心地位。这种模式驱使着残疾人冲上大街、反对歧视、要求平等的公民权。巴尔内斯(Barnes，1997：59)坚信："社会模式定义了残疾运动的理念和策略。"

以自治和自我支持为基础的组织的决定，是残疾人通向民主参与和挣脱他们对代表其利益的家长式作风的志愿组织进行依赖的重要一步。它标志着对实现完全公民权的重要声明，这些完全公民权利把国家态度置于残疾人之上的依赖性文化中，按惯例是被拒绝的。通过自我倡导的赋权已经成为发展中世界残疾运动的指导策略，它涉及争取平等权利、反对优生政治学和杀伤性武器(例如地雷)的使用运动(Burden，1998：236—237)。社会权利居于残疾运动议程的首要位置，尤其是要求拥有一个真正的家庭、有价值的工作、自主关系和基本收入支持的权利(Booth，1997：154—159)。

直接行动网络(DAN)的领导成员巴巴拉·里希奇(Barbara Lisicki)从一个激进主义分子的角度界定了残疾运动：

"在我看来，任何人都不能确切地知道运动到底是什么，但是从本质上讲，我们所谈论的是一套理念和一种人们可以用不同的方式来支持的分析。我总是把运动看作一群人不知怎么的就和一套理念联系了起来(的活动)。很明显，残疾人运动代表的一套理念对当前主导的意识形态进行了挑战，(当前主导的意识心态认为)残疾人是社会的负担，他们应该受到照顾，但是，残疾人政治学关乎的是人对其生活是有权利的。"(Evidence to the Commission on the Future of the Voluntary Sector，1996：44)

残疾人运动通过将注意力集中到公民权利、社会模式、独立生存、利益系统和积极的残疾意象等各种各样的问题，来寻求政治图景的改变。

批评家们质疑残疾人运动的合法性，认为它(只是)为它的支持者说话——维克·芬克尔斯坦(Vic Finkelstein)，英国残疾人协会(BCODP)的创立者和负责人直截了当地回应了这种批评：

"我们无可否认，英国残疾人协会的大部分成员都是残疾人。如果你说在英国有700万残疾人，那么毫无疑问，只有极少数人在政治上积极地参与了残疾运动。这也是我们无法否认的。尽管英国残疾人协会只代表了极少数人，但是撒切尔政府也是靠全体选民中的少数群体选出来的。”（Evidence to the Commission on the Future of the Voluntary Sector，1996：44）

残疾人运动对政治和社会具有重要的影响。例如1995年，英国通过了《残疾歧视法案》，确定了歧视残疾人是一种犯罪行为。在服务方面，独立生活中心，也就是我们所说的综合性生活服务中心（The Centre for Integrated Living，CILs）的出现，替代了传统的住宅供给办法。1990年的英国国民医疗服务体系（NHS）和《社区照顾法案》使得残疾人能够以此为据，争取成为他们自己的照顾经理，有权决定自己的需求和资源要求（Barnes，1997：62）。残疾人运动在它的支持者中明确发动了一场迈向赋权、自主权和平等公民权的行动。

七、老年歧视与银色运动(Gray Movement)

在不断发展的世界中，人口增长速度最快的群体就是老年人。在以养老金和社会保障福利形式出现的社会权利受到复兴的新右派攻击的时代，老年人的回击能力是至关重要的。在美国，美国退休人员协会（AARP）是一个强有力的政治力量。作为一种由老年人所组成的社会运动，其被称作“银色运动”，在福利改革时期，它在避开社会保障预算的削减和维持医疗福利方面发挥了重要作用。美国退休人员协会是其主要的压力集团。

在英国，1939年成立的国家退休金协会联合会和20世纪70年代成立的英国退休金和工会行动团体却一直不怎么成功。在20世纪90年代，当当地领取养老金者行动团体加入了英国退休者大会（由1 500 000名成员组成）时，一种新的政治（觉醒）意识在老年人中出现了。这一觉醒使得反对引入燃料附加税的尝试获得了成功，而且标志着根据重要利益问题组织起来的决心（的形成）。反抗国民医疗服务体系政策中对老年人歧视的运动已经聚焦于行动之上（Barnes，1997：63—67）。

运输与普通工人工会（TGWU）的前领导人杰克·琼斯作为国家领取养老金者协会理事会的主席公开宣布了其异议：

“在当今英国，对脆弱老年人的对待是一种不堪的丑闻……作为一个共同体，我们应该像一个好的家庭照顾自己的父母那样热情地照顾老年人。社会的主要目标应该是确保减少贫困，提供尊严和安全，提高我们所有老年公民的生活质量（引自 Barnes，1997：67）。”

八、反歧视实践

反歧视实践植根于多元文化主义。托马斯和皮尔逊（Tomas and Pierson，1995：16）这样定义它：

“一个广泛使用在社会工作和缓刑工作中的术语，并且在社会工作训练中被用来描述社会工作者如何考虑结构性缺陷，如何寻求降低特别是以种族、性别、残疾、社会阶级和社会取向为借口的个体性歧视和制度性歧视。”

汤姆普森（Thompson，1997：238）注意到：“反歧视实践的一个基本特征是有能力/意愿看到歧视和压迫如此经常地处在社会工作者所遭遇情况的核心。”他认为，社会工作的一个基本关注点就是需要对歧视和压迫的存在保持敏感性。通过促进社会公正、平等和使用者参与，人类能动性的力量赋予社会工作者去选择改变或加强社会体制内的歧视性实践。约当（1990）把反歧视实践看作不平等社会中的一种道德法令（moral imperative）。这种观点表明，社会工作者不能仅仅是国家权力的工作人员，更应该成为社会秩序中公正的道德仲裁者。

社会工作者运用反歧视的实践方法，使个体克服个体化和制度化的偏见。他们也寻求为服务使用者赋权，去应对这种镶嵌并被制度化歧视的社会情境。传统的个体化社会工作在去情景化的实践中忽视了歧视。它被认为超出了照护者的职责范围。这加强了“奋格鲁化”的单一性。

反歧视实践使得（社会工作者）和服务使用者的专业关系更加民主化，并把这种关系重新定义为一种伙伴关系。汤姆普森（1997：241）指出了这种伙伴关系的核心要素：

……………………………

1. 界定需要满足的需求、需要解决的问题；

2. 决定怎样最好地满足需求/解决问题；

3. 实施和反思这种决定；

4. 终止合同；

5. 评估干预效果。

……………………………

他补充道：“一个清晰的评估是在与案主的伙伴关系中发展起来的，考虑到歧视模式和压迫经历，这是保证接下来的介入不被歧视性假设和压迫实践扭曲的首要步骤。”（Thompson，1997：243—244）

伯克和哈里逊（Burke and Harrison，1998：238）用一种更具批判性的多元文化主义视角形成了他们所谓的“反压迫实践”的方法，他们认为，有效的工作涉及这样一种视角：

……………………………

1. 灵活而又不失重点；

2. 包含被压迫的个体和团体的观点；

3. 具有理论恰适性（theoretically informed）；

4. 挑战并改变既存的观念和实践；

5. 能够分析组织文化的压迫本质及其对实践的影响；

6. 包含对实践的持续性反思和评估；

7. 有能够体现关系网络、使用者参与、伙伴关系和参与等概念的多维改变策略；

8. 对个人和结构的权力问题有批判性分析。

……………………………

实质上，要理清反歧视与反压迫实践和政治意识形态之间的关系是不可能的。多元文化主义视角形成了反歧视实践，并塑造了其形式和内容。不可避免的是，法定的社会工作情景（statutory social work settings）更容易使用自由主义的多元文化主义视角。公民社会中的志愿者和社会团体更容易受到社会运动的直接影响，并且采用一种批判性的多元文化主义视角。

九、结论

多元文化主义和女性主义对社会工作者看待他们的角色和任务的方式产生了深刻影响。基于这种承认政治核心的是平等和差异的交互力量，它推动社会工作者迈向更为民主的实践方式。但这其中存在着一种内在的冲突。福利国家长期以来都是建立在父权制假设基础之上的。法定的实践设置反对政治化。但是当个人的变成了政治的，要在二者之间划清界限就是不可能的。这就要求动摇已建立的社会工作实践范式并且向未来提出新的可能性。

第八章

未来图景

本书从一开始就提出了这样一个问题："后现代：社会工作的终结？"我们认为，社会工作的历史范式正在被当代范式所取代，这为公民社会工作的实践开创了新的空间和场域。核心的观点是后现代并非意味着社会工作的终结，而是重建。因此，我们有必要重新审视整个历史长河中形塑社会工作的各种文化转变。在这最后一章，我们将讨论社会工作在后现代社会所面临的三种选择。

1. 市场化(Marketisation)：社会工作接受并适应市场主导的变化，导向这样一种未来，其特征是消费主义福利、去专业化和将社会工作重新定义为社会照顾三者的组合。

2. 激进的抵抗(Radical resistance)：社会工作反对这些改变，它将自身与反抗资本主义的全球斗争、保护人权和倡导解决世界性贫困的方案密切相连。

3. 社会包容(Social inclusion)：社会工作将自己的角色界定为与最弱势的公民一起从事公民参与，以此作为支撑社会包容实践的一个基本的民主前提。

一、市场化：消费主义社会工作(Marketisation: consumerist social work)

在急速发展的社会照顾市场中，社会工作越来越受到消费主义福利观的影响。社会照顾市场把社会工作重新定义为社会照顾。一些评论家非常欢迎这种转变，他们倡导废除社会工作和用社会照顾代替社会工作。2000年5月22日发表在《卫报》的一篇文章表明在新工党的下一届竞选宣言中这种提议备受推崇：

"劳工们将提议废除社会工作者。这种想法很容易就会成为头版头条，并且迎合当前流行的偏见，但同时也是有意义的。

不管是正确的抑或是错误的，'社会工作者'这个术语已经不可挽回地被玷污了。当它与政治正确性、市政社会主义的失败以及20年的照顾丑闻等联系在一起时，就对社会服务部门招募(社会工作者)造成了真正的威胁。通过重新定义和命名这种角色，这个专业才能有新的开始。

这种变动伴随着原先为老年人工作而设计的照顾管理扩展到了儿童服务当中。脆弱儿童实际上是能捍卫自身的，是可以掌控预算和委托最适合个人的服务的。应把‘爱管闲事的社会工作者’解读成‘使能型的照顾管理者’(enabling care manager)。”

市场化对专业社会工作的影响是深远的。赫格曼(1998)将这归因于新右派哲学思想的普遍影响。新右派哲学要求用市场话语和形象将福利重新定义为一种“产品”。他总结道：

“正是在这一背景下，把福利重新阐述为一种形式的生产，合法化了国家作为直接服务提供者的角色退缩，转而国家承担了提供补贴和间接调控的职能，同时鼓励比以前更多数量的私营机构也加入这个舞台。正是如此，提供者既有非营利、非政府机构，也有营利性的公司。这一举措的受益者是这些能够进入(准)市场的机构和公司，还有能够从直接的机构管控中抽离出来的政府。这种变化的获利者还包括服务的直接使用者，有人认为，这些使用者从竞争性创造的(服务)选择中获得好处，并导致更快的服务回应性和更高的服务质量，也因此会有更有效的服务。”(Hugman，1988：101—102)

从企业价值观和企业组织形式上来看，福利已经屈服于全球化资本主义，而这些企业价值观和企业组织形式构成了社会服务传递的逻辑。市场化促进了企业管理主义的发展和传统的专业化概念的衰退。从表面看来，社会照顾产业的业务和技术管理部门正在被重新塑造，社会工作正在被边缘化。

我们正在见证消费主义社会工作的出现。这本书大部分内容都集中在探讨公民和社区的观念上，这些思想促进了社会正义的新兴社会工作范式(的发展)。将服务使用者看作消费者是20世纪80年代到90年代的主导观念。它已经重新配置了公民和福利国家之间的关系。就由消费主义的福利所造就的改变而言，克拉克(1998：14—15)认为：“在这个过程中，利他主义、集体主义和相互性的观念时时遭到嘲笑，被认为隐藏和转移了具有竞争性和具有占有欲的个人主义的人类的真正动机。”他总结道：“从根本上来说，‘经济人’的观点是把人类行为的特征定义为希望做得更好，并且希望变得富有。”除了这种在意识形态上的辩解外，市场的辩护者们还认为市场能比国家更有效率。而且他们还声称，与福利国家所倡导的依赖性文化相比，市场更富有活力，更充满动力和富有革新精神。市场的倡导者们还认为，市场鼓励选择，消费者可以“货比三家”，从而选择最好的服务。

最后，消费主义视野下的福利要依靠购买力。金钱决定成功，没有钱的消费者就不能购买服务。对某些公民来说，这也使得他们的选择理念存在明显的问题。消费主义福利采用什么样的方法解决这一困境呢？克拉克(1998：24)解释道：“对于这个问题的经典回答来自《济贫法》：由公共管理机构或者国家提供的福利或服务应该处于同一水平，并且质量足够低，使得那些想依赖这些福利和服务的人完全绝望。”换句话说，(就是采用)“较低给付”原则，即福利受助人的条件应该比那些处境最不利的工人的条件还要差。这个逻辑意味着穷人福利的结束和具有惩罚性的济贫法制度的恢复。问题在于：“在一个民主社会，这能够被接受吗？”在美国，共和党人的“美国契约”明确表示，他们显然认为穷人由于其依附地位而丧失了他们作为公民的权力。在英国，难民和寻求庇护者的待遇表明同样的思想也出现了。保守党领袖的威廉姆斯·海牙(William Hague)领导了这种民粹主义的回归。2000 年 5 月在布莱顿(Brighton)召开的警察联合会会议上的演讲中，海牙对违例者采取了类似的强硬路线：“如果我们停止把犯罪当作一个抽象的问题来对待，并把罪犯看成社会的受害者，那么我们就无法扭转这股不断上升的失序和无政府状态的浪潮。”(《独立者》，2000 年 5 月 19 日)

在一个社会性差异化的福利体系(socially differentiated welfare system)中，消费主义社会工作似乎是一个备受争议的概念。社会工作者显然可以把自己转变成治疗师和辅导者，并且能够在私人市场中将自己的服务出售给那些能够支付得起(服务费)的人。在一个社会照顾的提供是以商业化为基础的私有化的福利体制中，他们也可以转变成社会企业家。同样在市场背景下的非营利志愿部门中，(他们)也有机会提供社会服务。社会工作者能够利用这种来自公共—私人的合作伙伴关系的创新性潜力，在某种意义上实现市场现实和人本价值的融合。但是，在消费主义社会工作的概念中，存在一些内在的张力。如同克拉克(1998：47)所说：“这些争论的核心在于是有权被当作一个完整的和积极的公民还是被当作一个有‘特殊需要’的弱势个体二者之间的张力。”更重要的是，消费主义社会工作正在脱离公民的社会权利。最好的情况下，服务使用者是能通过诉诸法律来获得程序权的，但这要他们负担得起。市场价值和社会工作从根本上是冲突的。这推动了一些社会工作者开始迈向一种激进的抵抗。

二、激进的抵抗：作为政治行动的社会工作

对市场化的激进抵抗取向受到被穆拉利(1997：127)所称的冲突视角的指引，它包含了两个要求：(1) 为全球资本主义社会秩序的受害者提供实际的人道主义关怀；(2) 同时，沿着社会主义路线进一步推进社会民主化和社会重建。然而，很难看到社会工作是如何在一个社会服务私营化或准市场化运营的民族国家中进行激进抵抗的。激进抵抗不得不在国家之外的公民社会中进行，很显然，这一点是不证自明的。在后现代背景下，穆拉利(1997)倡导将社会主义作为一种转变性的策略，由此受到了一些评论家的质疑。反全球化运动的重要人物内欧米·克莱因(Naomi Klein)认为，这值得“找个机会去看看，在该运动的混乱的、分散的多头网络之中，是否有一些全新的，一些完全是它自己的东西会出现”(《周末卫报》，2000 年 9 月 23 日)。

赫格曼(1998：120)警告道：“新右派政府通过减少国家在资金和(服务)供给的直接作用而重构福利国家的成功，在很大程度上扩大了这一问题的范围，在在野党看来，无产阶级化作为一项战略能够使照顾他人的职业变得更加有效。”在后现代背景中，激进抵抗的主要战场好像都位于国家以外，在投身于建立一个符合伦理的公民社会的社区行动、福利权工作、合作社以及自助团体和组织中。此外，1999 年的西雅图事件和 2000 年的布拉格事件表明，激进抵抗正在越来越多地采用全球化的模式。这在利用国际专业合作寻求改变方面，显示出很多积极的特征。

贝克(1997：157)注意到，在一个专家化的全球化社会中，专业是事实上的代理人，而且这个真正存在的超国家注定会使他们成为全球性的解决方案的代理人。贝克的观点十分重要。专业显然具有一个全球性的角色：它们有能力去影响全球议程。正如贝克(1997：156)所说的：

“职业和专业——在劳动力市场被理解为‘品牌产品’，像商品一

样，是被正式许可的能力——是一种规范性亚政治的特定形式的守护者。在这些‘劳动力模式’下，个人—社会身份与权利联系在了一起，而责任则与工作的内容安排联系在了一起。职业团体在社会中拥有丰富的智慧，并且有权力安排事情。”

社会工作在捍卫人权和推动解决世界贫困问题方面扮演着重要的全球化角色。

因此，全球性的社会工作必须同时处理好人权问题和经济问题，这两个问题是造成不公正的根源。穆拉利(1997：129—130)区分了旨在沿着弗莱雷路线改变意识的激进人本主义者和旨在通过政治性动员来改变社会结构的激进结构主义者。但是，他认为他们是一个硬币的两面：“简单地说，结构性的社会工作将这两种激进的传统都纳入了其理论基础中，同时也承认了两者构成一个辩证的整体，而非独立的、自相矛盾和排斥的专业方法。”(1997：131)

另外一个更深的议题是关于激进抵抗的基础的问题。应该把它聚焦在以阶层和地区性不平等为基础的经济问题上，还是它应该采取一种由批判性的多元文化主义和反压迫实践的思想所塑造的文化形式？女性主义、反种族主义、同性恋权利运动、残疾人平等挑战着固有的身份。在一部分社会工作者那里，激进抵抗的活动需要去撼动基于文化的不平等，这些不平等给少数群体配上刻板的身份，并对他们施行歧视。但是，他们同样需要去揭穿全球经济不平等和对第三世界劳工的剥削。最后，在全球语境下的激进抵抗通过专业主义界定了全球的公民社会，因为专业主义被视作一种为了穷人和被压迫者的利益而采取的政治行动。这是一个关于社会包容的问题，且它将民族国家作为行动的主要战场。这使得社会工作成为一个重要的公民角色。

三、社会包容：公民社会工作

社会包容是社会工作的一个策略，它基于一种寻求将服务使用者赋权为公民的实践手法（形成）。社会工作的生存能力依靠其作为一种真正的“人本主义声音”的合法性，而不仅仅是一个靠市场包装的华而不实的保守职业。基于对市场力量进行激进抵抗的全球性战略，难以保护社会工作免受来自民族国家中案主化的挑战。布朗(1997：102)指出："长久以来，人们认识到案主化进程作为一个清晰的现代国家政权模式威胁着公民的地位。"

尽管激进社会工作的实践者对案主化和依赖进行强烈反抗，但是社会服务组织内的结构和实践仍然造成了一种不平等关系，剥夺了社会中最脆弱的公民的权利。同时，社会工作的价值观是人本主义的，但服务提供者和服务接受者之间的不平等关系存在于其论述结构内部，主要表现为将社会问题个人化。后现代所面临的挑战是突破案主化和依赖模式，发掘更多的将公民看作平等案主且更具包容性的实践方式。联合国人权委员会总干事玛丽·罗宾孙(Mary Robinson)认为，平等和参与是天经地义的。罗宾孙(2000：5—6)强调：

"解决不平等最重要的手段是弥补这些正在遭受(不平等的人)的权力关系，以使得他们获得某种控制权。这是一个权利的概念，它要求这些离橱柜餐桌最远的人要拥有这种内在权利——那种存在他们之中的人性的唯一美德。拥有这种权利的人能够描述他们自身的处境，然后去挑战它，以确保组织所做的决定和对他们生活的指令都是'由'他们以及'和'他们做出来的，而不只是'关于'他们以及'为'他们做出的。

是什么把权力实践和平等观念联系在一起的？我觉得对参与的观念、实践和理解是一项基本权利。这是理解积极公民的关键，理解公共群体和个人之间的关系怎样使个人或者群体与权力集团在平等的基础上进行对话。这是问题的核心。"

这项研究的基本观点是，公民的客户重建为公民的社会工作提供了基础，从而使公民社会能够赋权服务使用者。后现代社会中的社会工作需要理解公民价值。以民主、包容和社群主义(communitarian)为准则的公民价值将代替以案主化和依赖为基础的传统专业化实践准则。该实践设计是对后现代现实的反身性回应。这包括态度、工作方法和训练手段上的转变，以适应公民参与的要求。

后现代主义者已经解构了我们对人类意义的基本理解。我们注意到，后现代主义的各种立场，如女性主义和酷儿理论，他们通过主张"个人的即政治的”，对自由主义和社会民主的准则提出了挑战。社会生活的私人领域被维多利亚时代的社会工作先驱们第一次带进公共的审视中，现在却成了文化政治的战场。支持碎片化的身份政治事业的激进民主派，在挑战自由主义、社会民主党和民族国家的霸权影响中，得到了新保守派的加入。通过多样性和个人选择进行社会政治和多元化，进而追求人类解放的宏大元叙事，在后现代话语中已经丧失了说服力。后现代的政治学已经把政治话语重塑为个人多元主体性和国家之间的相互作用。这个反思的过程一直不断地以新的形式、新的争论点和新的多元主体重新改变政治议题。后现代意识将已经建立起来的家庭、公民社会和国家之间的意义和关系转化为反官僚主义和反案主化，这些都是基于一种公民参与权利的民主价值（而形成的）。

瓦茨拉夫·哈维尔(1999：54)有力地抓住后现代社会对公民生活和公民权的挑战：

“货币专政、利润、持续的经济增长、必需品，所有的这一切都不顾一切地掠夺地球资源，而不考虑几十年后会留下什么，所有这些都与对这个世界对物质主义的迷恋有关，追求个人需求满足的利己主义的膨胀，使一些人也加入这芸芸众生来逃避个人责任。人类良知的无能为力和理性的发现一样并驾齐驱。直到有庞大规模的现代机构制造出了异化——除非通过新的道德努力，即通过将精神和人际关系转换到生活世界，否则这种现象将无法得到有效处理。”

这种观察强调了公民生活在未来社会中的重要作用，在这样的社会里，“唯一有意义的政治是这样一种政治，它出于一种必须和必要，让每个人按照其应有的方式去生活，并因而——这看起来有点戏剧性——让他们为这整个世界担起责任”（Havel，1999：54)。

历经时代，社会工作以两种方式来界定自身。第一种，倡导社会契约论的那些人鼓动国家和传统志愿组织提供一种使能型的关系，在其中有需要者会获得帮助。第二种，寻求促进人类解放的那些人相信，只有改变社会结构，不平等和非正义的政治与经济基础才能被成功阻断。后现代主义者质疑了上述社会工作的两种基本观点，他们引入新的反思形式以重造公民。社会工作要想在后现代社会中存活下去，就要寻找新的范式，赋权于受到社会排斥的群体，在一个反思性的情境中重构公民参与和公民身份的实践。

墨菲(Mouffe，1993：20)指出：

> “我们如今的社会正面临着政治空间的全新和完全不同的急剧扩张，这要求我们摒弃那种认为政治体制是一种独特的构成空间的观念，尤其是对自由主义和公民共和主义来说。”

近年来，包含物质意义和比喻意义的空间性话语在社会科学和文化研究中已经变得老生常谈。然而，正如第二章所指出的那样，社会工作起源于新空间结构，或是维多利亚时代的社会干预场域。这些新的空间蕴含了地理科学、社会学和政治学维度。他们移交给国家、公民社会和家庭，这些都是构成自由、民主社会政治话语的基础，即把焦点落在作为城市工业社会支柱的城市上。它变成公民的生活场所，社会生活在这里产生互动，创造出包含市政厅、社会服务和公共福利设施的现代社会。城市成为民族国家的本土化/地方化表现。社会民主在这些地域空间里得到建构。福利国家社会工作的国家化很大程度都是依靠地方政府去传递个人社会服务的，福利国家的空洞化导致了文化观念的转变，导致公民社会作为一种进行社会行动的话语空间和场所，在日益扩张的全球化社会中复兴起来。

公民的社会权要求社会扩大其认同的视野，平等对待之前被忽视的人。这已经成为影响福利最主要的文化之一，也解释了为什么现代社会工作总是被认成一项包容性工程。然而，公民权的影响充满着矛盾，就像福利国家的设计不仅包括边缘化群体，而且定义了他们的“有条件的”公民身份：因而使歧视继续存在。东欧信奉马克思主义的国家的特征就是排斥弱势群体(孤儿、失能者/残疾人士、吉卜赛人等)。

自20世纪70年代以来，后现代主义见证了对穷人和受压迫者的态度文化观念的转变。在新右派的影响下，社会政策不是被越来越多地用来为那些被认为是符合条件的公民谋福利，不是为了他们的康复和社会融合，而是用来反对那些非公民群体，用来惩罚和排斥他们。沃恩(Vaughan，2000：35)指出：

> “公民权的传统观念受到这种发展的挑战，目前，通过对边缘群体和

移民的排斥的惩罚措施来支持公民权。我们来看看1997年在英格兰和威尔士使用的羁押措施，这一措施的使用率不断增加，其中19%是用在女性犯人上，16%用在了年轻男性犯人身上。此外，在1971年《移民法案》的执行下，85%的非刑事罪犯被羁押入狱。”

这个充满排斥和公民权利剥夺的世界用对边缘群体的惩罚取代了福利。

公民权概念为社会工作的实践打开了一片新的天地。在这个环境中，传统资本主义和社会主义之间的冲突转移到了新的领域。从本质上来说，穷人和被压迫者通过斗争反对社会排斥，这种排斥指的是社会、文化和政治权利的缺失。公民社会工作关心公民的权利和需求。在增进公民权的公民社会工作实践中，可以提炼出如下十条核心原则。

1. 社会包容：社会工作实践需要清晰聚焦于社会包容，使其成为该专业的明确目标。专业协会应当把社会包容置于其议程的中心，并以市民参与（civic engagement）和公民增权（citizenship empowerment）的概念为根基重构价值基础。

2. 重新思考风险：社会工作必须重构关于风险的话语，将焦点从当前聚焦于危险和风险管理转向促进平等的公民权利，并以此平衡权利与风险的语言。这涉及把风险置于社会的和文化的脉络中，挑战社会关于受害者的狭隘认识。

3. 把信任作为象征实践：社会工作应该在社会包容的基础上与服务使用者建立关系，以此来推动信任作为一种象征性实践。信任是通过基于平等原则的交谈和行动建构起来的。这意味着要为信任冒风险。而媒体把不当信任的受害者典型地称作是因社会工作的无能所致的“天真的牺牲品”。

4. 对话关系：社会工作者致力于增进信任，这种象征性实践需要与服务使用者建立对话关系。在反思过程中，提出问题取代了解决问题，批判性反思和行动在民主国家的平等公民之间是统一的。

5. 正义、体面和社会义务：社会工作是对社会义务的一种回应，同时也是对社会中大多数弱势公民群体需求的回应。在涉及国家和公民社会的福利多元主义的背景下，社会工作主要包括志愿性和专业性两种实现形式。

6. 促进公民社会：后现代社会工作应该善于提升社区自治和志愿精神，同时致力于增进合作与可持续的社会发展。实践者、管理者和教育工作者需要承认和意识到这项任务涉及的范围和面临的挑战。它暗示了社会工作要从个人化手法转向群体手法实践来提升公民意识。

7. 使用者参与和赋权：在塑造以社区为本的行动和问题解决路径方面，作为积极公民的使用者参与过程，运用赋权策略来帮助穷人和受压迫者是非常重要的。这就是公民参与民主社会的社会工作的历史使命的本质。这是对胜任力运动的某种反对，后者在一个脱离市民生活的等级制管理王国中取消了专业的考量。

8. 多元文化主义：新社会运动对整个社会尤其是社会工作产生了深远的影响。以多元文化视角为核心的承认的政治(politics of recognition)对社会工作实践是至关重要的，这才是真正的转变性。

9. 防贫机制与社会审计：服务提供者要经常性地评估政策和程序，以确保资源以最有效的方式来服务公民和遏制社区排斥。他们需要在服务中直接接触实践者和服务使用者，这样才能领悟民主交代和公民参与的真谛和内涵。

10. 公共责任：政府和社会的责任义务是确保社会工作拥有必要的资源支持，赋予其承担社会义务的合法性，即社会工作的公民本质必须得到承认。没有这种承认和支持，社会工作就不会有未来。同样，如果服务使用者认为社会工作是无能为力的，那么它的社会义务将会受到破坏，因而社会工作将失去其广泛的合法性基础，因为它的目的和行动失去了公众的信任和支持。所以，社会工作不仅需要自上而下的合法性，而且也需要自下而上的合法性。

以上这十条是公民社会工作的核心原则。它们重塑了后现代语境下社会工作的历史使命。赫格曼(1998：77)认为：

“在这个意义上，专业被看作‘思想与情境的对话和交流’。价值观是这种对话的语言，顺畅的对话要求这种语言能够把握实践中所面临的复杂性。正是由于这个原因，‘去情境化’的正式伦理守则已被认为不再足够。”

四、结论

社会工作在 21 世纪伊始所面临的挑战是真实和艰巨的。社会工作被推向了一个新轨道，这个轨道要么按经济要求来界定，要么按公民的使命来界定。如果社会工作要想在后现代社会里形成一股生机勃勃的公民力量，就不能仅仅简单地在实证主义和人本主义二者之间做选择，还要从市场化、激进的抵抗或重建中做出选择。市场化的选择代表着社会工作的终结，变成以社会公民或法定责任为表达的志愿主义或社会改良。激进的抵抗利用了激进社会工作悠久的传统，并将其应用于全球脉络之中。社会包容则涉及在后现代的现实和语境中重申社会工作的使命。

参考文献[①]

Abel-Smith, B. and Townsend, P. (1965) *The Poor and the Poorest*, Bell, London.
Albrow, M. (1996) *The Global Age*, Polity, Cambridge.
Alden, P. (1928) *Proceedings of the First International Conference of Social Work*, Vol. 1. Paris.
Alinsky, S. (1971) *Rules for Radicals*, Random House, New York.
Allan, G. (1997) Family, in M. Davies (ed.) *The Blackwell Companion to Social Work*, Blackwell, Oxford.
Arendt, H. (1958) *Origins of Totalitarianism*, 2nd edn, Meridan Books, New York.
Bailey, R. and Brake, M. (eds) (1975) *Radical Social Work*, Edward Arnold, London.
Barber, B.J. (1998) More Democracy! More Revolution! *The Nation*, 26 October.
Barclay, P. (1982) *Social Workers: Their Role and Tasks*, Bedford Square Press, London.
Barnes, M. (1998) Whose Needs, Whose Resources? Accessing Social Care, in Mary Langan (ed.) *Welfare: Needs, Rights and Risks*, Routledge, London.
Barnett, S. (1895) A Friendly Criticism of the Charity Organisation Society, *The Charity Organisation Review*, 127, August.
Barnett, S. (1898) On University Settlements, in W.H. Reason (ed.) *University and Social Settlements*, Methuen, London.
Bauman, Z. (1992) *Intimations of Postmodernity*, Routledge, London.
Bauman, Z. (2000) Am I my Brother's Keeper?, *European Journal of Social Work*, 3(1), 5–11.
Beck, U. (1992) *Risk Society*, Sage, London.
Beck, U. (1997) *The Reinvention of Politics*, Polity, Cambridge.
Beck, U., Giddens, A. and Lash, S. (1994) *Reflexive Modernisation*, Polity, Cambridge.
Bell, L. and Wilder, G. (1969) *Area Development Project*, ADC Research Minograph III, Vancouver.
Bentham, J. (1797) *Pauper Management Improved*, London.
Berking, H. (1996) Solidary Individualism, in Lash, S., Szerszynski, B. and Wynne, B. (eds) *Risk, Environment and Modernity*, Sage, London.
Beveridge, W.H. (1942) *Social Insurance and Allied Services*, HMSO Cmnd. 6404, London.
Bicheno, J.E. (1830) *Ireland and Its Economy*, London.
Billis, D. and Harris, M. (1996) *Voluntary Agencies: Challenges of Organisation and Management*, Macmillan, London.
Blum, L. (1998) Recognition, Value and Equality, in C. Willet (ed.) *Theorising Multiculturalism*, Blackwell, Oxford.
Bobbio, N. (1996) *Left and Right: The Significance of a Political Distinction*, Polity, Cambridge.
Booth, C. (1904) *Life and Labour of the People of London*, Macmillan, London.
Booth, T. (1997) Language Difficulties, in M. Davies (ed.) *The Blackwell Companion to Social Work*, Blackwell, Oxford.
Booth, W. (1890) *In Darkest England and the Way Out*, London International Headquarters of the Salvation Army.
Borrie Report (1994) *Commission on Social Justice*, Vintage, London.
Bourdieu, P. (1998) *Acts of Resistance*, Polity, Cambridge.
Bowlby, J. (1952) *Maternal Care and Mental Health*, WHO, Geneva.

① 为方便读者查阅，本书按原版复制参考文献。

Bradley, H. (1996) *Fractured Identities: Changing Patterns of Inequality*, Polity, New York.
Brewer, C. and Lait, J. (1980) *Can Social Work Survive*? Temple Smith, London.
Brock Report (1934) *Report of the Committee on Sterilisation*, HMSO, Cmnd. 4485, London.
Brown, M. (1997) *Replacing Citizenship*, Guildford Press, New York.
Bruce, M. (1968) *The Coming of the Welfare State*, Batsford, London.
Burden, T. (1998) *Social Policy and Welfare: A Clear Guide*, Pluto Press, London.
Burke, B. and Harrison, P. (1998) Anti-oppressive practice, in R. Adams, L. Dominelli and M. Payne (eds) *Social Work: Themes, Issues and Critical Debates,* Macmillan, London.
Burke, E. (1790) *Reflections on the French Revolution*, London.
Butrym, Z. (1976) *The Nature of Social Work*, Macmillan, London.
Byrne, P. (1997) *Social Movements in Britain*, Routledge, London.
Cabinet Office (1998) *Service First: The New Charter Programme, http://www.open.cabinet-office.gov.uk/charter/list.htm*
Campbell, B. (1993) *Goliath: Britain's Dangerous Places*, Lime Tree, London.
Carmen, R. (1990) *Communication, Education and Empowerment*, University of Manchester Press, Manchester.
CCETSW (1989) *Rules and Requirements for Diploma in Social Work* (Paper 30), CCETSW, London.

CCETSW (1995) *Rules and Requirements for Diploma in Social Work* (Paper 30 revised), CCETSW, London.

Chomsky, N. (1996) *Class Warfare*, Pluto Press, London.
Clarke, J. (1996) After Social Work, in N. Parton (ed.) *Social Theory, Social Change and Social Work*, Routledge, London.
Clarke, J. (1998) Consumerism, in G. Hughes (ed.) *Imagining Welfare Futures*, Routledge, London.
Clough, M. (1999) *Reflections on Civil Society, The Nation*, 22 February.
Cloward, R. and Ohlin, L. (1960) *Delinquency and Opportunity*, Free Press, New York.
Cloward, R. and Piven, F.F. (1982) *The New Class War*, Random House, New York.
Cloward, R. and Piven, F.F. (1990) Introduction to D. Wagner, *The Quest for a Radical Profession*, University Press of America, Lanham.
Cohen, R. (1995) Capitalism Brings Rich Pickings, *Washington Post/Guardian Weekly*, 30 April.
Cohen, S. (1985) *Visions of Social Control*, Polity, Cambridge.
Cohen, J. and Arato, A. (1992) *Civil Society and Political Theory*, MIT Press, Cambridge, MA.
Cole, G.D. and Postgate, R. (1961) *The Common People*, London, Methuen.
Combat Poverty (1995) *Working Together against Poverty: an Information Pack on the Community Development Programme*, Combat Poverty/Dept of Social Welfare, Dublin.
Cooper, D. (1970) *Psychiatry and Anti-Psychiatry*, Paladin, St Albans.
Cooper, D. (ed.) (1986) *The Dialectics of Liberation*, Penguin, Harmondsworth.
Cork Northside Education Initiative (1995) *Making Education Work on Cork's Northside: A Strategy Statement*, Northside Education Initiative, Cork.
Corrigan, P. and Leonard, P. (1978) *Social Work Practice under Capitalism: A Marxist Approach*, Macmillan, London.
Costin, L.B. (1979) *Child Welfare*, 2nd edn, McGraw Hill, New York.
Coughlin, R. (1980) *Ideology, Public Opinion and Welfare Policy*, Berkeley, University of California Press.
Croft, S. and Beresford, P. (1997) *Service Users' Perspective*, in M. Davies, *The Blackwell Companion to Social Work*, Blackwell, Oxford.
Crook, S., Pakulski, J.G. and Waters, M. (1992) *Postmodernisation: Change in Advanced Society*, Sage, London.
Culpitt, I. (1992) *Welfare and Citizenship*. Sage, London.

Dahrendorf, R. (1994) The Changing Quality of Citizenship, in B. Van Steenbergen (ed.) *The Condition of Citizenship*, Sage, London.
Dahrendorf, R. (1995) *Report on Wealth, Creation and Social Cohesion in a Free Society*, Commission on Wealth and Social Cohesion, London.
Dalley, G. (1996) *Ideologies of Caring*, Macmillan, London.
Davies, M. (1981) *The Essential Social Worker: A Guide to Positive Practice*, Heinemann, London.
Delahaye, V. (1994) *Politiques de lutte contre de chomage et l'exclusion et mutation de l'action sociale*, Ecole Nationale d'Administration, Paris.
Demos (1997) *The Wealth and Poverty of Networks*, Demos Collection 12, London.
Department of Health (1995) *Child Protection: Messages from Research*, Department of Health, London.
Department of Social Welfare (1997) *Green Paper on the Community and Voluntary Sector and its relationship with the state*, Department of Social Welfare, Dublin.
De Tocqueville, A. (1956) Democracy in America, ed. R.D. Heffner, Mentor, New York.
Dominelli, L. (1988) *Anti-Racist Social Work*, Macmillan, London.
Dominelli, L. (1997) *Sociology for Social Work*, Macmillan, London.
Dominelli, L. and McLeod, E. (1989) *Feminist Social Work*, Macmillan, London.
Donzelot, J. (1979) *The Policing of Families*, Hutchinson, London.
Dworkin, R. (1982) *Taking Rights Seriously*, Duckworth, London.
Elsen, S. and Wallimann, I. (1998) Social Economy: Community Action towards Social Integration and the Prevention of Unemployment and Poverty, *European Journal of Social Work*, 1(2), 151–164.
Engels, F. (1845) *The Condition of the Working Class in England*, reprinted 1987, Penguin, Harmondsworth.
Esping-Andersen, G. (1990) *The Three Worlds of Welfare Capitalism*, Polity, Cambridge.
Etzioni, A. (1994) *The Spirit of the Community*, Touchstone, New York.
Etzioni, A. (1997) *The New Golden Rule: Community and Morality in a Democratic Society*, Profile Books, London.
European Union (1993) *Green Paper: European Social Policy – Options for Union*, EU, Com. (93) 55, 1, Brussels/Luxembourg.
European Union (1996) *Report by the Comité des Sages for a Europe of Civil and Social Rights*, European Commission, Luxembourg.
Evans, D. (1997) Demonstrating Competence in Social Work, in M. Davies (ed.) *The Blackwell Companion to Social Work*, Blackwell, Oxford.
Ferguson, H. (1996) The Protection of Children in Time, *Child and Family Social Work*, 1(4), 205–217.
Ferguson, H. (1997) Protecting Children in New Times: Child Protection and Risk Society, *Child and Family Social Work*, 2, 221–234.
Fong, R., Spickard, P. and Ewalt, P. (1996) A Multicultural Reality: Issues for Social Work, in P. Ewalt, E. Freeman, S. Kirk and D. Poole (eds) *Multicultural Issues in Social Work*, NASW Press, Washington.
Fook, J. (1993) *Radical Casework: A Theory of Practice*, Allen and Unwin, Sydney.
Foucault, M. (1967) *Madness and Civilisation*, Tavistock, London.
Foucault, M. (1977) *Discipline and Punish*, Penguin Books, London.
Foucault, M. (1980) *Power/Knowledge*, Harvester, Sussex.
Fraser, D. (1973) *The Evolution of the British Welfare State*, Macmillan, London.
Fraser, N. (1997) *Justice Interruptus*, Routledge, London.
Friedan, B. (1965) *The Feminine Mystique*, Penguin, Harmondsworth.
Friedlander, W. and Apte, R. (1980) *Introduction to Social Welfare*, Prentice Hall, Englewood Cliffs, NJ.
Friere, P. (1972) *Pedagogy of the Oppressed*, Penguin, Harmondsworth.
Friere, P. (1973) *Cultural Action for Freedom*, Penguin, Harmondsworth.
Fromm, E. (1961) *Marx's Concept of Man*, Frederick Ungar, New York.
Fuentes, A. (1998) The Crackdown on Kids, *The Nation*, 15 June.

Fukuyama, F. (1995) *Trust: The Social Virtues and the Creation of Prosperity*, Hamish Hamilton, London.
Galjart, B. (1995) Counter-Development: Possibilities and Constraints, in G. Craig and M. Mayo (eds). *Community Empowerment*, Zed Books, London.
Galper, J. (1975) *The Politics of Social Services*, Prentice Hall, Englewood Cliffs, New Jersey.
Galper, J. (1980) *Social Work Practice: A Radical Perspective*, Englewood Cliffs, NJ, Prentice-Hall.
Gans, H. (1996) From 'Underclass' to 'Undercaste', in E. Mingione (ed.), *Urban Poverty and the Underclass*, Blackwell, Oxford.
Geismar, L. and Kriesberg, J. (1969) *The Forgotten Neighbourhood*, Scarecrow Press, Metuchen, NJ.
Gellner, E. (1994) *Conditions of Liberty: Civil Society and its Rivals*, Hamish Hamilton, London.
Giarchi, G. and Lankshear, G. (1998) The Eclipse of Social Work in Europe, *Social Work in Europe*, 5(3), 25–36.
Giddens, A. (1989) *Sociology*, Polity, Cambridge.
Giddens, A. (1991) *Modernity and Self-Identity*, Polity, Cambridge.
Giddens, A. (1998) *The Third Way*, Polity, Cambridge.
Giddens, A. (1999) *Runaway World*, BBC Reith Lecture Series, BBC, London.
Gilder, G. (1981) *Wealth and Poverty*, Bantam Books, London.
Gingrich, N. (1994) *Contract with America*, Random House, New York.
Ginsberg, N. (1979) *Class, Capital and Social Policy*, Macmillan, London.
Goffman, E. (1968) *Asylums*, Penguin, Harmondsworth.
Goldberg, D. (1994) *Multiculturalism: A Critical Reader*, Blackwell, Oxford.
Goodlad, R. (1993) *The Housing Authority as Enabler*, Institute of Housing, Coventry.
Gough, I. (1979) *The Political Economy of the Welfare State*, Macmillan, London.
Gould, K. (1996) The Misconstruing of Multiculturalism: the Stanford Debate and Social Work, in P. Ewalt, E. Freeman, S. Kirk and D. Poole (eds) *Multicultural Issues in Social Work*, NASW Press, Washington.
Gray, J. (1998) Medicine or Symptom, *Times Literary Supplement*, 10 July.
Green, D.G. (1993) *Reinventing Civil Society*, Institute of Economic Affairs, London.
Greer, G. (1971) *The Female Eunuch*, Paladin, London.
Habermas, J. (1984) *Theory of Communicative Competence*, Beacon Press, Boston.
Habermas, J. (1987) *The Theory of Communicative Action*, Vol. 2, Polity, Cambridge.
Habermas, J. (1989) *The New Conservatism*, Polity, Cambridge.
Habermas, J. (1996) *The Habermas Reader* (ed. W. Outhwaite), Polity, Cambridge.
Hadley, R. and McGrath, M. (1980) *Patch Based Social Services*, Lancaster University Press, Lancaster.
Hall, P. (1952) *The Social Services in Modern England*, Routledge and Kegan Paul, London.
Hall, S. (1998) The Great Moving Nowhere Show, *Marxism Today*, November/December.
Hann, C. and Dunne, E. (1996) *Civil Society: Challenging Western Models*, Routledge, London.
Hardcastle, D., Wenocur, S. and Powers, P. (1997) *Community Practice: Theories and Skills for Social Workers*, Oxford University Press, New York.
Harrington, M. (1962) *The Other America*, Macmillan, New York.
Harris, J. (1993) *Private Lives, Public Spirit: A Social History of Britain 1870–1914*, Oxford University Press, Oxford.
Harris, J. (1999) Social Work Sent to Market, in B. Lesnik (ed.), *Social Work and the State*, Pavilion Publishing, Brighton.
Havel, V. (1999) Paying Back the West, *The New York Review*, 23 September.
Haveman, R. and Schwabish, J. (1999) Economic Growth and Poverty: A Return to Normalcy? *Focus*, 20(2), Spring, 1–7.
Hayek, F. (1976) *The Mirage of Social Justice*, Routledge and Kegan Paul, London.
Healy, K. (2000) *Social Work Practices*, Sage, London.
Healy, S. (1990) *Must the Poor Always Wait?*, CORI, Dublin.

Heywood, J. (1978) *Children in Care* (3rd edition), Routledge and Kegan Paul, London.
Hill, O. (1901) The Relations between Rich and Poor as Bearing on Pauperism, *Charity Organisation Review*, 54 June.
Hoggett, P. (1994) The Future of Civic Forms of Organisation, Working Paper No. 4, Demos, London.
Holman, R. (1992) *Family Centres*, Highlight, National Children's Bureau, London.
Holmes, S. (1993) *The Anatomy of Antiliberalism*, Harvard University Press, Cambridge, Mass.
Home Office (1980) *Young Offenders*, Cmnd. 3045, HMSO, London.
Home Office (1990) *Efficiency Scrutiny of Government Funding of Voluntary Sector: Profiting from Partnership*, Home Office, London.
Home Office (1998) *Compact on Relations between Government and the Voluntary and Community Sector in England*, Cmnd. 4100, Stationery Office, London.
Howe, D. (1994) Modernity, Postmodernity and Social Work, *British Journal of Social Work*, 24(5), 513–532.
Hughes, G. (ed.) (1998) *Imagining Welfare Futures*, Routledge, London.
Hughes, G., Clarke, J., Lewis, G. and Mooney, G. (1998) Reinventing the Public?, in G. Hughes (ed.) *Imagining Welfare Futures*, Routledge, London.
Hughes, G. and Mooney, G. (1998) Community, in G. Hughes (ed.) *Imagining Welfare Futures*, Routledge, London.

Hugman, R. (1998) *Social Welfare and Social Value*, Macmillan, London.
Humphreys, P.C. (1998) *Improving Public Service Delivery*, IPA, Dublin.
Ife, J. (1997) *Rethinking Social Work*, Longman, Melbourne.
Ignatieff, M. (1999) Human Rights: the Midlife Crisis, *The New York Review*, 20 May.
Illich, I. (1973) *Deschooling Society*, Penguin, Harmondsworth.
Illich, I., Zola, L., McKnight, J., Laplam, J. and Harley, S. (1970) *Disabling Professions*, Boyars, London.
Jones, C. (1983) *State Social Work and the Working Class*, Macmillan, London.
Jones, C. (1997) Poverty, in M. Davies (ed.) *The Blackwell Companion to Social Work*, Blackwell, Oxford.
Jones, C. (1998) Social Work and Society, in R. Adams, L. Dominelli and M. Payne, *Social Work: Themes, Issues and Critical Debates*. Macmillan, London.
Jones, C. and Novak, T. (1999) *Poverty, Welfare and the Disciplinary State*, Routledge, London.
Jordan, B. (1984) *Invitation to Social Work*, Martin Robertson, Oxford.
Jordan, B. (1990) Social Work in an Unjust Society, Harvester, Hemel Hempstead.
Jordan, B. (1996) *A Theory of Poverty and Social Exclusion*, Polity, Cambridge.
Jordan, B. (1997) Social Work and Society, in M. Davies (ed.) *The Blackwell Companion to Social Work*, Blackwell, Oxford.
Keane, J. (1988) *Democracy and Civil Society*, Verso, London.
Keane, J. (1998) *Civil Society: Old Images, New Visions*, Polity, Cambridge.
Kilbrandon Report (1964) Committee on Children and Young Persons (Scotland), HMSO Cmnd. 2306.
Knight, B. (1993) *Voluntary Action*, Home Office, London.
Kramer, R. (1981) *Voluntary Agencies in the Welfare State*, University of California Press, Berkeley.
Lagey, J. and Ayres, B. (1962) *Community Treatment Programmes for Multi-Problem Families*, Community Chest and Council, Vancouver.
Laing, R.D. (1965) *The Divided Self*, Penguin, Harmondsworth.
Laing, R.D. (1969) *Self and Others*, Penguin, Harmondsworth.
Landry, C. and Mulgan, G. (1995) *The Other Invisible Hand: Remaking Charity for the 21st Century*, DEMOS, London.
Lane, M. (1999) Community Development and a Postmodern Resistance, in B. Pearse and J. Fook, *Transforming Social Work Practice*, Routledge, London.
Langan, M.G. and Lee, P. (eds) (1989) *Radical Social Work Today*, Routledge, London.

Laxton, M. (1976) *Time to Consider*, Family Service Units Occasional Paper, London.
Layburn, K. (1995) *The Evolution of British Social Policy and the Welfare State*, Keele University Press, Keele.
Lee, P. and Raban, C. (1988) *Welfare Theory and Social Policy*, Sage, London.
Lees, R. (1970) Social Work, 1925–50: the Case for a Reappraisal, *British Journal of Social Work*, 1(4), 371–379.
Leissner, A. (1967) *Family Advice Centres*, Longman/National Children's Bureau, London.
Leissner, A. et al. (1971) *Advice, Guidance and Assistance*, Longman, London.
Lemann, N. (1986) The Origins of the Underclass, *The Atlantic Monthly*, June.
Lenroot, K. (1936) *Proceedings of Third International Conference of Social Work*, London.
Leonard, P. (1975) Towards a Paradigm for Radical Practice, in R. Bailey and M. Brake (eds) *Radical Social Work*, Pantheon, New York.
Leonard, P. (1997) *Postmodern Welfare: Reconstructing an Emancipation Project*, Sage, London.
Lesnik, B. (ed.) (1999) *Social Work and the State*, Pavilion Publishing, Brighton.
Levi, P. *If this is a Man*, Touchstone, New York.
Levitas, R. (1998) *The Inclusive Society*?, Macmillan, London.
Lewis, G. (1998a) *Forming Nation, Framing Welfare*, Routledge, London.

Lewis, G. (1998b) Citizenship, in M. Hughes (ed.) *Imagining Welfare Futures*, London, Routledge.
Lewis, J. (1996) What Does Contracting Do to Voluntary Organisations? in D. Billis and M. Harris, *Voluntary Agencies*, Macmillan, London.
Lewis, J. (1998) Feminist Perspectives, in *The Student's Companion to Social Policy*, ed. P. Alcock, A. Erskine and M. May, Blackwell, Oxford.
Lewis, J. (1999) Reviewing the Relationship between the Voluntary Sector and the State in Britain in the 1990s, *Voluntas*, 10(3), 225–270.
Liffman, M. (1978) *Power for the People*, Allen and Unwin, Sydney.
Lis, C. and Soly, H. (1979) *Poverty and Capitalism in Pre-Industrial Europe*, Harvester, Sussex.
Lishman, J. (1998) Personal and Professional Development, in R. Adams, L. Dominelli and M. Payne (eds) *Social Work: Themes, Issues and Critical Debates*, Macmillan, London.
Lister, R. (1997) *Citizenship: Feminist Perspectives*, Macmillan, London.
Lister, R. (1998) Citizenship on the Margins: Citizenship, Social Work and Social Action, *European Journal of Social Work*, 1(1), 5–18.
Loney, M. (1980) Community Action and Anti-Poverty Strategies, *Community Development Journal*, 15(2), 91–103.
Longford Committee, *The Child, the Family, and the Young Offender*, CMND 2742, HMSO, London.
Lorenz, W. (1994) *Social Work in a Changing Europe*, Routledge, London.
Lorenz, W. (1999) Introduction to B. Lesnik (ed.) *Social Work and the State*, Pavilion Publishing, Brighton.
Malthus, T. (1796) *Essay on the Principle of Population*, London.
Marcuse, H. (1968) Liberation from the Affluent Society, in D. Cooper (ed.) *Dialectics of Liberation*, Penguin, Harmondsworth.
Marris, P. and Rein, M. (1972) *Dilemmas in Social Reform*, Penguin, London.
Marshall, T.H. (1950) *Citizenship and Social Class*, Cambridge University Press, Cambridge.
Marshall, T.H. (1973) *Class, Citizenship and Social Development*, Greenwood, Westport, CT.
Marsland, D. (1995) *Self-Reliance*, Transaction Books, New Brunswick, NJ.
Marsland, D. (1996) *Welfare or Welfare State*? Macmillan, London.
Martin, B. (1998) Multiculturalism: Consumerist or Transformational? in C. Willet (ed.) *Theorising Multiculturalism*, Blackwell, Oxford.

Martin, F. (1981) *Children out of Care*, Scottish Academic Press, Edinburgh.
Marx, K. (1994) *Selected Writings* (ed. L.H. Simon), Hackett Publishing Company, Indianapolis.
McLaren, P. (1994) White Terror and Oppositional Agency, in D. Goldberg (ed.) *Multiculturalism: A Critical Reader*, Blackwell, Oxford.
McLintock, A. (1995) *Imperial Leather*, Routledge, London.
Mezirow, J. (1991) *Transformative Dimensions of Adult Learning*, Jossey-Bass, San Francisco.
Midgley, J. (1997) *Social Welfare in a Global Context*, Sage, London.
Millett, K. (1971) *Sexual Politics*, Sphere, London.
Mishra, R. (1997) *Society and Social Policy*, Macmillan, London.
Mishra, R. (1999) *Globalisation and the Welfare State*, Edward Elgar, Cheltenham.
Monediaire, G. (1998) The Social Status of Social Services Occupations, *Social Work in Europe*, 5(3), 19–24.
Mooney, G. (1998) 'Remoralising' the Poor? in G. Lewis, *Forming Nation, Framing Welfare*, Routledge, London.
Moore, S. (1998) The Cultural Revolution, *Marxism Today*, November/December.
Morrison, S.M. et al. (1969) *The Growth of the American Republic*, Vol. 2 (6th edition) Oxford University Press, Oxford.
Mouffe, C. (1993) *The Return of the Political*, Verso, London.
Mowat, C.L. (1961) *The Charity Organisation Society*, Methuen, London.
Mullaly, B. (1997) *Structural Social Work*, Oxford University Press, Oxford.
Mullender, A. (1997) Gender, in M. Davies (ed.) *The Blackwell Companion to Social Work*, Blackwell, Oxford.
Mullender, A. and Perrot, S. (1998) Social Work and Organisations, in R. Adams, L. Dominelli and M. Payne (eds) *Social Work: Themes, Issues and Critical Debates*, Macmillan, London.
Murray, C. (1984) *Losing Ground: American Social Policy 1950–1980*, Basic Books, New York.
Murray, C. (1990) *The Emerging British Underclass*, Institute of Economic Affairs, London.
National Anti-Poverty Strategy (1999) *Social Inclusion Strategy: Annual Report of the Inter-Departmental Policy Committee*, Stationery Office, Dublin.
National Health Service (1971) *Report of the Farleigh Hospital Committee of Inquiry*, CMND 4557, HMSO, London.
Novak, T. (1988) *Poverty and the State*, Open University Press, Milton Keynes.
O'Connor, J. (1973) *The Fiscal Crisis in the Welfare State*, St James, New York.
O'Gorman, I. (1995) Brazilian Community Development: Challenge and Changes, in G. Craig and M. Mayo (eds) *Community Empowerment*, Zed Books, London.
O'Sullivan, D. (1993) *Commitment, Educative Action and Adults*, Avebury, Aldershot.
Offe, C. (1984) *Contradictions of the Welfare State*, Hutchinson, London.
Oliver, M. (1990) *The Politics of Disablement*, Macmillan, London.
Oliver, M. (1996) User Involvement in the Voluntary Sector, in *Summary of Evidence and Selected Papers for the Report of the Commission in the Future of the Voluntary Sector*, NCVO, London.
Onyx, J. and Benton, P. (1995) Empowerment and Agency, in G. Craig and M. Mayo (eds) *Community Empowerment*, Zed Books, London.
Oxford English Dictionary (1989) Vol. XV, Clarendon Press, Oxford.
Oxhorn, P. (1995) From Controlled Inclusion to Marginalisation, in John A. Hall, *Civil Society: Theory, History and Comparison*, Polity, Cambridge.
Parton, N. (1991) *Governing the Family: Child Care, Child Protection and the State*, Macmillan, London.
Parton, N. (1994) Problematics of Government: (Post)modernity and Social Work, *British Journal of Social Work*, 24, 9–32.
Parton, N. (1995) *The Politics of Child Abuse*, Macmillan, London.
Payne, M. (1997) *Modern Social Work Theory* (2nd edition), Macmillan, London.

Pease, B. and Fook, J. (1999) *Transforming Social Work Practice*, Routledge, London.
Phillips, M. (1993) Oppressive Urge to End Oppression, *Observer*, 1 August.
Pierson, C. (1997) *Beyond the Welfare State*?, Polity, Cambridge.
Pithouse, A. (2000) Family Centres, in M. Davies (ed.) *The Blackwell Encyclopaedia of Social Work*, Blackwell, Oxford.
Piven, F.F. and Cloward, R. (1971) *Regulating the Poor*, Vintage, New York.
Platt, T. (1969) *The Child Savers: the Invention of Delinquency*, University of Chicago Press, Chicago.
Poor Law Report (1834) *First Report from His Majesty's Commissioners on the Administration and Practical Operation of the Poor Laws in England and Wales*, Vol. 27, London.
Popple, K. (1995) *Analysing Community Work: Its Theory and Practice*, Open University Press, Buckingham.
Powell, F. (1998) Postcommunist Politics in the New Poland in R. Dingwall and A. Kwak (eds) *Social Change, Social Policy and Social Work in the New Europe*, Ashgate, Aldershot.
Pritchard, C. and Taylor, R. (1978) *Social Work: Reform or Revolution*, Routledge and Kegan Paul, London.
Putnam, R. (1993) *Making Democracy Work: Civic Traditions in Modern Italy*, Princeton University Press, Princeton, NJ.

Putnam, R. (1995) Bowling Alone: America's Declining Social Capital, *Journal of Democracy*, 96, 65–78.
Raffoul, P. (1996) Social Work and the Future, in P. Raffoul and C. McNeece, *Future Issues for Social Practice*, Alleyn and Bacon, Boston.
Raffoul, P. and McNeece, C. (1996) *Future Issues for Social Work Practice*, Alleyn and Bacon, Boston.
Rawls, J. (1971) *A Theory of Justice*, Harvard University Press, Cambridge, Mass.
Rieff, D. (1999) The False Dawn of Civil Society, *The Nation*, 22 February, 11–16.
Rein, M. (1970) Social Work in Search of a Radical Profession, *Social Work*, 15(2), 13–28.
Reisser, L. (1996) The Future of Professionalism and Activism in Social Work, in P. Raffoul and C. McNeece, *Future Issues for Social Work Practice*, Alleyn and Bacon, Boston.
Report of the Commission on the Future of the Voluntary Sector (1996) *Voluntary Action into the 21st Century*, National Council for Voluntary Organisations, London.
Ricardo, D. (1819) *Principles of Political Economy and Taxation*, London.
Richmond, M. (1917) *Social Diagnosis*, Russell Sage, New York.
Richmond, M. (1922) *What is Social Casework*?, Russell Sage, New York.
Ritzer, G. (1993) *The McDonaldization of Society*, Pine Forge Press, Thousand Oaks, CA.
Robinson, M. (2000) Equality and Rights, *Equality News*, Summer, 5–6.
Roche, J. and Tucker, S. (1997) Welfare, in *Introduction and Study Guide* K201, Open University, Milton Keynes.
Rowntree Foundation (1995) *Inquiry into Income and Wealth*, Vol. 1. Joseph Rowntree Foundation, York.
Rusche, G. and Kirchheimer, O. (1939) Punishment and Social Structure, Columbia University Press, New York.
Sainsbury, E. (1977) *The Personal Social Services*, Pitman, London.
Salamon, L. (1994) *The Global Association Revolution*, DEMOS, London.
Saleeby, D. (1990) Philosophical Disputes in Social Work, *Journal of Sociology and Social Welfare*, 17(2), 29–40.
Scull, A. (1984) *Decarceration* (2nd ed), Rutgers University Press. New Brunswick, NJ.
Scull, A. (1998) The End of Freud?, *Times Literary Supplement*, 30 October, 9–10.
Sedgwick, P. (1972) *Laing and Anti-Psychiatry*, Penguin, Harmondsworth.
Seebohm Report (1968) *Report of the Committee on Local Authority and Allied Personal Social Services*, HMSO, Cmnd. 3703.
Seed, P. (1973) *The Expansion of Social Work in Britain*, Routledge and Kegan Paul, London.

Seligman, A. (1998) *The Problem of Trust*, Princeton University Press, Princeton, NJ.
Sen, A. (1985) *Commodities and Capabilities*, New Holland, Amsterdam.
Shanahan, P. and Ward, J. (1995) The University and Empowerment, in G. Craig and M. Mayo (eds) *Community Empowerment*, Zed Books, London.
Shaw, G.B. (1896) *Report on Fabian Theory*, Fabian Tract no. 70, Fabian Society, London.
Sheridan, A. (1980) *Michel Foucault: The Will to Truth*, Tavistock, London.
Silver, H. (1996) National Discourses of the New Urban Poverty, in Enzo Mingione (ed.) *Urban Poverty and the Underclass*, Blackwell, Oxford.
Simpkin, M. (1979) *Trapped Within Welfare*, Macmillan, London.
Skidelsky, R. (1999) Doing Good and Being Good, *Times Literary Supplement*, 26 March.
Smith, A. (1776) *The Wealth of Nations*, London.
Social Exclusion Unit (1999) *Report on Rough Sleeping in England*, Cabinet Office, London.
Specht, H. and Courtney, M. (1994) *Unfaithful Angels: How social work has abandoned its mission*, Free Press, New York.
Spicker, P. (1993) *Poverty and Social Security*, Routledge, London.
Squires, P. (1990) *Anti-Social Policy*, Harvester Wheatsheaf, London.
Starkey, T. (1533) *A Dialogue*, London.
Statham, D. (1978) *Radicals in Social Work*, Routledge and Kegan Paul, London.
Stokes, P. and Knight, B. (1997) A Citizen's Charter to Save our Cities, *Independent*, 1 January.
Stubbs, P. (1999) Social Work and Civil Society in Bosnia-Herzegovina, in B. Lesnik, *Social Work and the State*, Pavilion Publishing, Brighton.
Szasz, T.S. (1962) *The Myth of Mental Illness*, Secker and Warburg, London.
Tam, H. (1998) *Communitarianism: A New Agenda for Politics and Citizenship*. Macmillan, London.
Tarugi, P. (1928) *Proceedings of the First International Conference on Social Work*, Vol. 1 Paris.
Taylor, C. (1994) The Politics of Recognition, in D.T. Goldberg (ed.) *Multiculturalism: A Reader*, Blackwell, Oxford.
Taylor, D. (1991) A Big Idea for the Nineties? *Critical Social Policy*, 11(3), 87–94.
Taylor, I. et al. (1973) *The New Criminology*, Routledge and Kegan Paul, London.
Taylor, M. (1995) Community Work and the State: The Changing Context of UK Practice, in G. Craig and M. Mayo (eds) *Community Empowerment: A Reader in Participation and Development*, Zed Books.
Taylor, M. (1996) The Future of User Involvement, in Summary of Evidence and Selected Papers for the *Report of the Commission on the Voluntary Sector* (Deakin Report), NCVO, London.
Taylor Gooby, P. (1985) *Public Opinion, Ideology and Welfare Policy*, Routledge and Kegan Paul, London.
Teeple, G. (1995) *Globalisation and the Decline of Social Reform*, Garamond Press, Toronto.
Thomas, M. and Pierson, J. (1995) *Dictionary of Social Work*, Collins Educational, London.
Thompson, N. (1997) Anti-Discriminatory Practice, in M. Davies (ed.) *The Blackwell Companion to Social Work*, Blackwell, Oxford.
Thompson, N. (1998) Social Work with Adults, in R. Adams et al. *Social Work: Themes, Issues and Critical Debates*, Macmillan, London.
Thorpe, D. (1994) *Evaluating Child Protection*, Open University Press, Buckingham.
Thorpe, D. (1997) Regulating Late-modern Child Rearing in Ireland, *Economic and Social Review*, 28, 63–84.
Titmuss, R. (1970) *The Gift Relationship*, Allen and Unwin, London.
Tonge, W.L. (1973) *Families without Hope*, Hedley Bros, Ashford, Kent.

239

参考文献

Tonkiss, F. (1998) Civil/Political, in C. Jenks (ed.) *Core Sociological Dichotomies*, Sage, London.

Twelvetrees, A. (1973) *North Braunstone Neighbourhood Project*, FSU, London.

Towle, C. (1939) The Individual in Relation to Social Change, *Social Services Review*, 13(1).

Vaughan, B. (2000) Punishment and Conditional Citizenship, *Punishment and Society*, 2(1), 23–38.

Wadden, A. (1997) *The Politics of Social Welfare*, Edward Elgar, Cheltenham.

Wagner, D. (1990) *The Quest for a Radical Profession*, University Press of America, Lanham.

Walker, A. and Walker, C. (1998) Social Policy and Social Work, in R. Adams, et al. (eds) *Social Work: Themes, Issues and Critical Debates*, Macmillan, London.

Walzer, M. (1983) *Spheres of Justice: A Defence of Pluralism*, Martin Robertson, Oxford.

Waterhouse, L. and McGhee, J. (1998) Social Work with Children and Families, in R. Adams et al. (eds) *Social Work: Themes, Issues and Critical Debates*, Macmillan, London.

Wellington City Council (1999) Consultation Policy, *http://www/wwc/govt.nz.wcc. commissioning/consultation/council.shtml.*

White, V. (1999) Feminist Social Work and the State, in B. Lesnik (ed.), *Social Work and the State*, Pavilion Publishing, Brighton.

Wievel, W. and Gills, D. (1995) Community Development Organisational Capacity and US Urban Policy, in G. Craig and M. Mayo (eds), *Community Empowerment*, Zed Books, London.

Williams, F. (1989) *Social Policy: A Critical Introduction*, Polity, Cambridge.

Williams, R. (1965) *The Long Revolution*, Penguin, Harmondsworth.

Williams, R. (1974) *Proceedings of the 17th International Conference on Social Welfare*, Nairobi.

Wilson, E. (1977) *Women and the Welfare State*, Tavistock, London.

Winerip, M. (1999) Bedlam on the Streets, *New York Times Magazine*, 23 May.

Wistow, G. et al. (1994) *Social Care in a Mixed Economy*, Open University Press, Buckingham.

Wood Report (1929) *Report of the Joint Committee on Mental Deficiency*, HMSO, London.

Woodroofe, K. (1962) *From Charity to Social Work*, Routledge and Kegan Paul, London.

Workfare Watch (1996) Workfare and the Voluntary Section. *http://www.eagle.ca/-nccoa/workfare* watch/wrkvol.htm.

Zavirsek, D. (1999) Civil Society, Memory and Social Work, in B. Lesnik (ed.) *Social Work and the State*, Pavilion Publishing, Brighton.

索　引①

① 为方便读者查阅，本书按原版复制索引，且其所标页码均为原版书页码。

附　录

探寻社会工作实践中的政治逻辑

——读弗雷德·鲍威尔的《社会工作政治学》①

著名社会工作学者弗雷德·鲍威尔（Fred Powell）于2001年出版的《社会工作政治学》（*The Politics of Social Work*）②，虽至今尚未有中文翻译版面世，但其思想和观点却在社会工作学术界有着持久的影响力。该书从后现代社会对社会工作的诸多挑战和责难入手，提出“后现代社会：社会工作会终结吗？”的疑问，同时，作者综合了以往诸多学者的观点，建构了“历史—当代”的分析范式，以社会工作在历史和当代发展脉络下的特征和实践，来回应或应对后现代社会对社会工作的质疑和挑战。作者在相关分析和论证范式的基础上，尝试提出一种能够包容诸多合理新视角与实践取向的社会工作发展模式——即朝向“一个以融合社会中的社会公正为追求的公民社会工作模式”（Powell，2001）。作者以“社会工作政治学”（The Politics of SocialWork）命名，并从不同范式和视角论证了社会工作在后现代社会遭遇的挑战及其回应策略。那么，我们如何理解“政治”（politics）一词在作者文本和叙事中的含义及其重要性？如何理解“政治”在社会工作实践中的作用逻辑？同时，如何理解作者所谓的“融合社会中以社会公正为追求的公民社会工作模式”？最后，基于国际视角下的“社会工作政治学”对我国社会工作实践有何启示？本文在研读《社会工作政治学》文本的基础上尝试回答上述问题，因而，本文将标题厘定为“探寻社会工作实践中的政治逻辑”。

一、社会工作实践中的政治敏感性

要弄清社会工作的政治学是一件颇具挑战性的任务。一直以来，这一

① 本文发表于《社会工作》2014年第3期。

② 参见Fred Powell，2001，*The Politics of Social Work*，London：Sage Publications.为方便叙述，以及减少文本上的冗余，后文在介绍《社会工作政治学》时，简称鲍著或者该书；在介绍弗雷德·鲍威尔时，简称作者。

任务都带有过度还原主义色彩的强烈意识形态之争。这些争论主要围绕社会工作与国家的关系，或者社会工作在民族国家中的角色进行。激进的批评家(像马克思主义者)常将社会工作视为国家极权影响的牺牲品；而反对者(如东欧的学者们)则强调社会工作与公民社会(civil society)①之联系，而将公民社会与国家政权对立起来。全球化的出现，使得“国家—公民社会”(the state-civil society)之间的争论更加凸显，它丰富了人们的知识视野，使人们充分体认到世界的复杂性、多样性以及文化的特定性质。此外，近几十年来的社会科学愈益关注“意义”和“社会建构的过程”，这使作者认识到，检视社会工作“所指”和“象征”着什么？社会工作如何历史地得以呈现，今天又如何得以再现？以及社会工作与福利国家、公民身份(citizenship)②和公民社会之间的关系等，显得尤为必要。

社会工作有专业的、志愿的和社区的三种形式，而该书中，社会工作的意涵是通向一个伦理的公民社会之内核的活动(an activity going to the core of an ethical civil society)。但是，战后福利国家中社会工作的国家化(nationalization)，以及后来随着公共部门中准市场的出现和伴之以治疗与辅导活动中私人执业的发展，进一步加剧了社会工作的复杂性。处于这种政治脉络中的社会工作，直接将其与公民身份的理念紧密联系起来。作者指出，“案主化”(clientisation)在社会工作专业形式中是有问题的，因它将公民置于依附和需要国家的位置上(dependency and need for state)。相反，他认为，案主作为一个公民，是其自身历史的创造者。为此，需用“服务使用者”(service user)代替“案主”(client)的概念。但他也指出，服务使用者亦常沦为社会排斥的牺牲品(often be a victim of social exclusion)，亦即穷人和受压迫者所具有的公民身份是一种被贬低的存在(degraded variety)。

作者呼吁：社会工作的政治任务就是同时回应社会排斥及其背后的社会不公正的现实，并倡导一种“良知政治学”(a politics of conscience)观点。它将政治与道德紧密相连，强调支撑社会工作的主调是道德使命

---

① 关于“civil society”，国内学者主要有两种翻译：一是市民社会，二是公民社会。结合本书作者所呈现的思想及其特定的社会、历史情境，本文亦将“civil society”译为公民社会，以更加准确地介绍作者的原初观点。

② “citizenship”一词，根据牛津双语词典的解释，有“公民权利(或资格)”和“公民身份(或义务)”两种含义。结合该词的构词方式，以及作者的基本观点，本文使用“公民身份”的译义，体现公民社会中人们的身份所享有的权利、资格和体现的责任、义务。

(moral imperative)，即社会工作应关心穷人和受压迫者(concern for the poor and oppressed)，怀有对社会公正的希望和恒久的信念，相信人类的行动能创造一个包容所有公民的融合社会(an inclusive society for all citizens)。

可见，鲍威尔在论述其社会工作政治学观点时，将社会工作置于福利国家、公民社会和公民身份的分析脉络之中，通过全书分析社会工作与后三者之间的关系，进一步呈现其有关社会工作政治学思想。值得注意的是，作者强调的政治学思想，主要是受道德理念和实践所推动的。这与波兰著名政治学家哈维尔有关“政治根本上与道德相一致”(Vaclav Havel，1999)的观点相呼应。因而，其倡导的社会工作政治学思想，主要是赋予社会工作在实现伦理的、道德的公民社会这一过程中一个重要角色，也为作者致力于探索公民的社会工作模式(civic model of social work)奠定了政治和道德基础。历史上，社会工作的起源、发展，无不与特定的政治、道德和社会脉络密切相关，因此，强调社会工作的政治敏感性，是一种回归社会工作原始意涵、并分析当代社会工作处境的重要视角。而在这方面，作者无疑做出了富有开创性、探索性的努力。

二、《社会工作政治学》脉络及其要点概览

要理解和把握作者的思想，有必要对该书的写作脉络和分析思路进行呈现。作者对该书的写作思路如下：提出问题—历史范式—当代范式—结论与前瞻。首先，作者立足后现代社会对社会工作提出的诸多挑战，设置了“后现代社会：社会工作会终结吗？”的疑问(第一章)。随后，作者通过“历史—当代”的范式，分别论述了作为历史的社会工作的演进脉络(第二至第四章)，以及社会工作对当代社会现实及其挑战的各种回应策略(第五至第七章)。最后，作者得出结论：“社会工作并不会终结，而是在后现代社会中以新的方式进行重构”，并指出，21世纪的社会工作将“走向一种具有社会融合的公民社会工作实践模式”(第八章)。

(一) 后现代社会：社会工作会终结吗？

由于西方福利国家带来的一系列问题，社会工作受到诸多批判。这些

批判指出，后现代社会已经发生了结构性转变，导致原来占据统治地位的费边主义社会民主模式不再受到欢迎(disfavor)，进而要求福利国家改革的呼声愈加强烈。随着基于种族、性别、性取向、残障和年龄基础上的社会运动和认同政治的出现，传统的关于再分配的普遍主义假设受到质疑，这些假设颂扬公民美德是构成一个道德社会的基石(the basis for a moral community)；同时，它挑战了阶级导致不平等的观点。在后现代社会，传统社会政治学(social politics)的单维度性质也受到身份政治的挑战，后者对不平等持有多元主义的或碎裂式的界定。这些方面，使福利国家制度面临着前所未有的危机，并进而催生了社会工作的危机。

后现代性对社会工作产生了显著的影响，而全球化则成为后现代性的决定性范式。作者指出，在后现代社会中，有三种因素影响和挑战了社会工作任务的完整性。第一个因素：福利国家的危机使得人本主义的社会政策和专业难以持存。实质上，福利的观念正被市场价值观去合法化(delegitimized)，后者强烈反对人本主义社会价值取向。受其影响，越来越多的政党信奉好的公共政策是于市场合理的政策，健康的经济有利于每个人。由于各种政治丑闻(包括官员与市场走得太近)，公众也不再信任国家。赞同人本主义价值取向的公共服务人员(public servants)，如社会工作者，反而被深深地去道德化了(demoralized)。而自由市场资本主义的无情逻辑不仅没有受到检视，还可能继续延续，以保证全球经济持续繁荣。第二个因素：市场化已导致了公共部门中准市场的出现，这就是所谓的“新管理主义”(new managerialism)，它相信好的管理能解决所有问题，且将使公共服务更有效率和效果。其基于三种相互联系的控制策略：一是使执行单位去中心化而获得策略与政策上更高程度的集中控制；二是建立可管理的竞争之原则；三是发展绩效管理和监控的程序(审计、检查、质量评价、检讨)，这些程序大部分针对的是在执行上去中心化了的单位。伴随着新管理主义潮流的盛行，社会工作在公共部门中的专业角色日趋下降，受资金驱动的议程日益影响到政策和实务，这对于不断重新结构化和组织化发展的社会工作而言，其结果是造成一种永恒不确定和不安全的环境。实质上，管理主义思潮的实用主义既对专业社会工作的人本主义，也对志愿与社区部门的充分独立和完整性构成了一个大威胁。第三个因素：对经济理性和行政理性的强调，其结果是要求一种以技能为导向的培训方法。这种技能导向的观点，受“职业角色要按照为履行它们所需的技能去界定，并要体现为可转换的技巧”的逻辑支配，其目的是使劳动力更具效能，它导致了一种过度技术化的培训观，并可能引起学术水准的急剧下降，还可能因扩张管理权而牺牲专业权力。在一个更基本的层面，技能运动可被视为对社会工作作为一种专业活动的核心认同与未来整合的威胁，因其受劳动力市场理性的指引，包含了使专业具有“弹性”的基本目标，而弹性意味着完成雇主分配的任何任务而不管其专业性。因此，技能运动的政治后果之一，就是社会工作的去激进化(deradicalisation)，它将按照实用主义而不是人本主义的精神来界定。

无疑，在后现代社会中，福利危机、新管理主义和朝向技能为本的训练之转变，都激烈地改变着社会工作。在这种转型脉络中，“案主”被视为消费者，而不顾其脆弱性地位。这些方面与 19 世纪诞生于维多利亚时代的社会工作有诸多共鸣，同时，也表现出一种朝向基于新的公民身份、参与和增权(citizenship，participation and empowerment)旨趣的，更加民主、开放的社会转移的迹象。社会工作的未来在很大程度上取决于其如何回应这些压力，这催生了社会工作实践中许多有挑战性的新范式。

(二) 社会工作的历史范式

从历史的视角，作者将社会工作的概念和历史基础置于 19 世纪和 20 世纪早期的公民社会脉络中进行分析。

1. 维多利亚的起源、积极的公民身份与志愿主义

社会工作起源于维多利亚社会(Victorian society)的志愿活动之中，当时社会正处于资本主义的萌芽阶段。在一种志愿—法定关系中，国家为那些被视为超出救助范围而“不应得帮助的”(undeserving)穷人制定了颇具威慑力的《济贫法》。同时，当地志愿组织也尝试着对“值得帮助的”(deserving)穷人进行道德重塑，以提升其独立自主性，并对那种坚持社会达尔文主义的优生学观点所秉持的社会和道德基础提出了质疑(社会达尔文主义坚持适者生存原则，认为那些不应受到帮助的人在社会上和经济上都是无用的)。这一时期，尽管许多志愿组织将自己看作国家的补充力量，但是社会工作却持有不一样的观点。后者将其自身的历史任务看作“通过社会改革(social reform)帮助穷人从压迫中解放出来”。“社会的”属性被重塑为公共领域的责任，社会工作者在 19 世纪通过积极的公民身份实践来实现公民的社会期望，为 20 世纪的社会改革奠定了基础。但

是，社会工作的快速发展和显著成就受到第一次世界大战的无情摧残，后者粉碎了人类进步和体面生活中的人道主义信仰。这导致社会工作在初创时期作为一种道德力量与政治、宗教相抗衡(rivaled politics and religion)的时代已经结束。社会工作的角色逐渐发生了改变，随着福利国家战争硝烟和冲突不断散去，其为重新定义社会工作提供了一种新的公共领域和新的平台。

2. 费边主义、福利国家与改良主义实践

20 世纪，见证了社会工作作为一种专业/职业(profession)的出现。社会工作通过其根植于人道主义话语的背景来定义其价值观。在前四分之三个世纪中，福利国家成为公共政策的主导性范式。费边主义思想对社会工作具有深刻的影响，后者成为福利国家设置的组成部分(part of the welfare state apparatus)。社会工作与福利国家之间是相互兼容的，因为后者致力于坚持社会改革和人类进步的理念。但是，这并不意味着社会工作与福利国家之间的关系总是顺畅的。在 20 世纪的最后 25 年里，福利国家的主导范式受到复活的市场的挑战。社会工作的价值受到人权脉络的显著形塑，这导致了一种与费边集体主义不相容的个人主义产生。新保守主义和经济基础主义(economic fundamentalism)的出现，创造了一种以市场价值和个人主义追求为主导的新的社会秩序，改变了福利国家的本质及其创造一个更美好社会的使命，进而导致了社会工作与福利国家之间的危机关系。激进的社会工作通过在社会工作实践中播撒激进的怀疑(radicaldoubt)的种子，来回应这种危机。

3. 激进社会工作与激进的怀疑

激进社会工作在某种意义上是在 20 世纪 60 和 70 年代伴随着福利国家改革议程的失败而发展起来的。其作为社会工作运动的产物，诉诸重构(reconceptualise)社会工作的历史使命，转向对穷人和受压迫者在政治上的解放，并严重怀疑改革派的社会工作思想。毫无疑问，激进社会工作的话语深深植根于马克思主义社会理论，但同样也是充满活力的人文精神的产物，它尝试面对资本主义残酷对待穷人，以及社会改革只能改变最恶劣的暴行(worst excesses)的现实。然而，激进社会工作并不是简单地忠实于社会工作历史使命的勇敢而理想化的尝试，它还对当前不平等的社会经济现实和社会工作回应不力给予了强烈的批判。激进社会工作突出(优越)的地方在于，它包含了解放政治学的元素。尽管激进社会工作进行了诸多批评和挑战，甚至它早已被写进了激进社会工作衰亡的讣告。但是，激进社会工作的消亡是不可能的，因为它是社会工作传统中很真实的一部分，并能够很好地适应和变化。20 世纪 60 和 70 年代出现的这种新的运动，开创了另一种寻求进步实践的、激进的话语和场所。

(三) 社会工作的当代范式

从当代的视角，作者主要将社会工作置于后现代社会语境中，通过社会工作对社会排斥、公民社会的复兴，以及多元文化主义、女权主义等思潮的回应，来分析社会工作的当代范式。

1. 贫困、社会排斥与融合性实践

在后现代社会中，社会工作不可避免地受到社会排斥的挑战，这些挑战来自信任与风险范式(in the paradigms of trust and risk)，它们定义了社会工作的社会和道德脉络(the social and moral context)。同时，作者将信任和风险范式置于更大的社会排斥、断裂和两极化脉络之中进行检视，这使得社会工作实践只能以不同的、更具挑战的方式继续发展。风险创造了一种危险的认知环境，边缘化群体在充满强制性边缘化的社会中，受到越来越严酷的对待(harsh treatment)。社会工作发现自身处于这种风险环境的风口浪尖上，它受到的挑战在于：如何通过一种促进信任和人道主义回应风险的方式，并重构其自身使命？作者指出，包容性实践(inclusive practice)是社会工作回应社会排斥的恰切方式，它的概念与增权、使用者参与(empowerment and user involvement)理念紧密相连。在包容性实践中，社区发展(community development)是关键要素之一，因为后者与良知、民主话语和增权相连。同时，社会经济学(social economices)概念也很重要，它促进社区在局部发展时也兼顾对全球的审视。服务使用者也需要在机构政策(agency policies)脉络中使用，因为机构政策是支持包容性实践取向的。基于自上而下计划与服务传递原则基础上的贫困证明(poverty proofing)，也是着手应对社会排斥的方法之一。总之，在追求包容性的实践中，需要国家、地方、区域政府、社会机构、专业力量和服务使用者等多元主体的共同参与，以共同寻求解决之道。

2. 公民社会、公民身份与使用者参与

显然，福利国家的式微与民族—国家范式的退化相呼应。一股新兴的全球治理形式和地方能力建设思潮凸现，一种新型治理范式的知识基础也明显出现于尤尔根·哈贝马斯(Jurgen Habermas)和曼纽尔·卡斯特(Manuel Castells)等社会学家思想之中。政治发展，尤其是欧盟，彰显了一种全球治理的联邦主义范式正在形成。这些治理范式的潜在转型，本质上体现了一种关于公民社会、积极的公民身份和参与的利益导向。作者将社会工作置于这样一种分析脉络中，即福利国家范式正在下滑、民族—国家范式日显式微、一种可供选择的治理制度和扩大的民主权利运动正在萌芽，进一步阐释了正在变化的治理范式对于社会工作关于公民社会、公民身份和使用者参与等方面的启示(implications)。

3. 多元文化主义、女权主义与反压迫实践

作者指出，一种基于社区参与(community engagement)的新范式，应该作为社会工作在更具民主化的社会中的未来实践策略。这种新范式，首先要求将服务使用者视为公民(citizens)，其次才是案主(clients)。多元主义将公民身份的批判性概念置于社会工作与服务使用者之间关系的核心位置。多元文化主义是一个超越政治、社会理论和专业实践的议题，它代表了一系列难以界定的理念。多元文化主义和女性主义对于社会工作者看待他们的角色和任务的方式已经产生了深刻的影响。居于这种承认政治的核心的，是平等和差异的交互力量，它促使社会工作者朝向更为民主的(more democratic)实践方式发展。但也存在着一种内在的冲突，福利国家长期以来都是建立在父权制假设基础之上的，法定的实践设置却是反对政治化的(resist politicization)。因此，当个人的变成了政治的，要在二者之间划清界限是不可能的。这就要求动摇已经建立的社会工作实践范式，并且构建向未来建议新范式的可能性。

(四)结论：走向社会融合的公民社会工作模式

作者分别从社会工作的历史范式和当代范式出发，将社会工作置于不同的政治、历史和文化脉络之中，阐述了社会工作的历史范式被当代范式所替代，后者为公民社会工作(civic social work)实践开拓了更多的空间和场域。作为一种对后现代社会关于社会工作的挑战的回应，作者在其著作中提出了自己的主张和见解。作者指出：后现代性并不意味着社会工作的终结，而是意味着社会工作的重构。因而，有必要对形塑了社会工作整个历史的各种文化变迁(cultural shifts)进行检视。

21 世纪初，社会工作面临的挑战是真实而强大的。社会工作被推进

一种通过经济命令(economic imperative)或公民授权(civic mandate)来定义的新型轨道之中。社会工作不仅必须在实证主义与人道主义之间进行选择,也需要在市场化、激进的怀疑,或者其作为后现代社会中一种充满生机的公民力量,对其进行的重构之间进行选择。作者指出,在后现代社会中,社会工作面临着三种选择。

1. 市场化:消费主义社会工作(Marketisation: consumerist social work)。社会工作要接受和适应市场主导性的变化(market-led change),这集合了消费主义福利、去专业化,以及对社会工作作为社会照顾的重新定义等特征。市场化选择取向认为,作为通过社会公民身份和法定责任而进行的志愿主义和社会改革的宣言,社会工作应该终结(the end of social work)。

2. 激进的抵抗:作为政治行动的社会工作(Radical resistance: social work as political action)。社会工作通过认同其自身与全球资本主义做斗争、捍卫人权、呼吁世界贫困问题的解决等方面来反对市场化带来的各种变化。激进的抵抗与激进社会工作的悠久传统有关,并在一种全球脉络中进行运用。

3. 社会融合:公民社会工作(Social inclusion: civic social work)。社会工作将公民参与(civic engagement)视为那些最脆弱的公民(the most vulnerable citizens)在一个包容性社会实践中的基本民主元素(a basic democratic imperative),并在此基础上定义自身角色。在后现代条件和语境下,社会融合选择涉及对社会工作授权的重申。

作者认为,在这三种选择下,21世纪的社会工作应该走向一种在包容性社会中追求社会公正(the pursuit of social justice in an inclusive society)的公民社会工作模式(a civic model of social work)。

三、公民社会工作范式:理念与实践原则

鲍威尔倡导的后现代社会工作范式即公民社会工作模式。他指出,社会融合是社会工作实践的重要策略,这种实践取向力求为服务使用者增权,使之成为公民。社会工作的生存能力取决于它作为一种真实的“人道主义声音”的合法性,而非仅是一种将自身作为市场装饰的保守主义专业。一种基于对市场力量进行激进抵抗的全球策略,难以使社会工作逃脱

民族国家中案主化(clientisation)带来的挑战。同时，后现代主义对社会工作原有的基础进行了挑战，使得社会工作必须为受社会排斥群体寻求一种致力于其增权目标的新型范式。作者指出，在后现代社会中，社会工作需要注入公民价值观(civic values)，有必要使用基于民主、包容性和社群主义原则的公民价值观，替换以往基于案主化和依赖性原则基础上的传统专业实践准则。这意味着，需要从工作态度、方法和训练取向等方面进行一系列变革，以适应公民参与的要求。

社会公民身份要求社会扩展认知视野，平等看待那些被歧视的人们(disregarded people)，公民身份概念为社会工作实践开辟了新的场域。本质上，社会工作为穷人和受压迫者抗争，就是对社会排斥的抵抗，后者可以视为人们在社会、文化和政治方面权利的缺失。而公民社会工作就是对公民权利和需求的关注与回应。为促进公民身份成为实践场域中的聚焦点，作者进一步从公民社会工作实践中提炼出10项核心原则，作为进一步指导后现代社会中社会工作实践的实施准则。

1. *社会融合*：在社会工作实践中，要给予社会融合清晰的重视，使它成为该行业的明确目标。专业团体应该把社会融合放在其议程的中心位置，在公民参与和公民增权概念背景下重构其价值。

2. *重新界定风险*：社会工作必须对风险话语进行重构，从目前对危险和风险管理的聚焦转向通过推广语言词汇来增进平衡权利与风险的平等公民身份。这意味着将风险置于其社会和文化脉络之中，并挑战了社会有关受害者的有限观念。

3. *象征性实践信任*：社会工作应该在社会融合的基础上建构与服务使用者之间的关系，以此来增进象征性实践信任。这种信任是基于在平等原则基础上，通过交谈和行动建立的。这意味着把风险用作信任。受到不恰当信任的受害者，通常被媒体归为因社会工作无能所致的“无辜牺牲品”。

4. *对话关系*：社会工作者致力于增进象征性实践的信任，这就需要与服务使用者之间建立一种对话关系。在一种反思性过程中，问题的提出取代了问题的解决，并且，批判性反思与行动统一于平等公民的民主实践之中。

5. *公正、体面和社会责任*：社会工作是社会责任的反应，同时也是对社会中大多数弱势公民群体需求的回应。其包括志愿性和专业性两种形式，在福利多元文化主义的背景下，成为国家和公民社会的追求。

6. 公民社会的振兴：在后现代社会中，社会工作应该在提升社区自治和志愿精神方面多加实践，同时致力于增进合作与可持续的社会发展。实务工作者、管理者和教育工作者需要承认和意识到这项任务涉及的范围和面临的挑战，它暗示了社会工作要从个人化(案主化的基石)实践取向转向社群主义实践取向，以提升公民意识。

7. 使用者的参与和增权：在以增权策略帮助穷人和受压迫者时，作为积极公民的使用者参与过程，在塑造社区为本的主动精神和问题解决手法方面至关重要。这是在民主社会中作为促进公民参与的社会工作历史使命的本质所在。这是与能力运动相对而言的，后者去除了与公民生活相分离的、等级化管理体制中的专业判断力。

8. 多元文化主义：新社会运动已经对社会整体，尤其是社会工作产生了深刻的影响。以多元文化视角为核心的认知政治学，对具有真正变革作用的社会工作实践必不可少。

9. 贫困证明与社会审计：服务提供者要经常性地评估政策和程序，以确保资源以最有效的方式服务公民，遏制社区排斥。他们需要促进实务工作者和服务使用者参与到实践中，这样才能体会民主国家责任和公民参与的真谛和内涵。

10. 公共授权：政府和社会的责任义务是确保社会工作拥有必要的资源支持，赋予其承担社会责任的合法性，即社会工作的公民性质必须得到承认和认可。没有这种承认和支持，社会工作就不会有未来。同样，如果服务使用者将社会工作视为无能力的，它的社会责任将会受到破坏，因此，社会工作将失去广泛的合法性基础，因为它的目的和行动失去了公众的信任和支持。所以，社会工作不仅需要自上而下的合法性，而且也需要自下而上的合法性。

四、结语：中国的社会工作政治学——一个愿景

从鲍威尔关于“社会工作政治学”的论述中发现，其主要基于后现代社会对社会工作的诸多挑战提出“社会工作是否会终结？”的疑问。作者将分析置于“历史—当代”的范式之中，既论证了作为历史的社会工作范

式，也论述了作为回应后现代社会各种挑战的当代社会工作范式。需要指出的是，作者的分析脉络主要是围绕福利国家、公民社会等核心议题进行的，作者所谓“社会工作政治学”的思想也主要是通过将社会工作置于福利国家及其危机，公民社会复兴、社会工作对后现代诸多挑战之回应等议题之中而进行论证的。因此，将作者有关社会工作政治学的全部观点移植到我们当下的社会环境之中，不但缺乏根基，也难以发挥其解释力。然而，不可否认的是，作者前所未见地对社会工作(专业)面临的当代挑战做了全面、细致而又深入的审视，敏锐地把握了各种争议与回应、实践(陈涛，2011)。对西方福利国家社会工作实践脉络的创新性反思，为后现代社会工作遭遇的诸多责难和挑战提供了一条恰切的路径，既符合后现代主义对社会工作的希冀，也能体现社会工作的历史使命和角色，因而，它是一种后现代语境下的新型社会工作实践范式。

通过研读鲍著，对于省思我国当前社会工作实践与发展具有诸多启示。鲍威尔论述了社会工作与福利国家之间的亲和关系，强调了社会工作作为福利国家设置的重要组成部分，其本质上与国家目标具有一致性，但由于新保守主义和市场主导型观点的侵入，使得福利国家的使命和准则发生了改变，导致其与社会工作之间的差别愈加明显。作者提出的公民社会工作模式，也明确强调了社会工作在关注穷人和其他边缘群体方面的不可替代性。我国社会工作是在应对市场经济与社会转型过程中出现的社会问题，以及回应相关社会需求的背景下产生的，因而，具有较短的发展历史。在近 30 年的历程中，社会工作以嵌入的形式参与社会建设和社会发展(王思斌，2011)，并作为一项制度设置逐渐被纳入国家综合发展体系之中，参与社会管理和公共服务创新实践(徐永祥，2007)之中，助推和谐社会建设。

结合鲍威尔有关社会工作政治学思想的相关启示，笔者认为，要有效推进我国社会工作发展进程，促进其积极参与和谐社会建设，发挥其创新社会管理与公共服务优势，需要重视社会工作实践中的政治逻辑。所谓社会工作实践的政治逻辑，包括以下几个要素。一是要将社会工作纳入国家治理理念的基础脉络中进行考量，也即，社会工作价值理念要与国家核心价值观、党的理念宗旨相一致，这将是真正实现社会工作本土化的重要方面之一，而长期以来，国内社会工作学界却缺乏对这方面的关切和努力。二是要建构社会工作与国家(政府)之间的良性互动关系，这种关系强调国家作为政治力量，在实现其目标过程中对社会工作力量的争取与支持，以及社会工作作为社会力量，在实现其使命与目标过程中对国家治理能力提升的回应与行动，即真正建构一种体现自主性、具有独立性的政社合作与共生关系。例如，当前中央财政和地方财政逐渐施行的政府购买服务，就体现了政社分工与合作的重要实践。三是加强社会工作回应经济、政治和社会发展需求的能力，包括在教育、实践与研究层面，在我国特定的政治脉络之中，秉持社会工作的政治敏感性，为社会工作建构一种包括政治、社会、文化等在内的多元目标体系，真正实现社会工作的当代使命。社会工作作为一项社会福利性行动，理应形成与社会福利制度、实践之间的互构性关系机制，助推社会福利目标的实现（徐选国、阮海燕，2013）。但是，国内学界未对社会福利与社会工作之间的关系予以足够重视。

社会工作政治学可以视为理解和分析社会工作的一种新型视角和范式，尽管目前有关这一思想范式的研究尚显不足，但是，笔者相信，随着政治民主化进程的不断加快，社会工作将成为国家履行使命、服务社会大众的重要力量。而这一目标的实现，任重道远。本文的初衷，希望将鲍威尔的社会工作政治学思想加以引介，以期为学界、实务界、教育界推动社会工作实践提供一种新的思路，也为建构和探索中国语境下的社会工作政治学思想创造条件。但是，鲍威尔思想中过度强调社会工作的政治性特征，因而表现出与国家力量的对抗性属性，一定程度上体现了社会工作的泛政治性色彩，这不适用于解释我们当下的现实情境。因此，如何探寻中国特色社会主义建设进程中社会工作实践的政治逻辑与内在机制，应该成为学界今后关注和努力的重要面向。

参考文献：

[1] 陈涛，2011，《社会工作专业使命的探讨》，《社会学研究》第 6 期。

[2] 王思斌，2011，《中国社会工作的嵌入性发展》，《社会科学战线》第 2 期。

[3] 徐永祥，2007，《社会工作是现代社会管理与公共服务的重要手段》，《河北学刊》第 3 期。

[4] 徐选国，阮海燕，2013，《试论我国适度普惠社会福利与社会工作的互构性发展》，《天府新论》第 1 期。

[5] Fred Powell，2001，*The Politics of Social Work*，London：Sage Publications.

[6] Havel V，1999，*Paying Back the West*，The New York Review，(9).

译后记

2009年，我在中国青年政治学院读硕士期间，在陈涛教授的课上第一次接触了《The Politics of Social Work》(Fred Powell，2001)这本书。在课堂上，我们采用分组研习的形式阅读该书，我选择了其中内容最多的一章(第六章)。可惜那时候的我还缺乏从理论范式上对社会工作发展进行深度理解和反思的学术敏锐性，所以这本书学过后就被扔在了一边。幸运的是，硕士毕业后我进入华东理工大学继续攻读博士学位，其间，为了进一步思考中西方社会工作发展的理论与现实的交互关系等问题，我重读此书，才发现它给予我很多对中国社会工作发展重要性的启迪。然而，令人遗憾的是，直到2015年我毕业并走上大学讲堂开始讲授社会工作相关课程之时，依然未见到该书的中译本。事实上，近十几年来，这本书已深受国内学者的关注、引荐和讨论，甚至成为部分高校社会工作课程的必读著作。因此，我决定亲自翻译该书，以期为正在发展着的中国社会工作提供些许参考和借鉴。

《The Politics of Social Work》一书的题目突出了社会工作的“政治学”，但实际上，它更加聚焦西方社会工作在遭遇后现代社会时的处境、命运及其选择。因此，在很大程度上，作者并非系统地建构一门新的学科——社会工作政治学，而是将社会工作放在西方特定历史、政治、社会结构脉络之中，来重新思考社会工作的发展范式。当然，这种发展范式跟“政治”也密切相关。作者抛出“后现代社会：社会工作会终结吗？”这一问题，运用“历史—当代”的双重范式，解构了社会工作面临终结的论断，并重新建构了社会工作将以新的形态存在的范式。这种新的范式，即一种适应后现代社会脉络下的、融合性的公民社会工作范式(Civic Social Work)。本书所确立的核心命题，在很大程度上也正是当前中国社会工作发展所面临的。尽管其所坚持的理论价值导向不一定完全适合中国语境，但是在学术交流、理论对话和本土恰适性建构等方面无疑对中国社会工作理论与实践的双重推进具有重要借鉴意义。

本书得以顺利翻译出版，首先要感谢该书作者 Fred Powell 教授的大力支持，在我决定要翻译此书时，我与他取得了联系，并表达了对此书的翻译意向，得到 Powell 教授的欣然应允。在初稿完成之时，Powell 教授还亲自为本书中译本撰写了序言。其次，要感谢中国社科院大学(原中国青年政治学院)陈涛教授，正是受到他的理论启蒙，以及在翻译本书过程中的热情鼓励，才促成本书的顺利完成。陈涛教授还逐字逐句为本书初译稿进行了耐心审校，进一步确保了中译本更加接近作者所要表达的观点。同时，要感谢已经从华东理工大学毕业、并就职于宁波市海曙区发改局的施佳宁，她在读研期间协助我翻译了本书近一半的章节，并与我多次探讨翻译的相关内容。感谢博士生万艳，就读于美国华盛顿圣路易斯大学的博士生吴怡烨，硕士生杨威威、张雪莹等对本书进行的不同程度的复核校对、格式编排工作。此外，本书的顺利完成还要感谢曾就读于中国青年政治学院的 2008 级社会学研究生王小兰(现就职于北京开放大学)，2009 级社会学研究生班的同学，尤其是张文玉、汪楷、赵静、郑紫薇、郑玥、林银英、李三中和刘付桂(他们曾经为部分章节的翻译初稿提供了参考)，以及本人在华东理工大学讲授的《社会工作名著选读》课上的所有同学，与他们的共同研讨为本书的翻译提供了颇多建设性观点和专业灵感。

最后，本书能够顺利付梓，十分感谢华东理工大学出版社刘军博士的支持，他在本书的选题申报过程中予以了极大的推动和支持，感谢编辑孟媛利的专业智识和辛勤付出，感谢编辑牟小林在出版过程中的沟通协调。与此同时，我还要感谢我的家人对我一如既往的关心和支持，尽管再忙再累，她们也能理解我的工作，让我尽可能投入更多精力于学术工作中。

翻译是一项“明知其不可为而为之的艰难工作”，既要保持对跨文化传播的恰适性，又要保持自身文化的独特性。因此，囿于个人学识，此译本难以尽善尽美，真诚期待各位读者阅读本书时不吝批评指正。

徐选国

2018年初春于华理团结楼